权威·前沿·原创

皮书系列为
"十二五"国家重点图书出版规划项目

群众体育蓝皮书

BLUE BOOK OF
SPORT FOR ALL

中国社会体育指导员发展报告
（1994~2014）

ANNUAL REPORT ON CHINESE SOCIAL SPORTS INSTRUCTOR
(1994-2014)

主　　编／刘国永　王　欢
副 主 编／范广升　邱　汝　姚家新
执行副主编／杨光宇　王旭光

社会科学文献出版社
SOCIAL SCIENCES ACADEMIC PRESS (CHINA)

图书在版编目(CIP)数据

中国社会体育指导员发展报告：1994~2014/刘国永，王欢主编.—北京：社会科学文献出版社，2016.4
（群众体育蓝皮书）
ISBN 978-7-5097-8799-1

Ⅰ.①中⋯ Ⅱ.①刘⋯ ②王⋯ Ⅲ.①全民体育-体育工作者-研究报告-中国-1994~2014 Ⅳ.①G812.4

中国版本图书馆 CIP 数据核字（2016）第 034998 号

群众体育蓝皮书
中国社会体育指导员发展报告（1994~2014）

主　　编 /	刘国永　王　欢
副 主 编 /	范广升　邱　汝　姚家新
执行副主编 /	杨光宇　王旭光

出 版 人 /	谢寿光
项目统筹 /	任文武
责任编辑 /	高　启　王　颉

出　　版 / 社会科学文献出版社·皮书出版分社（010）59367127
　　　　　　地址：北京市北三环中路甲29号院华龙大厦　邮编：100029
　　　　　　网址：www.ssap.com.cn
发　　行 / 市场营销中心（010）59367081　59367018
印　　装 / 北京季蜂印刷有限公司

规　　格 / 开　本：787mm×1092mm　1/16
　　　　　　印　张：17.75　字　数：235 千字
版　　次 / 2016 年 4 月第 1 版　2016 年 4 月第 1 次印刷
书　　号 / ISBN 978-7-5097-8799-1
定　　价 / 78.00 元

皮书序列号 / B-2014-380

本书如有印装质量问题，请与读者服务中心（010-59367028）联系

▲ 版权所有 翻印必究

《中国社会体育指导员发展报告》编委会

名誉顾问 刘　鹏（国家体育总局局长）

顾　　问 冯建中（国家体育总局副局长）
　　　　　　李颖川（国家体育总局局长助理）

主　　编 刘国永（国家体育总局群众体育司司长）
　　　　　　王　欢（天津体育学院党委书记）

副 主 编 范广升（国家体育总局群众体育司巡视员
　　　　　　　　　　兼副司长）
　　　　　　邱　汝（国家体育总局群众体育司副司长）
　　　　　　姚家新（天津体育学院院长）

执行副主编 杨光宇（国家体育总局群众体育司组织建
　　　　　　　　　　设处处长）
　　　　　　王旭光（天津体育学院教授）

编　　委 裴　广（国家体育总局群众体育司组织建
　　　　　　　　　　设处主任科员）
　　　　　　于善旭（天津体育学院教授）
　　　　　　宁小卫（天津体育学院教师）
　　　　　　冯盼盼（天津体育学院研究生）

主要编撰者简介

刘国永 国家体育总局群众体育司司长,产业经济学博士。中华全国体育总会副秘书长、群众体育部部长,中国奥委会副秘书长、群众体育部部长,亚洲及大洋洲地区大众体育协会(ASFAA)执委、司库,中国轮滑协会主席。长期从事群众体育管理和研究工作,参与《全民健身条例》《全民健身计划(2011~2015年)》等多项重大法规和规划的制定。

王 欢 天津体育学院党委书记,硕士研究生导师。近年来,主持完成"天津市体育事业发展第十二个五年规划""天津市公共体育设施规划""天津市足球发展五年规划(2011~2015年)""天津市青少年足球发展计划(2011~2015年)""校园足球课余训练指导纲要构建"等多项研究。主要从事体育管理学、体育社会学等领域研究工作。

目 录

前　言 ………………………………………………………… 001

B.1 社会体育指导员概述 ………………………………… 001
  一　社会体育指导员的定义与性质 ……………………… 001
  二　社会体育指导员志愿服务的宗旨与特点 …………… 002
  三　社会体育指导员队伍的作用 ………………………… 007

B.2 社会体育指导员工作的发展历程 …………………… 012
  一　社会体育指导队伍的兴起 …………………………… 012
  二　《社会体育指导员技术等级制度》的制定与
    实施 ……………………………………………………… 018
  三　社会体育指导员工作的分类探索 …………………… 024
  四　社会体育指导员工作制度的发展 …………………… 032

B.3 社会体育指导员工作的主要成效 …………………… 041
  一　社会体育指导员成为全民健身志愿服务队伍的
    中坚力量 ………………………………………………… 041

二　社会体育指导员政策法规体系不断健全……………… 051
　　三　社会体育指导员组织管理体系不断改革……………… 068
　　四　社会体育指导员培训审批体系不断完善……………… 083
　　五　社会体育指导员支持保障体系不断加强……………… 104
　　六　社会体育指导员信息服务体系不断发展……………… 112
　　七　社会体育指导员活动指导体系不断拓展……………… 118
　　八　社会体育指导员宣传激励体系不断推进……………… 124

B.4　社会体育指导员工作存在的主要问题……………………… 134
　　一　对社会体育指导员工作的认识不充分，工作
　　　　力度不够………………………………………………… 134
　　二　社会体育指导员工作中行政化运行模式占
　　　　主导，管理方式粗放…………………………………… 137
　　三　社会体育指导员培训工作的针对性和实效性
　　　　不强……………………………………………………… 140
　　四　社会体育指导员工作保障体系和激励
　　　　机制不够完善…………………………………………… 146
　　五　社会体育指导员队伍结构不完善，整体
　　　　素质还需进一步提高…………………………………… 151
　　六　社会体育指导员服务率不高，作用
　　　　发挥不充分……………………………………………… 155

B.5　社会体育指导员工作面临的新要求………………………… 160
　　一　全面建成小康社会，构建多元化全民
　　　　健身体系………………………………………………… 160

目录

　　二　全面深化改革，推进群众体育治理体系和
　　　　治理能力的现代化建设 …………………………… 167
　　三　全面推进依法治国，建设社会体育指导员
　　　　工作法治体系 ……………………………………… 177
　　四　建设体育强国，加强体育人力资源队伍
　　　　建设 ………………………………………………… 181

B.6 社会体育指导员工作发展对策 …………………………… 185
　　一　深化社会体育指导员工作理论研究，为推动
　　　　指导员工作科学发展提供支撑和保障 …………… 185
　　二　改革社会体育指导员工作制度设计，
　　　　完善配套政策措施 ………………………………… 187
　　三　推进社会体育指导员社会化管理模式改革，
　　　　发挥社会体育指导员协会的作用 ………………… 189
　　四　推进社会体育指导员工作转型升级，与体育
　　　　社会组织改革融合发展 …………………………… 192
　　五　增加社会体育指导员的新类型，满足全民
　　　　健身多元化社会需求 ……………………………… 196
　　六　拓展社会体育指导员发展渠道，优化
　　　　指导员队伍结构 …………………………………… 199
　　七　完善社会体育指导员培训工作，增强培训
　　　　工作的实效性和针对性 …………………………… 201
　　八　加强支持保障体系建设，建立社会
　　　　体育指导员长效志愿服务机制 …………………… 204

B.7 附录　相关规章和规范性文件 ………………………………… 210

　　社会体育指导员技术等级制度（国家体委第 19 号令，
　　　1993 年）………………………………………………… 210

　　关于进行国家级社会体育指导员培训工作有关
　　　事宜的通知（体群字〔1996〕144 号）……………… 215

　　关于加强社会体育指导员管理工作的通知
　　　（体群字〔2000〕089 号）…………………………… 217

　　关于进一步做好《社会体育指导员技术等级制度》
　　　实施工作的通知（体群字〔2002〕14 号）………… 219

　　关于下发《关于进一步加强社会体育指导员工作的
　　　意见》的通知（体群字〔2005〕94 号）…………… 222

　　关于在全国推广使用《社会体育指导员管理系统》
　　　有关工作的通知（体群字〔2007〕148 号）………… 231

　　关于印发《全国优秀社会体育指导员评选表彰办法》的
　　　通知（体群字〔2010〕144 号）……………………… 235

　　关于印发《社会体育指导员发展规划（2011～
　　　2015 年）》的通知（体群字〔2011〕53 号）……… 238

　　社会体育指导员管理办法（国家体育总局第 16 号令，
　　　2011 年）………………………………………………… 245

　　关于进一步加强社会体育指导员培训工作的通知
　　　（体群字〔2011〕229 号）…………………………… 257

　　体育总局办公厅关于开展社会体育指导员工作专项
　　　评估检查的通知（体群字〔2014〕86 号）………… 261

前　言

改革开放以来，我国国民经济迅速发展，人民物质文化生活水平全面提升，百姓的体育和健身意识不断增强，文化体育活动日益广泛地开展起来。伴随着群众体育活动的广泛开展，一支活跃在社区、企事业单位、广场和公园的百姓身边的健身指导队伍发展起来。

1983年，经国务院批转的原国家体委《关于进一步开创体育新局面的请示》中提出，要"为群众体育活动培训大批骨干，提高社会的体育水平"。其后，在关于加强县级体育工作的意见、关于体育体制改革的决定等文件中，多次提出开展群众体育辅导和培养工作骨干的问题。1988年以后，原国家体委在组织起草的《中华人民共和国体育法（草案）》中，拟制了"国家实施社会体育辅导员技术等级制度"的条款。1991年，在原天津市体委制定《天津市群众体育辅导员技术等级制度暂行条例（草案）》的基础上，原国家体委群体司、原天津市体委和天津体育学院联合开展国家体委软科学课题立项，《社会体育指导员技术等级制度》（以下简称《等级制度》）同时列入原国家体委"八五"立法计划。1993年12月4日，原国家体委主任伍绍祖签署了中华人民共和国体育运动委员会第19号令，发布了《等级制度》这一国务院体育部门行政规章，自1994年6月10日起施行。

随着我国健身娱乐市场的迅速发展，1998年，国家体育总局提出了社会体育指导员职业制度问题，经与劳动和社会保障部研究协商，正式设立了社会体育指导员职业，并列入1999年我国出版的首部《职业分类大典》。在国家体育总局、北京体育大学、首都体育学院等单位联合研制《社会体育指导员国家职业标准》（以下简称《职业标准》）基础上，2001年8月7日，劳动和社会保障部颁布了《职业标准》。自此，公益和职业两类社会体育指导员制度并行发展，同时施行。

随着我国全民健身事业的深入发展，2007年国家体育总局启动了全国性的社会体育指导员工作调查和制度的研制工作。2011年10月9日，国家体育总局以第16号令公布了以公益性社会体育指导员工作为对象的《社会体育指导员管理办法》，并于2011年11月9日起施行。《管理办法》施行后，《等级制度》即行废止。

至今，我国社会体育指导员制度已实施20多年。20多年来，在国家体育总局和地方各级体育部门的高度重视和共同努力下，我国社会体育指导员队伍从无到有、从小到大，已经成为推动群众体育事业发展的重要力量。社会体育指导员队伍的志愿服务体系，已经成为我国公共体育服务体系和全民健身志愿服务体系的重要组成部分，为促进群众体育科学化、普遍化、生活化发挥了重要作用。在贯彻落实《中华人民共和国体育法》《全民健身条例》《全民健身计划（2011～2015年）》，加强我国新时期社会建设、改善和服务民生等方面发挥了积极作用，对提高中华民族的健康素质、促进社会和谐做出了重要贡献。

截至2014年底，我国各级各类社会体育指导员已达170余万人，逐步建立和完善了社会体育指导员的工作体系：社会体育指导员政策法规体系不断健全，社会体育指导员组织管理体系不断改革，社会体育指导员培训审批体系不断完善，社会体育指导员支持保障体系不断加强，社会体育指导员信息服务体系不断发展，社会体育指导员活动指导体系不断拓展，社会体育指导员宣传激励体系不断推进。社会体育指导员工作取得了十分可喜的成绩，积累了宝贵的经验。

党的十八大提出，必须从维护最广大人民根本利益的高度，加快健全基本公共服务体系。党的十八届二中全会、三中全会和四中全会进一步提出转变政府职能、全面深化改革、全面依法治国等战略方针。党的十八届五中全会进一步强调要统筹推进经济建设、政治建设、文化建设、社会建设、生态文明建设和党的建设，确保如期全面建成小康社会。当前我国已经进入全面建成小康社会的关键阶段，中国的体育事业正在加快构建更为完善的全民健身公共服务体系，积极推进体育事业治理体系和治理能力的现代化建设，努力由体育大国向体育强国迈进。社会体育指导员队伍是我国全民健身公共服务体系的重要组成部分和宝贵的人力资源。面对新形势和新要求，如何进一步创新社会体育指导员队伍的建设与发展思路，加快转变其建设和发展模式，建立全民健身志愿服务的"长效化"机制，进一步促进群众体育科学化、生活化、社会化、组织化和多元化发展，满足人民群众日益增长的体育健身需求，是我们迫切需要进一步思考的理论和实践问题。

本报告以党的十八大和十八届二中、三中、四中和五中全会精神为指引，深入贯彻落实科学发展观，准确理解和全面把握党和国家全面建成小康社会、全面深化改革、全面依法治国、全面从严治党的战略部署，深刻认识社会体育指导员队伍在现代化国家治理体系、社会建设和全民健身公共服务体系建设中的重要地位和作用，在对2011~2014年社会体育指导员工作进行专项评估的基础上，进一步采用文献研究、调查研究、理论分析等方法，以公益性社会体育指导员为对象，系统梳理20多年来我国社会体育指导员工作的发展历程，总结分析社会体育指导员的工作经验和面临的挑战，深入探索新时期我国社会体育指导员的工作思路和社会体育指导员队伍以及全民健身志愿服务体系建设与发展的对策。

本报告以《社会体育指导员管理办法》中界定的公益性社会体育指导员为对象，除专门说明职业社会体育指导员以外，报告中的社会体育指导员都是指公益类社会体育指导员。

B.1
社会体育指导员概述

一 社会体育指导员的定义与性质

（一）社会体育指导员的定义

社会体育指导员是无偿为广大人民群众提供体育健身指导、在全民健身工作中进行义务奉献的光荣的志愿者，是我国开展全民健身志愿服务活动的主力军。《社会体育指导员管理办法》中规定：社会体育指导员是指不以收取报酬为目的，向公众提供传授健身技能、组织健身活动、宣传科学健身知识等全民健身志愿服务，并获得技术等级称号的人员。社会体育指导员包含三个要素：社会体育指导员是落实公共体育服务的队伍，其工作是公益性的（志愿服务），不以收取报酬为目的，与营利性的服务和有偿性服务有着本质的区别；社会体育指导员的主要职责是面向广大群众和整个社会开展健身指导、组织健身活动、宣传全民健身理念和科学健身知识等；社会体育指导员应经过国家认定的正规培训基地培训，并获得技术等级称号。

（二）社会体育指导员的性质

社会体育指导员面向广大人民群众和整个社会开展健身指导、组织健身活动、宣传全民健身理念和科学健身知识等，是以奉献为基本宗旨的全民健身志愿服务者。2009年，国家体育总局、中央文明办等六个部委和团体发出的《关于广泛开展全民健身志愿服务活动的通知》，明确指出社会体育指导员是中国特色的全民健身志愿者，是开展全民健身志愿服务活动的主力军。2010年，国家体育总局印发的《建立全民健身志愿服务长效化机制工作方案》，再次强调了要发挥社会体育指导员的骨干带头作用，形成以社会体育指导员队伍为主体的全民健身志愿服务者队伍。

目前，社会体育指导员是我国全民健身志愿服务队伍中，规模最大、影响最深、持续开展健身服务最久的主要力量，是我国全民健身志愿服务体系的核心力量和全民健身公共服务体系的重要组成部分。我国自实施社会体育指导员制度和建立社会体育指导员队伍以来，活跃在城乡基层社区广大健身群众身边的社会体育指导员，以不计报酬的无偿劳动，为广大健身群众送去了体育健身的知识和方法，向社会广泛传播科学健身的理念和文化。广大社会体育指导员所从事的，就是基于对全民健身的热爱和服务于健身群众的责任感，自愿无偿地以自己的知识、技能、经验、精力和时间等帮助和带领群众开展健身活动，提升人民群众身心健康水平，其性质是公益性的志愿服务活动。

二 社会体育指导员志愿服务的宗旨与特点

（一）社会体育指导员志愿服务的宗旨

广大社会体育指导员秉承"奉献、服务、健康、快乐"的宗旨，组织和带领群众广泛开展体育健身活动。

1. 奉献

奉献精神是一种对事业不求回报的爱和全身心的付出，是社会责任感的集中体现。奉献精神的关键在于自愿，通过无偿为他人和社会服务来获得成就感和内心的快乐。社会体育指导员自觉地担负起发展全民健身事业、提高人民群众体质健康水平的社会责任，以淳朴爱心和满腔热情，通过各种指导服务活动，义务向健身群众默默奉献出自己的知识、技能、精力和时间而不求回报，从健身群众的身心发展和健康幸福中分享喜悦与快乐。奉献，是社会体育指导员志愿服务精神的精髓。甘于奉献、乐于奉献是社会体育指导员持续进行全民健身志愿服务的动力源泉。

2. 服务

服务是为他人做事，是以提供劳动而非实物形式来满足他人需要，使他人从中受益的活动。社会体育指导员的指导活动，就是以自身专业的体育知识、技能，通过教学传授和组织引导使健身群众在健身能力与锻炼效果方面获益的服务性活动。社会体育指导员作为社会体育指导活动的主导者，其指导工作的根本目的和指导过程的每个环节，都是以满足健身群众的身心发展需求为出发点，都是在为健身群众能够科学健身而贡献力量。以为健身群众服务为己任，以通过指导服务不断提高健身群众的健身成效为目标，是社会体育指导员不懈的追求。

3. 健康

健康是指一个人在身体、精神和社会适应等方面都处于良好的状态。健康是人的基本权利，是生活质量的基础，是生命存在的最佳状态，也是人生最宝贵的财富之一。追求健康、实现健康，是社会体育指导员服务的内容和目的，也是激励和感染广大群众投入体育健身指导活动的魅力所在。传播健康理念和文化，引领健康的生活方式，培育崇尚健康的社会风尚，提高群众的健康水平，成为社会体育指导员奉献与服务的光荣使命。

4. 快乐

快乐是对满意或幸福的切身感受，是愉悦和美好的心理体验，是人们普遍的精神追求。社会体育指导员所从事的体育健身指导服务，能够满足健身群众科学健身和发展身心的需要，健身群众在获得健康与幸福的过程中产生快乐的体验。而在社会体育指导奉献与服务的过程和结果中，社会体育指导员也能够在获得成就感与满足感的体验中产生愉悦，收获快乐。因而，快乐既是社会体育指导员奉献服务的深切追求，也是社会体育指导员积极奉献服务的乐观态度。自愿无偿地为健身群众提供科学健身指导服务并乐在其中，是建立和谐社会体育指导关系的情感基础，是社会体育指导员高尚精神境界的生动体现。

（二）社会体育指导员志愿服务的特点

1. 公益性

"公益"一词的基本含义是指公共的利益，即有益于多数人的、符合最大多数人的共同利益。社会体育指导员的志愿服务同任何志愿服务一样，是一种公益性活动，面对的是广大社会公众，通过全民健身志愿服务活动来倡导健康文明的生活方式，提高全民的体质健康水平，作用和影响于全民健身事业发展的活动，具有明确的和显著的公益性，是社会公益活动和公共体育服务的重要内容。公益性并不排除指导员获取必要的非劳动报酬性的费用支持。各级政府和社会各界应对社会体育指导员开展的公益性全民健身志愿服务活动予以多方面的资助和保障。

2. 自愿性

自愿性是指主观上的自觉选择，没有任何外在的强迫，是来自内心理解和主动追求的选择。社会体育指导员的志愿服务也与其他志愿服务一样，是以自愿为基础、基于道义良知和社会责任感的，是一种内在动机支配下的主动行为。社会体育指导员投入志愿服务活动，是出于对全民健身事业的热爱，充满着对体育健身项目活动的兴趣爱好，感受到普及科学健身知识和理念的社会责任，而乐于为此奋斗和奉献的主动选择。获得社会体育指导员技术称号、参加社会体育指导员协会、开展社会体育指导服务活动，都是以自愿为前提。正是自愿性的内在驱动力，使得社会体育指导员能够克服各种困难、不断创造条件，积极做出受到社会欢迎和称颂的志愿服务业绩。

3. 无偿性

无偿性是指没有报酬，不以获利为目的，不期待活动的金钱代价和回报。无偿性是包括社会体育指导员志愿服务在内的各种志愿服务的显著特征之一，所以《社会体育指导员管理办法》对社会体育指导员的界定，首先就是不以收取报酬为目的。社会体育指导员的指导工作是一种非劳动岗位、非职业性的工作，不追求经济利益和物质回报，所期待的是更多的群众参加体育健身活动，广大健身群众通过指导服务有效地增强健身能力并产生身心和谐发展的效果。社会体育指导员从为健身群众服务和为社会做出贡献的过程与获得的成就中得到满足与快乐。

4. 专业性

专业性是指一项工作或活动应具有的专门技术和业务方面的特性。各种志愿服务因服务于特定的场合或人群，都会有一定的专业性要求。但相比较而言，社会体育指导志愿服务的专业性要远大于一般的志愿服务活动。社会体育指导作为一项作用于人的身心健康发展的指导服务活动，要求有一定的科学性保证，社会体育指导员应掌握专门的体育知识和技术，因而需要对社会体育指导员进行业务能力培训和评定。目前，社会体育指导员技术称号是要根据专门的技术等级条件、经过专门的培训与考核、通过专门的审查和批准，而且还要遵循特定的程序、步骤和方法而获得的。

5. 长期性

长期性是相对短期性、临时性而言的，是社会体育指导服务活动有别于许多短期的临时性志愿服务活动的又一突出特色。由于增进健康是一项持续的过程，体育健身活动需要持续地开展，因而社会体育指导就不能是一时的、临时性的工作，必须要长时间地、常年往复地、持续不断地进行。因此，经常开展社会体育指导服务，成为对社会体育指导员一项重要的职责要求。为了保证社会体育指导服务的长期性，《社会体育指导员管理办法》不但在条件和职责要求上对社会体育指导员提出了经常参加指导活动的规定，而且规定了其确认和晋升不同等级称号的量化时间要求，并对停止指导服务一定时间的人员，设立了不能工作注册和晋升等级的制约措施，同时通过表彰奖励，激励社会体育指导员的长期奉献。这种长年累月的长期性，更加凸显社会体育指导员志愿服务的辛苦与可敬。

6. 资证性

1993年12月4日，原国家体委颁布实施了《社会体育指导员技术等级制度》，标志着社会体育指导员工作成为我国一项基本的体育制度，其中对社会体育指导员技术等级的获得有明确的规定。2011年10月9日颁布的《社会体育指导员管理办法》，以附件的形式对社会体育指导员技术等级标准进行了修订和确认。社会体育指导员称号的获得需要确定技术等级标准，有明确的资质要求并进行专业培训和考核，通过一定的程序审查批准而获得称号和证书。

三　社会体育指导员队伍的作用

国家体育总局局长刘鹏曾在2009年底参加广州体育学院国家级社会体育指导员培训时，将社会体育指导员的职责高度概括为"全民健身宣传者、科学健身的指导者、群众体育活动组织者、体育场地设施的维护者、健康生活方式的引领者"。多年来，广大社会体育指导员立足城乡社区和各个单位，普及科学健身知识，开展体育健身活动，以自己的热情服务和义务奉献，受到了健身群众的欢迎，赢得了社会各界的赞誉。广大群众和新闻媒体用各种美好的语言，称颂社会体育指导员"是活跃在健身群众中的活雷锋，是带领群众健身的领头雁，是送去健康快乐的使者，展现出一道道健康亮丽的风景线，为人民群众撑起一片健康的蓝天"。

社会体育指导员队伍是我国全民健身公共服务体系和全民健身志愿服务体系建设的重要组成部分，在全民健身中发挥着不可替代的作用，在加强社会建设、构建和谐社会、改善和服务民生等方面也发挥着积极的作用，是我国全面建成小康社会中促进体育事业发展和社会建设的一支重要力量。

（一）组织开展健身活动，引领健康生活方式

随着经济社会和体育事业的发展，民众的体育文化需求日益增长，在各级政府和社会各界的推动下，特别是2008年北京奥运会的成功举办，为我国体育事业的发展带来巨大影响，自发的、自主的群众体育活动蓬勃发展。

广大社会体育指导员深入健身站点和广场公园，宣传和普及科学健身知识、亲身传授健身技能，带领广大群众开展健身活动，一方面能够弥补非专业性群众体育活动指导员的不稳定，其组织能力和技术指导能力与日益发展的群众体育活动需求相差甚远的不足；另一方面能够弥补大部分民众具有科学健身的意识与期望但缺乏获取科学健身知识的途径，以及科学应用健身知识的能力之间的差距。

近年来，虽然体育人口的数量不断增加，但国民的健康素养水平却提高缓慢。健康素养是指个人获取和理解健康信息，并运用这些信息和服务做出正确决策，以维护和促进自身健康的能力。2009年我国"首次中国居民健康素养调查"显示，只有6.48%的中国居民具备基本的健康素养。第三次全国群众体育现状调查显示，经常参加体育锻炼的人口只占全国人口的28.2%，除了学生群体外，其他经常参加体育锻炼的人口比例不到10%。2013年，国家卫计委公布第三次全国城乡居民具备基本健康素养的水平为9.48%，城市居民具备基本健康素养的水平为13.80%，农村居民为

6.92%。健康素养分为三个方面，其中居民健康基本知识和理念素养水平为20.42%，健康生活方式与行为素养水平为10.62%，基本技能素养水平为12.47%，健康生活方式与行为素养水平最低。

适当运动是健康生活方式的重要组成部分。科学健身的知识、技能和行为是健康素养的重要组成部分。社会体育指导员的健身指导和组织开展的健身活动有助于健身群众掌握科学健身知识与理念，掌握正确的健身技能，引领国民形成健康的生活方式，从而提高国民健康素养。

（二）增进国民体质健康水平，增强国家综合国力

综合国力是一个国家与其他国家能够抗衡的能力。在现代社会，国家和民族实力的竞争，已经表现在经济社会的各个方面，最根本的是人力资源和国民素质的竞争。

国民素质是一个国家综合实力的重要体现，成为经济社会发展的重要基础性资源。国民素质包括思想道德素质、科学文化素质和健康素质等多方面内容。其中健康素质是思想道德素质和科学文化素质的物质保障，是民族整体素质的基础。党的十六大在全面建设小康社会的奋斗目标中，明确了提高全民族的健康素质，努力形成比较完善的医疗卫生和全民健身体系的目标。

国民的健康素质包括国民的健康素养和体质健康水平。社会体育指导员开展的志愿服务，通过专业化科学化的健身指导，帮助健身群众形成健康的生活方式，减少现代社会慢性病和"文明病"对人们健康的威胁，提高国民体质健康水平，对于增强全民族的综合素质、提高国家的综合实力，都有着重要的作用和影响。

（三）有助于构建和完善多元化的全民健身体系

全民健身体系是一个能够不断为全体人民提供体育健身的基本环境和条件，满足全体人民体育健身的基本需求，使全体人民健康素质得到明显提高的服务和保障系统。1995年，国务院颁布我国首个《全民健身计划纲要》，提出到2000年"基本建成具有中国特色的全民健身体系框架"。2002年，党的十六大提出全面建设小康社会的奋斗目标。形成比较完善的全民健身体系和医疗卫生体系，明显提高全民族健康素质是我国全面小康社会的重要目标之一。随着服务型政府的建设，人们多用全民健身公共服务体系来代替全民健身体系。

党的十八大报告提出，必须从维护最广大人民根本利益的高度，加快健全基本公共服务体系。2014年10月20日国务院发布《关于加快发展体育产业促进体育消费的若干意见》，提出将全民健身上升为国家战略，把增强人民体质，提高健康水平作为根本目标。积极倡导健康生活方式，推进健康关口前移，将全民健身作为产业发展和扩大消费的基础。全民健身上升为国家战略，意味着全民健身的多元社会功能和综合社会价值，日益融入国家发展的整体目标。全民健身将日益与国民经济、社会建设、教育文化等融合发展。"全民健身国家战略格局"下的全民健身体系将进一步发挥全民健身在国民健康促进、应对我国人口（老年社会）和社会结构（城乡结构、产业结构）变迁、探索新型的健康促进模式与社会保障机制等方面的积极现实意义。

社会体育指导员队伍是全民健身公共服务体系的重要组成部

分，是全民健身志愿服务体系的核心力量。社会体育指导员队伍的建设和发展对于满足广大群众多元化的健身需求，构建和完善全民健身体系具有积极的促进作用。

（四）促进不同群体的融合，推进社会建设和社会和谐

广大的社会体育指导员队伍作为基层健身群众健身指导和活动开展的骨干力量，能够团结广大健身群众，形成众多快乐、和谐、互助、友爱的健身团队。通过开展团体性体育运动，可以促进不同社区居民之间的感情交流，形成理性平和、宽容接纳、诚信友爱、平等尊重的居民关系，不仅能够建立健全社区支持网络，还能够增强居民的社区凝聚力、归属感和人文关怀，促进社区乃至整个社会的和谐与稳定。

此外，团队成员参与制订、执行健身团队的活动内容与活动方案，能够主动参与到社区公共生活和社区事务中去，这一方面有助于加强社区居民的自身能力建设，另一方面有助于社区借助居民的集体智慧，增强社区的发展能力。

社会体育指导员队伍和健身团队作为基层的健身组织是政府和百姓之间的桥梁和纽带。他们能够向政府职能部门反映基层的实际情况和实际需求，并积极争取政策支持。因此，社会体育指导员队伍不仅是发展体育事业的重要力量，在基层的民主建设、和谐融合的社区氛围建设、安定团结的社会环境建设中也发挥着重要的作用，有助于推进社会建设和社会和谐。

B.2
社会体育指导员工作的发展历程

一 社会体育指导队伍的兴起

(一)国内社会体育指导队伍的兴起

我国社会体育指导员制度的建立和发展,是在改革开放时代大潮的历史推动下,适应国家经济社会和体育事业发展,适应群众科学健身需求应运而生的必然产物。

党的十一届三中全会之后,党和国家的工作重心实现了根本性转移,我国进入改革开放和建设社会主义现代化的新时期。1978年,我国国内生产总值只有3645亿元,人均国民总收入仅190美元,位居全世界最不发达的低收入国家行列。改革开放后,我国经济迅速走上快速发展的轨道。1986年国内生产总值上升为1万亿元,1991年上升到2万亿元。生活水平的逐步提高,闲暇时间的不断增多,以及现代"文明病"的逐步蔓延,使提高生活质量、建立科学健康文明的生活方式,逐步成为人们的普遍追求和社会发展的重要内容,体育健身日益融入百姓的日常生活。

随着经济体制的逐步转轨和国民经济实力的迅速增强,与之相适应的社会事业也逐步列入国家的发展议程,推动着我国体育事业不断开创新的局面。在我国竞技体育取得奥运会等国际大赛重大突破、为国家争得荣誉和振奋民族精神的同时，全社会的体育意识逐渐增强，体育热情不断高涨，群众性的体育活动日益普遍地开展起来。这一时期，老年人体育、伤残人体育、民族传统体育事业迅速勃兴并健康发展，职工体育取得了可喜的进步，城市社区体育应运而生，同时争创体育先进县活动带动了农村体育设施建设和体育活动的发展，群众体育的活跃程度显现出新中国成立以来少有的局面。

伴随体育活动的广泛开展，参加体育健身活动的群众自发地结成各种健身组织。在健身活动的交往互动中，广大健身群众对群众体育科学指导的要求越来越强烈，对健身方法的科学性提出了客观需求。在这样的过程中逐步孕育和培养出大批社会体育骨干，业余体育活动辅导员开始活跃在各地的体育场（馆），活跃在百姓身边指导百姓健身，社会体育指导员的发展初现端倪。

随着群众性体育活动的蓬勃开展和组织方式的不断发展，1983年，在国务院批转的《国家体委关于进一步开创体育新局面的请示》中提出，"大力发展城市体育，重点抓好学校体育，积极开展厂矿、企业和农村体育活动，坚持'业余、自愿、小型、多样，因地、因时、因人制宜'的原则，推动城乡体育进一步社会化，进入家庭，深入社会各个领域，同时要切实抓好业余训练这个中间环节，健全三级训练体制，为攀登世界体育高峰不断培养后备力量，并为群众体育活动培养大批骨干，提高社会的体育水平"。[①]

[①] 国家体委：《现行体育法规汇编（1949~1988）》，人民体育出版社，1990，第36页。

同年，国家体委还提出了对自办武术馆和私人授拳人员的管理意见。[①] 1984 年，国家体委领导在讲话中指出：要大力加强技术辅导和健康咨询工作，使群众锻炼活动尽可能合乎生理、保健的要求和科学的方法，通过多种形式进行技术辅导。[②] 同年国家体委下发的《关于加强县体育工作的意见》中，提出了建立体育辅导中心、辅导站，配备专、兼职工作人员，开展体育技术辅导工作的具体要求。[③] 1986 年颁布的《国家体委关于体育体制改革的决定》提出，"加强群众体育骨干和积极分子的培养，充分发挥他们的组织、指导作用，市、县体委要建立自己的业余体育技术辅导队伍，并创造条件试行评定业余体育技术辅导员称号"。正是在这种社会背景下我国社会体育辅导员队伍应运而生。

以天津市机械局为例来说明当时的情况。天津市机械局成立于 1949 年 1 月 15 日，1956 年 9 月天津市体委、总工会在天津纺织机械局试点组建工厂体育协会组织，成立了天津市机械局体育协会。1980 年 3 月，天津市机械局体育协会在中断一个时期后，再次恢复组织。1987 年，天津市机械局体育协会提出以天津市职工体育工作先进单位和全国群众体育工作先进单位为基础和所在地的街道办事处合作，共同建立体育协会。

当时，天津市的体育先进单位和所在地街道办事处结合不同兴趣爱好、不同需求、不同愿望，先后分别在天津市土城地区、陈塘

[①] 国家体委：《现行体育法规汇编（1949～1988）》，人民体育出版社，1990，第 61 页。
[②] 国家体委政策研究室：《体育运动文件选编（1982～1986）》，人民体育出版社，1998，第 43 页。
[③] 国家体委：《现行体育法规汇编（1949～1988）》，人民体育出版社，1990，第 101 页。

庄地区、北仓地区、北站地区、一号桥地区、二号桥地区、大同门地区、南口路地区、西横堤地区、黄河道地区、普济河地区、天拖地区、南市地区等地建立了以街道办事处为主导的联合地区的体育协会。这些协会的组建，形成了由企业、学校、部队共同参与，由街道办事处统一领导的群众体育社会化新格局。

与社区居民和企事业退休、离休人员自发组建的健身锻炼队伍不断涌现相比，能够进行技能传授、锻炼指导及组织管理的专业队伍和人员却十分稀少。发展较好的天津机械局体育协会从1980年开始，连续举办了8期体育干部、裁判员、检测员培训班，培训出近百名的体育干部和1656名国家各等级裁判员。其中的多数体育骨干在天津机械局体育协会和基层体育协会的号召下，走向了上述13个地区的体育协会，初步形成了一支以义务奉献为主导的进行技能传授、锻炼指导和组织管理的社区体育辅导员队伍。[①]

经过一段时期的发展，这些社区体育辅导员对建立辅导员等级制度的要求，以及各基层体育干部对职工体育职称的愿望与呼声也愈加强烈。

（二）国际大众体育指导队伍的兴起

国外一些国家将社会体育称为大众体育（sports for all）。20世纪70年代后，西方各国陆续进入低增长、成熟化的经济稳定发展时期，并陆续进入老龄化社会。城市化的快速发展使人们逐渐远离

[①]《天津市机械局体育协会工作总结》（由天津市机械局体育协会张沛提供）。

自然，并因此患上"城市病"，以电子计算机为主的信息技术的飞速发展与普及，使得人们的生产方式和生活方式日益电子化、机械化，运动不足、营养过剩，以及快节奏生活生产方式带来的精神疲劳不断挑战人们的健康状况。各国政府在社会政策上做了许多调整以提高国民体质和健康水平。这些社会政策的调整直接或间接地推动了大众体育活动的开展，使得社区体育、俱乐部体育、自然体育等大众体育模式越来越受到推崇，成为现代大众体育的主流模式。

为了顺应大众体育的发展潮流，发展大众体育，一方面西方各国都在制定体育发展计划，陆续提出长期的奋斗目标。例如，日本颁布《关于普及振兴体育的基本方策》，实施大众体育的中长期计划；新加坡体育理事会、教育部等15个部门联合制定了体育设施蓝图计划；英国推出"大众体育10年振兴计划"和"青少年锻炼战略开发计划"。在迎接新世纪来临之际，日本制定了"迈向21世纪体育振兴策略"；美国制定了"2000年健康公民计划"；等等。[1] 另一方面西方各国纷纷重视完善大众体育环境的建设，努力完善活动场所、指导者、活动组织以及各种大众体育活动的软件和硬件支持。在完善大众体育环境的过程中，各国的大众体育指导员发展迅猛，各国纷纷对大众体育中涌现出来的指导活动进行立法上的支持与调整，建立各种类型的社会体育指导员制度。例如，20世纪60年代，德国对20年代提出的"黄金计划"进行了修订，伴随三个《黄金计划》（1960~1975年，1976~1984年，1985~1990

---

[1] 陈子超、李姗姗：《终身体育：国外经验及其启示》，《光明日报》2014年8月7日。

年）及《东部黄金计划》的成功实施，德国的体育设施得到了根本改善，为大众体育发展奠定了坚实的基础。尽管这个计划主要是针对体育设施建设，但正因为《黄金计划》的推行，为体育志愿者的发展提供了条件。日本于 1961 年颁布的《体育振兴法》和 1964 年发布的《关于增进国民健康和体力的对策》中均提到了要培养体育指导者，并于 1977 年制定了《体育指导员制度》，1987 年公布了《社会体育指导员知识、技能审查事业认定规程》，确立了日本社会体育指导员资格授予制度。"1990 年以来日本共培养了 18240 名公认体育指导员。"[1] 由于体育志愿者是大众健身运动的基础力量，因此英国也十分注重这方面人才的培养。英国社会体育中央审议会于 1981 年创立了社区体育指导员认定制度，以后又进一步设立了高级指导员和基础户外训练指导员认定制度。"从 1981 年起，在 12 年间共认定了 10 万名以上的志愿指导员，取得了显著成果。"[2] 1981 年，韩国体育部制定了建立 10 个大众体育研修院、每年培训 3000 名大众体育指导员的规划。"自 1986 年以来，韩国共培养了 20891 名大众体育指导员。"[3]

国际大众体育的蓬勃发展和社会体育指导员数量以及指导员工作的不断完善，为我国社会体育指导员工作的管理和发展提供了有益的参照和借鉴。

---

[1] 王旭光：《日本体育指导员制度考察报告》，载国家体育总局政策法规司：《他山之石——国外境外体育考察报告选编（Ⅱ）》，2005，第 148～149 页。
[2] 戴俭慧、刘小平等：《英、美、德三国体育指导员制度及启示》，《上海体育学院学报》2003 年第 4 期。
[3] 戴俭慧、刘小平等：《英、美、德三国体育指导员制度及启示》，《上海体育学院学报》2003 年第 4 期。

二 《社会体育指导员技术等级制度》的制定与实施

（一）《社会体育指导员技术等级制度》的研制

为适应群众体育的快速发展和体育辅导员以及体育干部对等级制度和体育职称的呼声，国家对社会体育组织与队伍建设予以高度重视。

1988年，原国家体委开始组织起草《中华人民共和国体育法（草案）》，提出了拟制"国家实施社会体育辅导员技术等级制度"的条款。1989年，在原国家体委群体司直接领导下，在政策法规司的指导下，天津体委成立了由天津体育学院和天津市机械局体育协会共同参加的"天津市社会体育辅导员技术等级制度"课题组。1991年1月，成立了天津市体委咨询委员会，时任天津市体委副主任李铭任咨询委员会主任，确定制定《天津市社会体育辅导员条例》，建立了起草组。经过一系列的调查研究、试点培训工作，同年10月，天津市体委拟定了《天津市群众体育辅导员技术等级制度暂行条例（草案）》。在此基础上，国家体委群体司决定进行全国性的制度研究，并组织天津市体委和天津体育学院共同申报立项国家体委软科学项目——"《社会体育辅导员技术等级制度》研究"，同时将《社会体育辅导员技术等级制度》列入原国家体委的"八五"立法规划。

历时两年时间，课题组开展了调查研究、试点培训、国外文献梳理等研究工作，经过多次会议研讨，国家体委软科项目于1993年初由10余个省份的体委群体处共同协作完成。同年5月，课题的研究报告和立法文本草案通过专家鉴定,随即被国家体委采用转入立法程序。

(二)《社会体育指导员技术等级制度》的颁布

1993年12月4日,原国家体委主任伍绍祖签署了中华人民共和国体育运动委员会第19号令,发布了《社会体育指导员技术等级制度》(以下简称《等级制度》),自1994年6月10日起施行。①

《等级制度》以简要的十九条对适用范围、等级称号、条件标准、培训考核、申请审批、指导方式以及工作管理等内容进行了规定。《等级制度》明确提出,"社会体育指导员是发展我国体育事业,增加公民身心健康,提高生活质量,建设社会主义精神文明的一支重要力量",其立法目的是"为鼓励社会体育指导员积极从事社会体育工作,加强社会体育指导员队伍的建设与管理"。根据《等级制度》的规定,社会体育指导员系指在竞技体育、学校体育、部队体育以外的群众性体育活动中从事技能传授、锻炼指导和组织管理工作的人员。社会体育指导员应当以义务指导为主,部分有偿指导服务为辅,从事指导经营或应聘到单位指导等方式,积极开展社会体育指导工作。社会体育指导员的技术等级称号分为三级社会体育指导员、二级社会体育指导员、一级社会体育指导员、国家级社会体育指导员共四级。凡符合规定条件并经过培训考核合格者,均可申请经各级体育行政部门批准获得或晋升社会体育指导员

---

① 国家体委:《中华人民共和国体育法规汇编(1993~1996)》,新华出版社,1997,第55~58页。

技术等级称号。

1994年2月，原国家体委发出《关于下发〈社会体育指导员技术等级制度〉的通知》，阐述了《等级制度》在深化体育改革、促进群众体育发展和加强体育法制建设等多个方面的重要意义，要求各级体育行政部门认真组织好实施工作。

（三）《社会体育指导员技术等级制度》的实施

1.《社会体育指导员技术等级制度》的部署与反响

为了落实《等级制度》，原国家体委和地方体育行政部门先后展开了一系列相关工作。一是进行具体部署，原国家体委于1994年6月下发了《实施〈社会体育指导员技术等级制度〉的意见》，从管理机构、业务培训、申请评审和批准、日常管理等几个方面对实施工作提出了操作性的具体要求。二是广泛开展宣传工作，形成了一定的舆论声势。三是着手编制培训大纲和教材，并于1994年6月下发《社会体育指导员技术等级培训大纲》，1995年3月发行了《社会体育指导员培训教材（试用）》。四是开展社会体育指导员的培训和评审工作。根据《等级制度》的规定，逐步开展各级社会体育指导员的培训，国家体委和地方体育行政部门分级建立起社会体育指导员评审委员会。1996年2月，国家体委公布了首批获得国家级称号的社会体育指导员名单。1996年8月，国家体委办公厅下发《关于进行国家级社会体育指导员培训工作有关事宜的通知》，确定北京体育大学、天津体育学院、沈阳体育学院、上海体育学院、武汉体育学院、成都体育学院、广州体育学院、西安体育学院8所体育院校作为国家级社会体育指导员培训基地，并对有关培训工作提出要求。各地也相继开始审批社会体育指导员。五是不断将《等级制度》的实施纳入体育法治的发展轨道,不断加强分级管理,在积极探索和调整规范中不断将《等级制度》实施工作向前推进。①

1995 年,《全民健身计划纲要》(1995 年 6 月 20 日)和《中华人民共和国体育法》(1995 年 8 月 29 日)先后颁行。《全民健身计划纲要》在第二十一条提出:"实施《社会体育指导员技术等级制度》,加强社会体育骨干队伍建设。"②《中华人民共和国体育法》在第二章第十一条规定:"国家实行社会体育指导员技术等级制度。社会体育指导员对社会体育活动进行指导。"③ 这两部涉及社会体育指导员专门条款的法律和法规成为国家推行社会体育指导员工作的重要法律依据。其后,在原国家体委单独或与其他部委联合发布的有关规范性文件中,也都做出了推进《等级制度》实施的相关规定。如 1995 年 6 月,原国家体委发布的《关于贯彻〈全民健身计划纲要〉实施"全民健身一二一工程"的意见》中,将《等级制度》作为启动阶段重点推行的两项制度之一。④ 1997 年 4 月,原国家体委、国家教委、民政部、建设部、文化部联合发布的《关于加强城市社区体育工作的意见》中特别强调:"社会体育指导员是开展社区体育的骨干。要充分发挥他们在开展群众性体育健

---

① 于善旭等:《完善我国社会体育指导员制度的研究》,北京体育大学出版社,2013,第 59~60 页。
② 国家体委:《中华人民共和国体育法规汇编(1993~1996)》,新华出版社,1997,第 5 页。
③ 国家体委:《中华人民共和国体育法规汇编(1993~1996)》,新华出版社,1997,第 77 页。
④ 国家体委:《中华人民共和国体育法规汇编(1993~1996)》,新华出版社,1997,第 80 页。

身活动中的技能传授、锻炼指导和组织管理作用。"[①] 1999年10月，国家体育总局下发的《关于加强老年人体育工作的通知》中也规定："要充分发挥社会体育指导员在老年人健身活动中的技能传授、锻炼指导和组织管理作用。"[②]

　　从各地市的实施情况来看，1994～2000年，先后有山西、上海、河南、甘肃、内蒙古、宁夏、浙江、黑龙江等地方政府或体育部门制定了实施《等级制度》的规范性文件。例如，1994年山西省人民政府办公厅下发了《山西省〈社会体育指导员技术等级制度〉实施细则》，上海体委制定了《上海市〈社会体育指导员技术等级制度〉实施细则》，河南省体育局制定了《河南省〈社会体育指导员技术等级制度〉实施意见》等；1995年，甘肃省人民政府发布了《甘肃省〈社会体育指导员技术等级制度〉实施办法》等；1996年，内蒙古自治区人民政府办公厅印发了《内蒙古自治区推行〈社会体育指导员技术等级制度〉实施办法》，宁夏回族自治区体委制定《宁夏回族自治区〈社会体育指导员技术等级制度〉实施办法》；1997年，浙江省体委制定《浙江省社会体育指导员管理办法（试行）》；2000年，黑龙江省体育局制定发布《黑龙江省社会体育指导员管理办法》等。[③]

2. 实施《社会体育指导员技术等级制度》的意义

　　《社会体育指导员技术等级制度》是在深化体育改革过程中产

---

① 国家体育总局：《中华人民共和国体育法规汇编（1997～1999）》，人民体育出版社，2000，第22页。
② 国家体育总局：《中华人民共和国体育法规汇编（1997～1999）》，人民体育出版社，2000，第63页。
③ 于善旭等：《完善我国社会体育指导员制度的研究》，北京体育大学出版社，2013，第61页。

生的一项社会体育基本管理制度，填补了我国当时社会体育在人员管理方面的一个空白，标志着我国群众体育工作在法治化的轨道上又前进了一步，对加强政府对体育工作，特别是社会体育工作的领导和宏观管理，推动体育社会化，加快社会体育广泛、深入的发展，指导群众科学健身等，都起到非常重要的作用。

国家体育总局群体司在对实施《全民健身计划纲要》第一期工程（1995～2000年）的总结中，肯定了《等级制度》实施取得的成效，指出"社会体育指导员队伍已成为开展社会体育活动的一支重要力量。到2000年全国已有各级社会体育指导员近20万人，初步形成了一支以体育行政管理人员为主导，以体育社会团体人员和乡镇、街道体育干部为主线，以社会体育指导员为主体的群众体育工作队伍"。[①]

国家体育总局局长刘鹏在2009年的一次讲话中对《等级制度》进行了高度评价，指出"社会体育指导员制度是1993年提出来的。当时提的这个事情，用今天比较时髦的话说叫文化创意工程，而且是伟大的文化创意工程。1993年提出社会体育指导员工作的思路，真是很不容易，是很有远见的"。

至2009年我国的社会体育指导员工作取得了很大成绩：初步建立了比较完整的培训、审批程序、管理体系和监督机制；队伍不断壮大，质量不断提高，而且培训工作质量得到了保障；在全国建立了8个国家级培训基地，各省份也相继建立了各地的培训基地和培训站点，使培训工作不断向着科学化、规范化的方向发展；社会

---

① 国家体育总局群众体育司：《全民健身计划第一期工程回顾与展望》，2001。

体育指导员制度的实施为体育社会化积累了实践经验，社会体育指导员的社会影响不断扩大。由于队伍的壮大，指导员的业务水平和组织能力的不断提高，社会体育指导员在指导群众体育健身活动中发挥的作用也越来越大，产生了良好的社会影响。各级社会体育指导员不仅在指导群众体育健身中大显身手，而且在协助各级体育主管部门组织群体活动中也成为骨干力量。[①] 可以说，伴随着《等级制度》的实施，我国社会体育指导员队伍不断壮大，已经成为组织指导广大群众参加体育锻炼和科学健身的重要力量，已经成为我国全民健身服务体系不可或缺的重要组成部分。

三 社会体育指导员工作的分类探索

（一）《社会体育指导员国家职业标准》的制定与推行

职业资格证书制度是劳动就业制度的一项重要内容，是按照国家制定的职业技能标准或任职资格条件，通过考核鉴定机构对劳动者的技能水平或职业资格进行客观公正、科学规范的评价。我国自1993年开始建立职业资格证书制度，《中华人民共和国劳动法》和《中华人民共和国职业教育法》都明确赋予国家实行职业资格证书制度的法律地位。

随着商业化的体育健身指导服务的需求不断增多和经营性体育健身场所及活动的日益扩展，社会体育指导的工作方式和人员构成

---

① 国家体育总局群众体育司：《全民健身计划文集（六）》，2000，第373~374页。

也有了新的变化，出现了一批在体育健身经营场所的劳动岗位进行职业化指导的专业人员，建立职业体育健身指导队伍并对其进行制度确认与管理成为一种现实需要。

1998年，国家体育总局提出了关于建立社会体育指导员职业制度的问题，经与劳动和社会保障部研究协商，正式设立了社会体育指导员职业，并列入1999年我国出版的首部《职业分类大典》，列于第4大类（商业、服务业人员）第4中类（饭店、旅游及健身娱乐场所服务人员）第3小类（健身和娱乐场所服务人员）中的第1细类。[①]

1999年10月，国家体育总局受劳动与社会保障部的委托，组织国家体育总局、北京体育大学、首都体育学院等单位人员建立了"社会体育指导员职业资格证书制度"研制机构，着手制定《社会体育国家职业标准》（以下简称《职业标准》），构建社会体育指导员职业技能鉴定体系，为其实施做好配套文件和大纲教材的准备。经过大量的调研探讨和论证修改，研制组于2001年初完成了《职业标准》的研制工作。[②]

2001年8月7日，劳动和社会保障部颁布了《职业标准》并同时施行。该标准明确了职业社会体育指导员定义和职业等级，从职业概况、基本要求、工作要点和比重表四个部分规范了社会体育指导员的职业标准内容。2001年10月8日，国家体育总局举行

---

① 丁涛等：《"社会体育指导员职业资格证书制度"政策法规体系的研究与建立》，《北京体育大学学报》2001年第4期，第445页。
② 丁涛等：《"社会体育指导员职业资格证书制度"政策法规体系的研究与建立》，《北京体育大学学报》2001年第4期，第445页。

《职业标准》颁布新闻发布会,对制定实施《职业标准》的重要性进行了阐述,指出建立社会体育指导员资格证书制度是社会主义市场经济发展的需要,是规范体育劳动力市场的重要举措,是促进体育事业发展的需要,而其中职业标准是社会体育指导员资格证书制度建立的核心;认为《职业标准》具有多方面的作用,是制定社会体育指导员职业鉴定规范的基础依据,是衡量社会体育指导员职业能力的重要依据,是确定社会体育指导员劳动报酬水平的重要参考依据,并为社会体育指导员职业教育培训工作和合理利用社会体育指导员劳动资源提供依据。其后,国家体育总局于当年12月5日下发《关于转发〈社会体育指导员国家职业标准〉的通知》,明确了《职业标准》的颁布与施行,标志着我国的社会体育指导员工作向职业化迈出了第一步,使社会体育活动由过去以体育行政部门为主的管理工作,变为一项国家的工作,从而把社会体育指导员工作推上了一个新的台阶。

根据国家体育总局的工作部署,《职业标准》颁布后先进行试点工作。天津市体育局与劳动局合作,于2003年6月在全国率先成立了体育行业职业技能鉴定站,创编了全国第一部体育指导员职业技能培训大纲和教材,在举办的首期培训中有35人报名参加。最终,分布在武术、篮球、乒乓球、台球、游泳、跆拳道、健身和健美等项目的31人通过了理论考试和技能鉴定考核,获得了社会体育指导员国家职业资格制度证书。[①] 其他地区的施行试点工作也

[①] 曾志坚:《中国首批社会体育指导员在津取得"上岗证"》,《人民日报》2003年12月30日。

有所进展。

2004年,国家体育总局人事司根据劳动和社会保障部《体育行业特有工种职业技能鉴定实施办法(试行)》的规定,下发了《关于成立国家体育总局职业技能鉴定指导中心的通知》。2004年6月,国家体育总局成立了体育行业职业技能鉴定指导中心,负责社会体育指导员国家职业标准等全国体育行业的职业鉴定工作,印发了《体育行业特有工种职业技能鉴定实施办法(试行)》和体育行业特有职业目录,社会体育指导员成为目录中的职业之一。

2005年职业技能鉴定站工作有了实质性的推进,在先期7个省份进行体育职业鉴定的基础上开始在全国逐渐展开,逐步在各省份的体育局建立技能鉴定站,确定了一批综合与单项的培训单位,并从游泳、健美操、滑雪等项目入手编制鉴定大纲、教材和试题库,开展考评员的培训考核和鉴定工作的培训研讨与交流。

截至2014年底,通过培训和鉴定获得职业资格的社会体育指导员已有14万多人,他们在发展体育健身市场和服务体育健身消费中成为新的社会职业力量。

(二)公益社会体育指导员与职业社会体育指导员的廓清

《职业标准》研制、颁布和实施期间,正值我国社会主义市场经济体制的探索和完善时期,医疗、教育等领域都出现了不同程度的过度商业化问题,当时国家体育总局对公益性指导员是否逐步纳入职业范畴也出现了模糊认识。如何认识和对待这两类社会体育指导员工作,引起了人们的关注。

国家体育总局群体司在部署2001年的工作中提出,要研究

《等级制度》如何与新制度并轨的问题。此后在《2001～2010年体育改革与发展纲要》中指出："加强社会指导员队伍建设，稳妥做好向职业资格制度过渡的工作。"① 这意味着社会体育指导员工作将以职业指导员为发展方向，志愿服务类型的社会体育指导员制度将消失，并将纳入职业指导员制度框架之中，过去多年实施《等级制度》培养出来的社会体育指导员将被剥离出国家制度保护的社会体育指导员队伍。

《2001～2010年体育改革与发展纲要》中有关两类指导员合并为一类职业指导员的发展意见一经出台，学者们纷纷发声，表明支持两类指导员分别发展的意见。意见主要集中在两点，一是社会主义的市场经济并不意味着市场能够代替政府在公共事业中的作用。市场机制和手段是提高公共产品和公共事业供给效率的有效方式，但无法代替政府在公共事业和公共服务当中的主导作用和财政投入。大众体育是现代社会公民健康生活方式的重要组成部分，对促进人们的身心健康有着不可替代的作用。世界上几乎所有的工业化国家，都将其作为国策。我们国家也将其作为公民的基本权利和民生工程的重要组成部分，努力为公民创造健身的环境和条件是政府职能之一。二是在社会主义初期阶段，广大群众的基本健身需求，还迫切需要这样一支志愿性服务队伍开展健身指导、活动的组织和开展。因此，作为全民健身公共服务体系的重要组成部分的公益性社会体育指导员队伍，显然与职业社会体育指导员队伍的发展并不

---

① 国家体育总局：《中华人民体育法规汇编（2000～2002）》，中国法制出版社，2003，第29页。

矛盾，两者都是全民健身事业的重要组成部分，是全民健身服务体系的重要内容。这些意见和建议得到了国家体育总局的高度重视，并迅速地转化为工作调整的决策。

2002年2月，国家体育总局办公厅下发了《关于进一步做好〈社会体育指导员国家等级制度〉实施工作的通知》，明确《等级制度》是在改革开放新时期和社会主义市场经济条件下，为适应全民健身发展的重要基础性建设，《职业标准》是对《等级制度》中从事经营性指导活动的社会体育指导员职责标准的具体规范，是对《等级制度》的进一步发展和完善。指出培养、使用和管理好业余从事指导工作的社会体育指导员，仍然是当前社会体育指导员工作的重点。要求进一步做好《等级制度》的实施工作，逐步满足全民健身活动实践对各类社会体育指导员的需要。[①] 国家体育总局在2002年11月印发的《〈全民健身计划纲要〉第二期工程第一阶段（2001~2015年）实施计划》，做出"继续实行并不断完善《等级制度》，稳步推行《职业标准》和逐步实行职业资格证书制度"的明确表述。[②] 至此，两支指导员队伍在全民健身服务体系中的定位逐步明确。

2003年初，国家体育总局群体司在工作要点安排中，进一步明确提出在社会体育指导员工作方面要进行深入调研，制定相关的法规政策。群体司在2004年的工作部署中要求研究论证《等级制度》与《职业标准》的关系，制定各自发展的规划，并于2004年

---

① 国家体育总局群众体育司：《全民健身计划文集（九）》，2003，第119~121页。
② 国家体育总局群众体育司：《全民健身计划文集（九）》，2003，第122页。

5月委托天津体育学院研制组着手拟订进一步加强社会体育指导员工作的文件。研制组一边调研一边起草，并在全国范围征求意见和多次修改后，于2004年11月初成稿，并迅速通过了领导决策。同年11月，国家体育总局群体司向各省份体委群体处和各行业体协与运动项目管理中心发出《关于征求〈关于进一步加强社会体育指导员工作的意见〉意见的函》。

2005年7月，为了更加明确两类社会体育指导员之间的关系，切实加强社会体育指导员队伍建设，国家体育总局下发了《关于进一步加强社会体育指导员工作的意见》，强调两类社会体育指导员都是我国社会体育指导员队伍不可缺少的重要组成部分，将并存发展、相互促进，并按照各自的工作方式共同为全民健身事业做出贡献。该意见指出，各级体育行政部门对社会体育指导员工作要进行统一管理与协调，按照公益与职业两类社会体育指导工作的不同规律、特点和需要，分别进行政策法规的引导与规范，富有特色地建设和发展两类社会体育指导工作模式和队伍体系。

（三）社会体育指导员工作思路的明晰与推进

2002年，以国家体育总局下发《关于进一步做好〈社会体育指导员国家等级制度〉实施工作的通知》为起点，社会体育指导员工作在经历了一段时间的徘徊之后出现了新的转折和推进。

2003年，新的《社会体育指导员技术等级培训大纲》和《社会体育指导员技术等级培训教材》相继印发出版；全国群众体育工作会议首次对全国千名优秀社会体育指导员进行了表彰；上海率先成立社会体育指导员协会，带动了地方社会体育指导员组织的发展；开始对计算机网络化的"社会体育指导员管理系统"进行研制开发；继续开展培训审批，并结合农村体育年的主题加大了对县级和贫困地区社会体育指导员的培训力度，截至2004年底我国各级社会体育指导员达到43万人。

2005年，在推进《等级制度》实施方面，结合《全民健身计划纲要》实施10周年总结和"十运会"群众体育先进表彰，进一步扩大了社会体育指导员的社会影响；首次开展国家级社会体育指导员交流活动；2005年也是《中华人民共和国体育法》和《全民健身计划纲要》颁布实施10周年的总结性年份，又是进入新一轮奥运周期和筹备迎接北京奥运会的关键性年份，国家体育总局提出"全民健身与奥运同行"的工作主题，并结合《关于进一步加强社会体育指导员工作的意见》的实施，有力地促进了社会体育指导员工作的开展。

2006年，印发了新的《社会体育指导员技术等级培训大纲》，并不断推动培训工作改革和加强师资培训力度。从2007年起，定期出版《新体育·社会体育指导员》专刊，以加大对社会体育指导员的宣传。2008年，在总结北京、天津、江苏试点使用"社会体育指导员管理系统"的经验基础上，开始在全国普遍推广使用"社会体育指导员管理系统"，并推进"社会体育指导员智能卡注册和监督管理系统"的试点工作；2008年，举办了全国社会体育指导员技能展示大会，并开展全国性的评选活动，命名了981名"群众喜爱的社会体育指导员"和10名"社会体育指导员之星"，带动了全国各地广泛地开展各种交流、展示和表彰活动。

四 社会体育指导员工作制度的发展

(一) 北京奥运会后社会体育指导员工作不断得到加强

1. 在体育强国建设中社会体育指导员工作得到进一步加强

2008年,在北京奥运会上我国以获得51块金牌创历史最好成绩,位列奖牌榜第一,极大地鼓舞了广大群众的体育健身热情。胡锦涛总书记在北京奥运会、残奥会总结表彰大会上的讲话提出了中国要"实现从体育大国向体育强国迈进的奋斗目标",并强调"我们要坚持以增强人民体质、提高全民族身体素质和生活质量为目标,高度重视并充分发挥体育在促进人的全面发展、促进经济社会发展中的重要作用,实现竞技体育和群众体育协调发展"。2009年10月16日,胡锦涛总书记在接见新中国体育发展60年来涌现出的优秀运动员、教练员代表和全国体育先进集体、先进个人代表时,再次强调:"深入开展全民健身运动,不断提高竞技体育水平,努力推动我国由体育大国向体育强国迈进。"这些讲话强调了体育强国不仅是竞技体育的领先,群众体育事业也是体育强国的重要标志,为新时期的中国体育发展指明了方向。

体育强国的内涵主要包括两个方面:一方面就是要大力发展体育,发挥体育在经济、政治、文化以及生态文明建设中的独特作用,从而达到强国强种、富民富国的目的。另一方面强调的是协调、可持续发展的体育,即指群众体育、学校体育与竞技体育,体育事业与体育产业,东西部地区以及城乡体育的协调发展。

改革开放以来，我国体育事业取得了巨大成就，群众体育蓬勃发展，体育产业粗具规模，竞技体育实力不断增强，特别是在2008年北京奥运会上，我国的竞技体育取得了辉煌的成就，为世界瞩目。但与竞技体育相比，我国的群众体育还相对滞后。社会体育指导员队伍是群众体育的重要人力资源，新时期群众体育的发展离不开社会体育指导员队伍作用的发挥。

国家体育总局抓住体育强国建设这一重要契机，在总局局长刘鹏等有关领导的直接推动下，采取多方面的推进措施，社会体育指导员工作取得了显著的进展和成效。2009年初，刘鹏在全国体育局长会议上作了《以科学发展观为统领，努力推动我国由体育大国向体育强国迈进》的工作报告。2010年初，刘鹏在全国体育局长会议上再次提出："要深入学习实践科学发展观，全面理解和深刻领会建设体育强国的丰富内涵和时代意义，坚持在传承中改革创新，努力迈出建设体育强国新步伐。"在检查调研各省份贯彻落实《全民健身条例》情况时，刘鹏强调"全民健身是重要的民生问题之一"。国家体育总局在贯彻落实《全民健身条例》的座谈会上，刘鹏提出"将抓好社会体育指导员这个'牛鼻子'作为全民健身工作突破点的一个重要方面"，"我们和体育强国最大的差距就在于群众体育，群众体育是体育中最大的薄弱环节和基础性短板。建设体育强国，最要着力抓的就是把全民健身、把群众体育极大地推动，必须以突破性的思维，采取突破性的措施，实现全民健身的跨越式发展"，并强调"群众体育必须走社会化的道路，建立起一支热心体育工作、具有敬业奉献精神和技术精湛、有所专长的社会体育指导员队伍。社会体育指导员队伍是群众体育改革的产物。在中国只有造就出百万社会体育指导员大军,全民健身计划的实施才不是一句空话。当百万社会体育指导员队伍活跃在各个晨晚练点中,活跃在街头巷尾,活跃在群众体育健身各个场所,中国的群众体育事业就大有希望了"。

正是在体育强国建设、促进全民健身实现突破性发展的过程中,社会体育指导员的地位得到了进一步的提升并加速发展。

2. 社会体育指导员队伍与全民健身公共服务体系建设共同发展

为了满足广大人民群众日益增长的体育需求,纪念北京奥运会的成功举办,国务院于2009年初批准,从2009年起,每年8月8日为全民健身日。2009年4月,国务院颁布《国家人权行动计划(2009~2010年)》,这是我国第一次制定的以人权为主题的国家规划,在文化权利和健康权利两个方面指出,开展全民健身运动、健全群众体育组织、完善全民健身体系和建立公共体育服务体系是国家人权行动计划的组成部分。2009年10月1日起施行的《全民健身条例》是我国第一部专门针对全民健身的行政法规,标志着群众体育工作走向法治化、规范化和科学化。《全民健身条例》明确提出:"国家加强社会体育指导人员队伍建设,对全民健身活动进行科学指导。"

从2009年初设立全民健身日,到同年8月底《全民健身条例》的颁布,在中央政府层面已经显现出建设体育强国、将工作重心向全民健身转移、不断加强社会体育指导员工作的政策布局。[①]

---

① 于善旭等:《完善我国社会体育指导员制度的研究》,北京体育大学出版社,2013,第78页。

在2010年制定的《体育事业发展"十二五"规划》中，提出"加快完善公共体育服务体系，提高公共体育服务水平，切实提高全民族的身体素质和健康水平，促进我国群众体育发展迈上新台阶"。在2011年颁布的《全民健身计划（2011~2015年）》中，进一步将社会体育指导员的发展建设列入目标任务，明确提出"到2015年，形成覆盖城乡比较健全的全民健身公共服务体系"。构建全民健身公共服务体系逐渐成为体育工作的重要焦点。

全民健身公共服务体系就是指各级政府为保障人民群众基本体育权益，满足日益增长的体育服务需求，组织实施的以公共体育场地设施、公益体育组织网络、群众性体育活动系统、公益社会体育指导员队伍、健身指导及信息服务系统为支撑和运作评估为基本框架的，覆盖全社会的体育健身服务体系。它是社会公共服务体系的组成部分，是全民健身服务体系的主要组成部分。社会体育指导员作为全民健身公共服务体系的组成部分，在大众体育健身指导、体育活动组织、提高全民健身运动的科学化中的突出作用，决定了其在全民健身公共服务体系建设中的重要地位。

各地积极响应建设全民健身公共服务体系的号召，在加快构建全民健身公共服务体系的同时，各地的社会体育指导员队伍建设快速发展。

（二）社会体育指导员工作制度的推进

1. 完善社会体育指导员工作制度的需求日渐突出

我国社会体育指导员工作的开展，从其开始就被纳入以法律法规为基础的制度状态。社会体育指导员工作的新发展，必然需要更加完善的法律制度予以全面规范和有力保障。然而，在社会体育指导员工作的不断发展中，与十多年前制定的《等级制度》不相适应的问题逐渐显现。

在社会体育指导员制度从无到有的建立中，《等级制度》设置的初衷是为确立社会体育指导员的社会地位和组建指导员队伍，但因当时缺乏实践经验，使得《等级制度》的立法重心在于资质获取，而这必然导致了《等级制度》在全面管理中的不足，有些内容过于强调原则性而缺乏具体的操作规范，随着社会的进步一些规定还需要与时俱进地进行调整。特别是《职业标准》出台与《等级制度》关系定位混乱进而又不断调整和澄清之后，对完善社会体育指导员制度立法的需求更为迫切。2005年，国家体育总局在《关于进一步加强社会体育指导员工作的意见》中明确了加快完善社会体育指导员的法规制度建设任务。同时，有关完善社会体育指导员制度立法的社会呼吁和学术研究也逐渐增多。2009年在《全民健身条例》颁行之后，社会体育指导员工作得到进一步加强，根据该条例对不同类型社会体育指导员进行分别定位和具体立法成为更为紧迫的现实需要。

2. 与时俱进确立社会体育指导员工作制度

2006年7月，天津体育学院课题组承接了国家体育总局关于完善我国社会体育指导员制度的研究任务，在国家体育总局群体司的支持下，逐步展开完善社会体育指导员制度专门立法的研究。随着进入建设体育强国的新阶段，我国全民健身和社会体育指导员工作有了进一步加强，有关社会体育指导员制度的立法研究逐步完成。

课题组在进行广泛社会调研的基础上，提出了"保障社会体育指导员权益、促进社会体育指导员做出贡献"的立法取向和应坚持把握的若干发展原则，先从继续保持部门规章层次和对《等级制度》进行整体性修订方面确定其立法定位，然后对修订规章的路径选择进行了反复探讨。初期，按照"一个制度，两个标准"的理想化模式制定适用两类社会体育指导员工作的"大规章"探索；其后，又调整为单独对公益社会体育指导员工作予以规范，制定《社会体育指导员管理办法》（简称《管理办法》）和修订《等级制度》，使两部规章并列出现了复合立法框架。最后，确定采用《管理办法》一部规章并在规章内实行"正附结合"的体例模式。经过日益深入的内容研究和一系列调研、论证、修改以及多次全国性意见的征询反馈，课题组在与行政部门的紧密互动下，完成了关于社会体育指导员管理的起草研制任务。

（三）《社会体育指导员管理办法》的颁布

2011年10月9日，国家体育总局以第16号令公布了《社会体育指导员管理办法》，于2011年11月9日起施行。《管理办法》施行后，《等级制度》即行废止。

《社会体育指导员管理办法》首先明确其适用于不以收取报酬为目的从事全民健身志愿服务的社会体育指导员。在规章的内容上，《社会体育指导员管理办法》并非主要是对社会体育指导员进行管理，而是以各方面的社会体育指导员工作关系为调整对象。

在体例结构上，《管理办法》采用"正附结合"的体例结构，将规章文本分为两个相对独立的部分，将对技术等级的总体规范和整个管理工作设为正文，将《社会体育指导员技术等级标准》（以下简称《等级标准》）作为附件。

在具体内容上，《管理办法》正文根据全面调整社会体育指导员工作主要任务与重点环节的需要，并遵从立法的一般规律性要求，共设九章，分别为总则、组织管理、培训教育、申请审批、注册办理、工作保障、服务规范、奖励处罚和附则。《等级标准》作为《管理办法》正文的附件，根据其设置各种社会体育指导员条件及其适用的明确目的，依次进行了三个部分的内容安排，即社会体育指导员的基本条件、社会体育指导员的等级条件以及在特定情况下对某些社会体育指导员适用的特许条件。

（四）《社会体育指导员管理办法》的实施

1.《社会体育指导员管理办法》实施的部署与反响

《管理办法》通过国家体育总局文件和官方网站发布后，其实施工作立即纳入其后的群众体育工作的整体部署。2011年底，国家体育总局办公厅下发的《2012年群众体育工作思路和要点》和2012年2月召开的全国群众体育工作会议，都对《管理办法》的实施提出了明确要求，指出要从社会体育指导员的发展和使用两个方面推动制度的全面实施。在2013年全国群众体育工作会议的工作部署和国家体育总局印发的《2013年群众体育工作思路和要点》中，继续对推动社会体育指导员工作发展做出安排。

《管理办法》的出台，得到了有关媒体和社会的关注，一些网站对《管理办法》进行了转载或介绍。2011年10月出版的《新体育·社会体育指导员》（2011年第5期）杂志刊登了《管理办法》全文，并配发了卷首语《这是一份盼望》。在2011年12月出版的《新体育·社会体育指导员》（2011年第6期）杂志上，刊登了学习《管理办法》心得体会的署名文章，阐述了《管理办法》的重要意义、主要特点和实施对策。中国社会体育指导员协会和部分地方体育部门也对《管理办法》的实施做出了回应。同时，2012年新版社会体育指导员培训教材、全国社会体育指导员师资培训以及部分地方进行的社会体育指导员培训中，都对《管理办法》做了介绍。

2. 实施《社会体育指导员管理办法》的作用

2011~2013年，《管理办法》的实施为社会体育指导员工作的开展发挥了关键作用。

（1）地方社会体育指导员协会加快建立。2013年初，省级社会体育指导员协会已由《管理办法》实施前的6个增加到23个，各地市、县级社会体育指导员协会也在逐步建立，协会开展的活动越来越多，作用发挥得更加充分。

（2）社会体育指导员工作与全民健身组织建设的互动发展更加完善。国家体育总局群体司着手抓全民健身活动站点等基层组织建设，推广一些地方经验，为社会体育指导员建设发挥作用的阵地和平台。

（3）社会体育指导员培训在继续扩大中逐步提升质量。国家体育总局下发了进一步加强培训工作的通知，组织编写出版了新版的培训教材，培训工作继续从数量和质量两个方面得到加强。2012年底，全国共登记注册的社会体育指导员已达近105万人，继续培训教育也在启动。

（4）全国和各地的社会体育指导员交流展示活动进一步开展。如吉林、内蒙古、宁夏、广西、陕西、安徽等省份相继举办了一些社会体育指导员的交流展示活动。

（5）社会体育指导员的表彰奖励活动普遍进行。2012年3月，国家体育总局表彰了2010~2011年度千名全国优秀社会体育指导员。各地也进行了各种社会体育指导员评选表彰和多种形式的奖励活动。

（6）社会体育指导员工作的社会宣传和信息管理服务进一步加强。2013年，国家体育总局社会体育指导中心与中央电视台共同策划推出了《指导员的健康梦》专题片，国家体育总局局长刘鹏做客中央电视台体育频道畅谈社会体育指导员工作；《新体育·社会体育指导员》杂志正式成为中国社会体育指导员协会会刊；各地刊载社会体育指导员信息的全民健身活动站点电子地图不断增多；中国社会体育指导员协会官方网站畅通使用。

（7）社会体育指导员工作的有关保障得到逐步落实。国家体育总局和部分地区的社会体育指导员工作专项资金逐年增加。2012年8月中国社会体育指导员协会秘书处向获得"2010~2011年度全国优秀社会体育指导员"荣誉称号的1000名社会体育指导员发放了装备，这是自1993年12月4日国家体育总局颁布《社会体育指导员技术等级制度》以来投入资金与物质保障规模最大的一次；部分地区开始为一线社会体育指导员配发服装和办理保险。

（8）社会体育指导员工作规范化程度逐步提高。江苏、上海等地制定了新的社会体育指导员配套文件，对社会体育指导员工作的机制探索更加深入。

B.3
社会体育指导员工作的主要成效

一 社会体育指导员成为全民健身志愿服务队伍的中坚力量

（一）社会体育指导员队伍快速发展

国家对体育发展的重视及相关规章制度的陆续出台，使我国社会体育指导员的总数量保持着逐年稳定增长的积极态势，同时社会体育指导员在等级、性别、年龄等的结构构成上也越来越趋向均衡。

截至2014年底，我国社会体育指导员的数量已超过174万人。北京、天津、山西、内蒙古、山东、辽宁、吉林、黑龙江、上海、江苏、浙江、河南、湖北、广东、陕西、甘肃、青海、宁夏18个省份达到了《社会体育指导员发展规划（2011～2015年）》中设定"到2015年，城市达到每千人至少拥有1名社会体育指导员"的标准。其中，北京、天津、江苏3个省市每千人拥有社会体育指导员的数量更是达到了2人以上。

1. 社会体育指导员队伍整体发展情况

1994年6月，我国的社会体育指导员制度正式实施，到2000年我国社会体育指导员的人数发展到3万多人，2005年我国社会体育指导员的人数发展到14万多人，2010年我国社会体育指导员的人数发展到67万多人，截至2014年底我国社会体育指导员的人数已超过174万人（见图1）。①

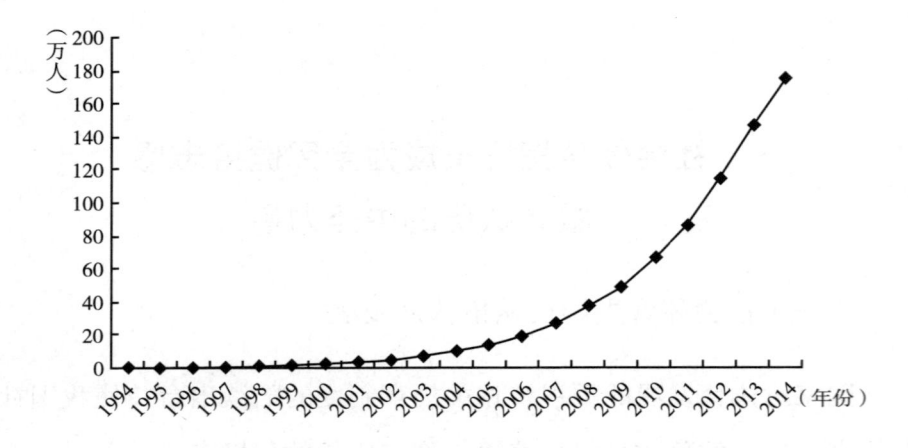

图1　1994~2014年社会体育指导员增长情况

数据来源：国家体育总局2014年底公布的统计数据。

在社会体育指导员数量快速增长的同时，我国管理型和健身指导型两种社会体育指导员的数量，也随着国家对发展社会体育指导员的重视及相关体制机制的健全在逐年成倍增加。我国健身指导型社会体育指导员，1994年共有2509名，2000年已发展到2.5万多人，2005年已发展到12万多人，2010年已发展到56万多人，到2014年底已发展到150多万人；我国管理型社会体育指导员，1994年共有298名，2000年已发展到4700多人，2005年已发展到2万多人，2010年已发展到10万多人，到2014年底已达到21万

---

① 本书的数据来源主要有两类，一类是国家体育总局2014年底公布批准的统计数据，共计1742361人；另一类是2014年底各省份自评报告的数据加总。

多人（见图2）。与全国体育指导员的年均增长速度相比，技能指导型社会体育指导员的年均增长速度与全国社会体育指导员的增长速度大体一致，2010年以后，管理型社会体育指导员的增长速度低于全国社会体育指导员的增长速度。

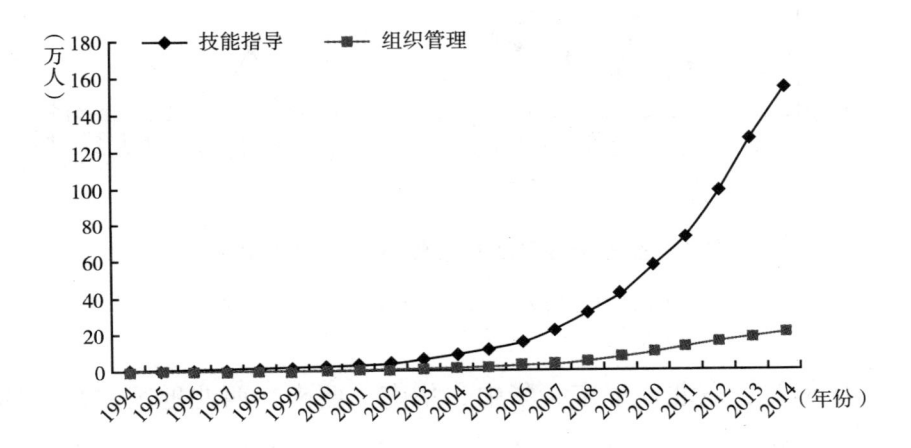

图2 1994~2014年不同类型社会体育指导员发展情况

数据来源：国家体育总局2014年底公布批准的统计数据。

2. 各省份及东、中、西部地区社会体育指导员发展情况

从各省份社会体育指导员数量来看，截至2014年底，江苏、广东拥有的社会体育指导员数量最多，列第一梯队，体育指导员人数均超过20万人。山东、河南、湖北列第二梯队，体育指导员人数均超过了10万人。其他省份的指导员人数均未达到10万人，尤以新疆生产建设兵团、海南、西藏、宁夏、新疆的社会体育指导员数量最少，人数均未达到1万人。在四个直辖市中，北京和上海的社会体育指导员人数最多，分别达到4.5万多人和4.2万多人，天津和重庆的社会体育指导员人数分别为2.8万多人和1.7万多人（见图3）。

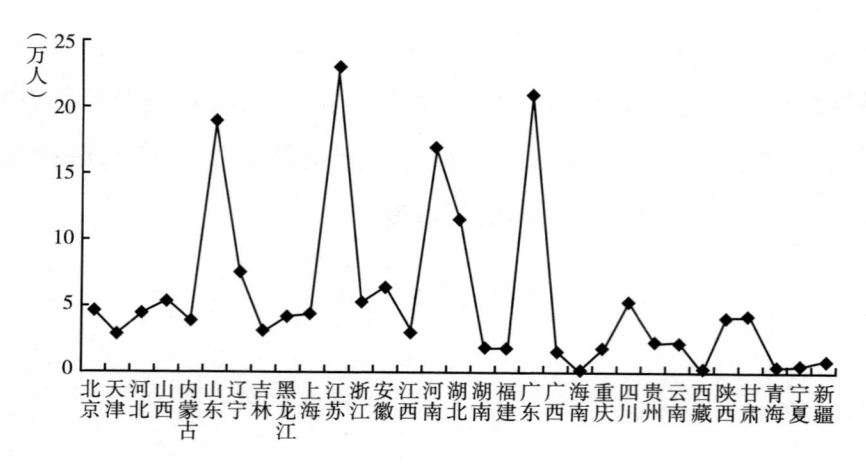

图3　各省份各等级社会体育指导员人数情况

数据来源：国家体育总局2014年底公布批准的统计数据。

从华北、东北、华东、华中、华南、西南、西北地区的社会体育指导员数量来看，截至2014年底，7个地区中社会体育指导员人数总量的排位依次为华北、华东、华中、华南、东北、西南、西北。其中华北的社会体育指导员数量达到近40万人，华东的社会体育指导员数量达到近39万人，华中的社会体育指导员数量达到33万多人，华南的社会体育指导员数量达到24万多人，东北的社会体育指导员数量达到15万多人，西南的社会体育指导员数量达到近12万人，西北的社会体育指导员数量达到10万多人（见图4）。

从每千人拥有的社会体育指导员数量来看，有48.4%的省份每千人拥有指导员的数量在1人及以下，16.1%的省份每千人拥有指导员的数量在1.1～1.5人，25.8%的省份每千人拥有指导员的数量在1.6～2人，3.2%的省份每千人拥有指导员的数量在2.1～

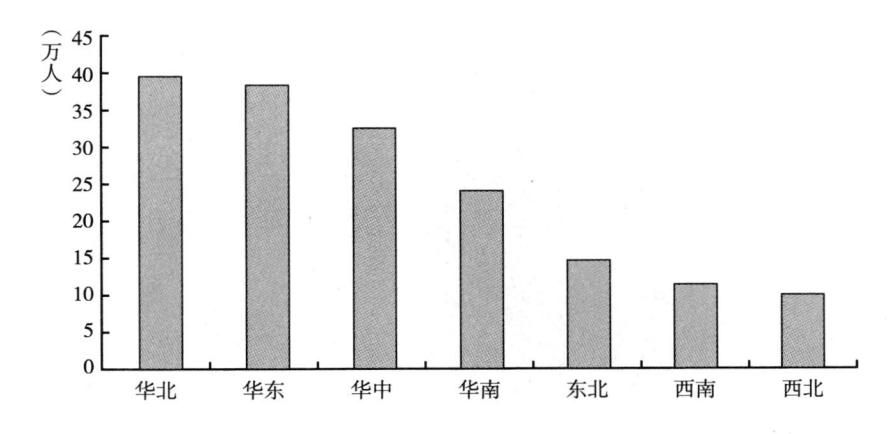

图4 各地区社会体育指导员人数

数据来源：国家体育总局2014年底公布批准的统计数据。

2.5人，6.5%的省份每千人拥有指导员的数量在2.6~3人（见图5）。其中，天津和江苏两地每千人拥有的社会体育指导员数量最多，在2.6~3人的范围；北京每千人拥有的社会体育指导员数量在2.1~2.5人的范围；内蒙古、山东、辽宁、上海、河南、湖北、广东和甘肃8个省份每千人拥有的社会体育指导员数量在1.6~2人；山西、吉林、黑龙江、陕西和宁夏5个省份每千人拥有的社会体育指导员数量在1.1~1.5人；河北、浙江、安徽、江西、重庆、四川、贵州、西藏和青海9个省份每千人拥有的社会体育指导员数量在0.6~1人；湖南、福建、广西、海南、云南和新疆6个省份每千人拥有的社会体育指导员数量在0.5人及以下。

（二）社会体育指导员的结构日趋合理

1. 我国社会体育指导员的性别结构

截至2014年底，我国社会体育指导员中的男女性别比例分布

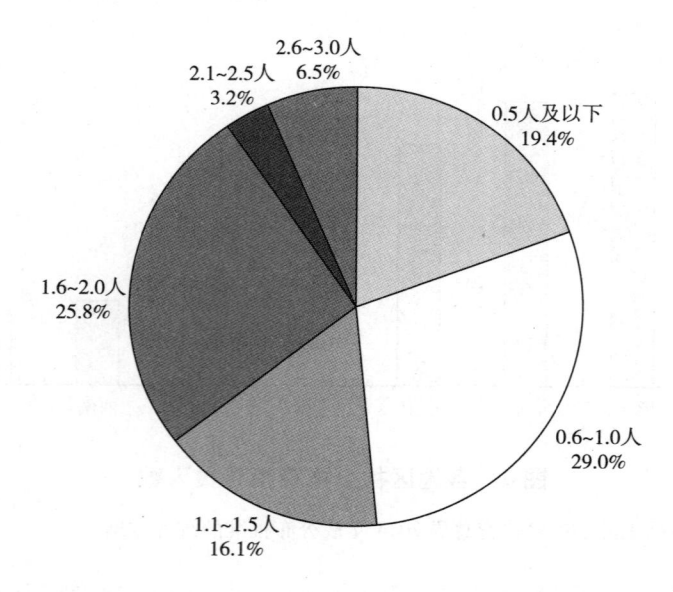

图5　各省份每千人拥有社会体育指导员数量的比例情况

数据来源：国家体育总局 2014 年底公布批准的统计数据。

比较均衡，分别为 48.4% 和 51.6%，其中男性指导员（842489 人）略少于女性指导员（899872 人）（见图6）。

2. 我国社会体育指导员的年龄结构

截至 2014 年底，我国社会体育指导员的年龄分布比较合理，其中 60 岁及以上的社会体育指导员为 271346 人，占比 15.6%；45～59 岁的社会体育指导员为 604911 人，占比 34.7%；44 岁及以下的社会体育指导员为 866104 人，占比 49.7%（见图7）。

3. 我国社会体育指导员的文化结构

截至 2014 年底，我国社会体育指导员的文化结构分布比较合理，有一半以上的社会体育指导员具有大专以上文化。其中，具有大专及以上文化程度的社会体育指导员 871871 人，占比 50.04%；

社会体育指导员工作的主要成效

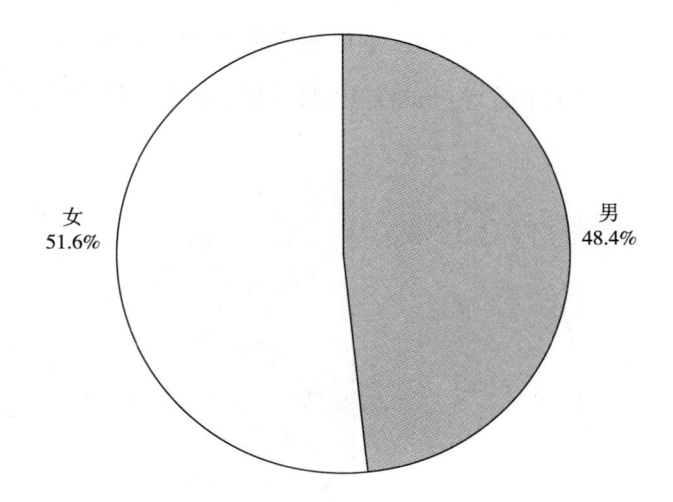

图6 社会体育指导员的性别结构

数据来源：国家体育总局2014年底公布批准的统计数据。

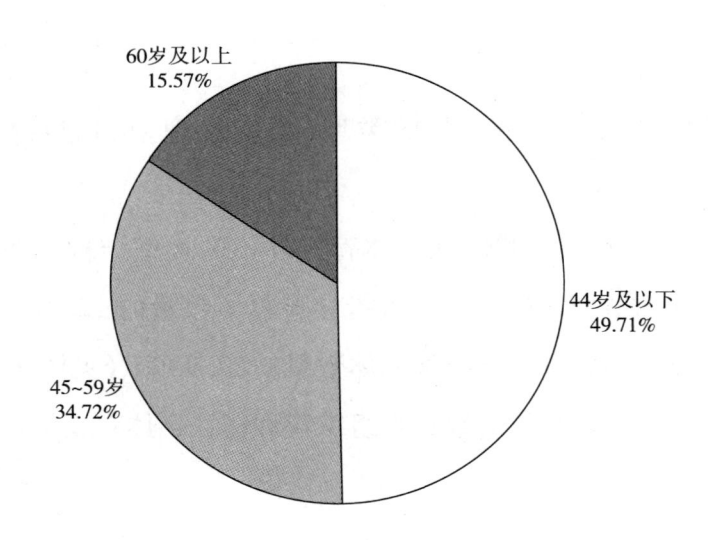

图7 社会体育指导员的年龄结构

数据来源：国家体育总局2014年底公布批准的统计数据。

047

具有大专以下文化程度的社会体育指导员870490人，占比49.96%（见图8）。社会体育指导员的文化水平较2010年明显提高。

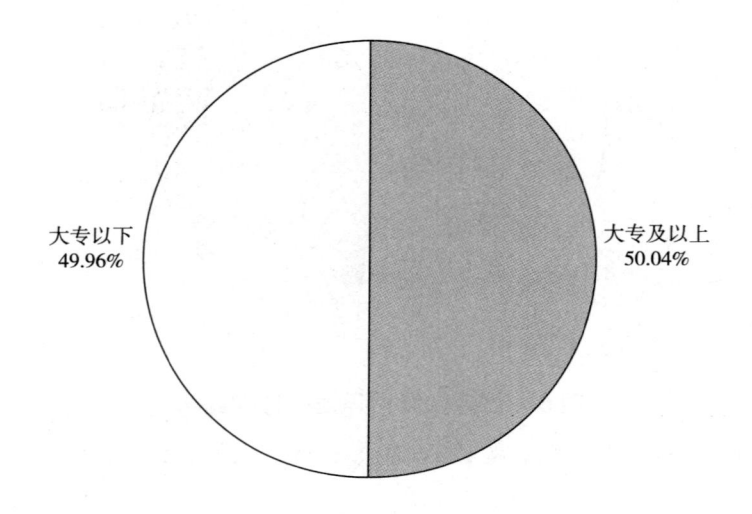

图8　社会体育指导员的文化程度

数据来源：国家体育总局2014年底公布批准的统计数据。

4.我国社会体育指导员的类型（组织管理型和健身指导型）结构

截至2014年底，我国社会体育指导员的类型结构分布较为合理，组织管理型指导员的数量占指导员总体数量的12.07%，健身指导型指导员的数量占指导员总体数量的87.93%（见图9），健身指导型社会体育指导员的数量是组织管理型社会体育指导员数量的7倍多。

（三）社会体育指导员发挥作用日益显现

社会体育指导员队伍的志愿服务是我国体育公共服务体系和全

社会体育指导员工作的主要成效

组织管理型社会体育指导员
12.07%

健身指导型社会体育指导员
87.93%

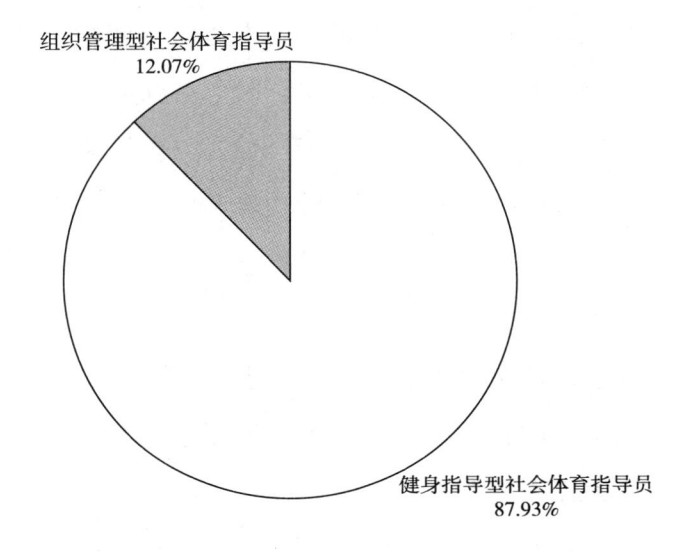

图9　社会体育指导员的类型结构

数据来源：国家体育总局2014年底公布批准的统计数据。

民健身公共服务体系的重要组成部分，已成为促进我国体育事业和社会发展的一支重要社会力量。社会体育指导员不仅在传授健身技能、组织健身活动、宣传健身知识、增强群众体育健身意识、提高中华民族的体质和健康水平、引领健康生活方式中发挥了重要作用，同时也在推动全民健身事业发展、弘扬志愿精神、传播社会主义核心价值观、促进社会建设和社会发展中发挥了重要作用。

国家体育总局局长刘鹏在2010年中国社会体育指导员协会成立大会上的讲话中指出："社会体育指导员是全民健身服务体系建设的重要组成部分，是推动全民健身事业发展的重要力量和宝贵的人才资源。社会体育指导员制度的建立是对全民健身事业发展规律的成功实践和正确把握，是具有中国特色全民健身事业组织建设的重要内容和宝贵经验，是广泛开展全民健身运动的有力抓手和组织保障。正是因为有了社会体育指导员这支队伍，使全民健身工作的手臂延长了，领域拓宽了，面向基层、服务群众的工作重点和全民健身普遍化、经常化、科学化、生活化的工作目标才得以实现。"可以说，我国全民健身事业发展的成功经验之一，是得益于建立了一支来源于基层、植根于基层、服务于基层的社会体育指导员队伍。

社会体育指导员是全民健身的宣传者、科学健身的指导者、群众活动的组织者、体育场地的维护者、健康生活方式的引领者。多年来，广大社会体育指导员秉持"奉献、服务、健康、快乐"的宗旨，常年活跃在基层社区和村镇第一线，为健身群众进行健身指导、普及科学健身知识、开展体育健身活动，以自己的热情服务和奉献，为社会体育指导员树立了良好的形象，受到了健身群众的欢迎，赢得了社会各界的赞誉。如天津王串场公园体育健身中心国家级社会体育指导员杨喜萍，利用街道所提供的健身活动阵地，不仅每周组织队员开展各类专项健身活动，还组织队员开展健身和健康知识学习交流讲座。内蒙古国家级社会体育指导员史红，最初因自身身体原因开始参加体育锻炼，后来发展为社会体育指导员，并逐渐带领大家共同锻炼。史红带领的团队不仅制定了团队规则，使活动开展规范化，还积极团结各个不同社会群体包括农民工群体参加健身团队。健身团队组织开展了很多特色活动，如在中秋等节日组织团队开展具有节日特点的交流活动，在暑假带领团队中的少年儿童开展参观、交流学习活动。史红还协助社区管理者，在社区基层建设和管理中发挥积极作用。同样因为身体原因走上体育锻炼，最终成为社会体育指导员的内蒙古国家级指导员杨雪琴,通过体育锻炼遏制了癌症的病情,并开始带领许多具有相同经历的患友组成健身团队,相互鼓励和帮助,共同抗击病魔。[①]

二 社会体育指导员政策法规体系不断健全

社会体育指导员制度是改革开放后我国较早建立的一项重要体育工作制度。20多年来,社会体育指导员制度伴随着我国体育事业和全民健身运动的发展得以顺利的实施和运行,在建设社会体育指导员工作队伍,为广大群众提供科学健身指导服务,促进我国社会体育工作规范化、制度化发展等方面,发挥着越来越重要的作用,并不断根据发展的需要,逐步健全完善制度的内容与形式。

(一)有关法规政策对社会体育指导员工作的规定

1. 《中华人民共和国体育法》对社会体育指导员工作的规定

1995年8月29日,全国人大常委会通过了《中华人民共和国体育法》,于1995年10月正式实施。《中华人民共和国体育法》是指导、规范和保障我国体育事业的一项重要国家法律。它从总体上对我国体育事业发展做出了全面规范和保障,是我国体育事业的基本法,是我国发展体育事业、开展体育工作的基本纲领和总章程,在我国法律体系中占有重要地位。《中华人民共和国体育法》全文共分为八章五十五条,通过各章内容,阐明了国家发展体育事

---

① 2014年课题组在各地实地考察中获取的资料。

业的目的、任务、基本方针、重大原则和战略措施，明确规定了国家、社会、各类组织以及包括社会体育指导员在内的广大工作者在发展体育事业中的责任与行为准则，对我国体育工作的主要方面进行了规范和调整。

《中华人民共和国体育法》关于社会体育在体育发展全局中地位的规定最集中地表现在对我国体育工作方针的阐述上："国家发展体育事业，开展群众性的体育活动，提高全民族身体素质。体育工作坚持以开展全民健身活动为基础，实行普及与提高相结合，促进各类体育协调发展。"这充分表明社会体育是我国体育事业中具有根本性和基础性地位的重要组成部分。此外，在《中华人民共和国体育法》的第二章第十一条中明确指出："国家实行社会体育指导员技术等级制度。社会体育指导员对社会体育活动进行指导。"这成为国家推行社会体育指导员工作的重要法律依据。

2.《全民健身计划纲要》《全民健身条例》《全民健身计划（2011~2015年）》对社会体育指导员工作的规定

1995年6月20日，国务院发布了《全民健身计划纲要》（以下简称《纲要》）。《纲要》是新时期我国群众体育工作的纲领性文件，是一项由国家领导、社会支持、全民参与的体育健身计划，是与实现社会主义现代化目标相配套的社会系统工程和面向21世纪的体育发展战略规划。作为群众体育纲领性文件，《纲要》的颁布实施极大地促进了我国群众体育事业的发展，群众体育进入了整体推进的系统化建设阶段。《纲要》全文分为五个方面包括二十六条，确定了到20世纪末和2010年我国群众体育事业的发展方向和奋斗目标，提出了我国群众体育改革和发展的新思路，明确提出

"实施《社会体育指导员技术等级制度》，加强社会体育骨干队伍建设"。

2009年8月《全民健身条例》在全面建设小康社会，实现以人为本，推动我国体育事业全面、协调、持续发展，建设体育强国的背景下颁布，是我国全民健身事业的一个重要里程碑。《全民健身条例》的颁布，对于加快"建设体育强国"的历史进程具有十分重要的意义，为推动我国体育事业实现跨越式发展，尤其是群众体育事业的跨越式发展，创造了必要的法律保障条件。《全民健身条例》在第四章全民健身保障第三十一条中明确提出："国家加强社会体育指导人员队伍建设，对全民健身活动进行科学指导。国家对不以收取报酬为目的向公众提供传授健身技能、组织健身活动、宣传科学健身知识等服务的社会体育指导人员实行技术等级制度。县级以上地方人民政府体育主管部门应当免费为其提供相关知识和技能培训，并建立档案。国家对以健身指导为职业的社会体育指导人员实行职业资格证书制度。以对高危险性体育项目进行健身指导为职业的社会体育指导人员，应当依照国家有关规定取得职业资格证书。"《全民健身条例》做出的这一规定，进一步明确了社会体育指导员工作的重要法律地位，表明社会体育指导员工作与全民健身事业发展的密切联系，恰当地协调和处理了社会体育指导员工作实际、上位法以及今后工作的关系，实现了立法的原则性、协调性和发展性的有机结合。

2011年，由国家体育总局颁布实施的《全民健身计划（2011～2015年）》对社会体育指导员队伍的工作提出了更加明确的要求："全民健身指导和志愿服务队伍进一步发展。获得社会体育指导员技术等级证书的人数达到100万人以上，获得社会体育指导员国家职业资格证书的人数达到10万人以上。社会体育指导员综合素质和服务水平显著提高。广泛组织优秀运动员、教练员、学校体育教师开展义务健身辅导，培育全民健身骨干，形成组织落实、结构合理、覆盖城乡、服务到位的全民健身志愿服务队伍。"

3. 将社会体育指导员指标纳入《国家卫生城市标准（2014年版）》和《全国文明城市测评体系（2011年版）》

在省会和副省级城市、地级城市、县级城市的全国文明城市测评体系一级指标的"Ⅰ-4健康向上的人文环境"之二级指标"Ⅱ-13文体活动与文体设施"中的三级指标"Ⅲ-37体育设施与体育活动"加入了社会体育指导员指标，指标内容包括积极开展全民健身活动；每个街道拥有晨晚练体育活动点5个以上，人均体育场地面积＞1.08平方米，公共体育场地设施状况良好；建立市、区、街道各级体育组织并经常开展活动，每千人拥有2个社会体育指导员3项标准。符合上述3项标准为A；符合其中2项标准的为B，其余情形为C。

在全国文明城区测评体系一级指标的"Ⅰ-4健康向上的人文环境"之二级指标"Ⅱ-13文体活动与文体设施"中的三级指标"Ⅲ-37体育设施与体育活动"加入了社会体育指导员指标，指标内容包括积极开展全民健身活动；每个街道拥有晨晚练体育活动点5个以上，人均体育场地面积＞1.08平方米，公共体育场地设施状况良好；建立区、街道各级体育组织并经常开展活动，每千人拥有2个社会体育指导员标准。符合上述3项标准的为A，符合其中2项标准的为B，其余情形为C。

为贯彻落实2013年全国爱卫会全体会议精神，适应新时期爱国卫生工作的需要，全国爱卫办在广泛征求意见的基础上，组织对2010年《国家卫生城市标准》进行了修订，形成了《国家卫生城市标准（2014版）》，《国家卫生城市标准（2014版）》共分为八部分四十条，在第二部分《健康教育和健康促进》第七条中提出："广泛开展全民健身活动，机关、企事业单位落实工作场所工间操制度。80%以上的社区建有体育健身设施。经常参加体育锻炼的人数比率达到30%以上。每千人口至少有2名社会体育指导员。"

4. 社会体育指导员队伍建设纳入各地《全民健身实施计划》和工作考核评价体系

各地政府高度重视社会体育指导员在全民健身发展中的指导和引领作用，结合自身情况分别发布了各自地区的《全民健身实施计划（2011~2015年）》，并在计划中对社会体育指导员的队伍建设做出了相关要求和说明。如天津市在《天津市全民健身实施计划（2011~2015年）》的任务中明确提出："大力加强社会体育指导员队伍建设。努力发挥社会体育指导员协会的作用，搞好培训和管理服务工作。加强培训的社会体育指导员累积达到4万名，每年培训各级社会体育指导员不少于3000人次。通过建立激励机制吸引更多的有健身专长的人员加入社会体育指导员队伍。开展优秀社会体育指导员评选活动，搞好表彰奖励工作，充分调动广大社会体育指导员的工作积极性。"上海市在《上海市全民健身实施计划（2011~2015年）》中，将社会体育指导员工作纳入相关目标任务，并提出："到'十二五'期末，人数要达到本市常住人口的1.5‰。"从2012年起，上海市体育局将社会体育指导员相关注册、服务等指标纳入"上海市全民健身发展指数评估体系"，并每年对社会公布评估结果。同时，在文明城区、健康城市建设、体育强区建设等工作评估中，也将社会体育指导员指标纳入评估范畴。江苏省在《江苏省全民健身实施计划（2011～2015年）》中明确提出："推进社会体育指导员队伍建设，确保到2015年全省国家级社会体育指导员人数达到1000人、一级社会体育指导员人数达到10000人，获得社会体育指导员国家职业资格证书的人数达9000人以上。"江苏省自2006年开展全省年度县级体育工作考核和体育强市、强县、强镇创建工作以来，社会体育指导员一直是一项重要的评价指标，在考核创建评比中约占5%的分值。江西省在《江西省全民健身实施计划（2011～2015年）》目标任务的第六条明确规定："各级社会体育指导员人数达到本地人口的万分之七以上，职业资格社会体育指导员达到万分之零点六。经培训考核获得社会体育指导员技术等级证书的人数达3万人以上，获得社会体育指导员国家职业资格证书的人数达3千人以上。"在2013年和2014年，连续将"组织开展全民健身活动和社会体育指导员培训；组织开展全民健身志愿服务活动"列为政府目标考核体系中的二级考核指标。

（二）社会体育指导员工作制度逐步完善

1. 从《社会体育指导员技术等级制度》发展到《社会体育指导员管理办法》

为配合群众性体育活动广泛开展和培育社会体育骨干队伍的需

要，1993年12月4日，原国家体委颁布了《社会体育指导员技术等级制度》，开启了社会体育指导员制度这一群众体育领域新制度的建设历程。在其开始实施不久，便迎来了1995年《全民健身计划纲要》和《中华人民共和国体育法》的相继颁行。这两部国家层次的法律和法规都列有专门的社会体育指导员条款，使社会体育指导员制度成为国家依法推行的重要制度。其后，在国家体育部门单独或与其他部门联合发布的许多规范性文件中，都做出了实施社会体育指导员制度的规定，各地也纷纷出台了相关的法规及政策性文件，从而使社会体育指导员制度成为通过各层次立法支撑和包括多方面内容的制度体系。

随着我国市场经济和体育社会化、产业化的发展，体育健身消费需求日益增多，经营性体育健身指导服务的场所与岗位逐渐出现，从而形成了建立职业体育指导队伍并对其进行确认与管理的制度诉求。1999年5月，社会体育指导员职业正式列入《中华人民共和国职业分类大典》。2001年8月，国家体育总局与劳动和社会保障部共同研制的《社会体育指导员国家职业标准》颁布实施，职业社会体育指导员工作开始纳入国家职业资格制度体系。为解决社会体育指导员职业资格制度实施后出现的一些认识困惑，国家体育总局在2002年2月下发《关于进一步做好〈社会体育指导员技术等级制度〉实施工作的通知》后，于2005年7月制定了《关于进一步加强社会体育指导员工作的意见》，明确了公益和职业两类社会体育指导员队伍并行发展的工作思路，形成了统一社会体育指导员制度下两类不同性质社会体育指导员共同建设的制度格局。

北京奥运会后，我国体育事业进入建设体育强国的新阶段，进一步提出转变我国体育发展方式和加强全民健身工作的要求，为社会体育指导员制度的发展完善提供了新的动力。为了促进和保障全民健身事业的发展，2009年8月国务院颁布了《全民健身条例》，在对全民健身工作的全面规范中，对国家加强社会体育指导员队伍建设做出了专项规定，具体阐明对两类社会体育指导人员分别实行技术等级制度和职业资格证书制度。2011年2月国务院颁布实施的《全民健身计划（2011～2015年）》，将社会体育指导员的发展列入目标任务并提出了具体的保障措施。这两部重要的立法和规划文件，再次从国家层面明确了社会体育指导员制度的发展方向和政策要求。为适应新形势下社会体育指导员作为全民健身事业发展"牛鼻子工程"的新要求，国家体育总局继续加强社会体育指导员的制度建设，对已实施多年的《社会体育指导员技术等级制度》进行了整体性的修订，于2011年10月9日以国家体育总局第16号令公布了《社会体育指导员管理办法》，《等级制度》同时废止。

《管理办法》在《等级制度》的基础上对志愿服务方式的社会体育指导员工作进行了新的全面修订，实现了社会体育指导员制度的又一次完善，两个文件之间存在着非常密切的继承与发展关系。

（1）《管理办法》保留了《等级制度》中的部分内容。如保留了社会体育指导员关于从事健身技能传授和组织管理的指导工作内容；明确了国家对社会体育指导员实行技术等级制度，并保留了四个等级及其称号；保留了关于体育行政部门的审批权限、委托有关组织参与管理、进行培训和审批的基本程序、具备参加指导工作一定时间和相应知识能力的条件标准、办理登记和迁移手续、进行优秀奖励表彰、社会体育指导员违反规定的惩处等方面的相关内容。

(2)《管理办法》既然是对《等级制度》的全面修订,就必然要有大量适应新需要、体现新思路的发展。《管理办法》的变化和发展主要体现在以下几个方面。

第一,在适用范围上。自 2001 年《社会体育指导员国家职业标准》颁布以来,国家逐渐对从事经营健身指导的社会体育指导员实施职业技能鉴定和职业资格证书制度,《管理办法》缩小了《等级制度》包括义务服务和经营指导等各类指导方式的范围,明确其只适用于从事全民健身志愿服务的人员和工作。

第二,《管理办法》在立法主旨上。改变了《等级制度》主要解决进入队伍的资格标准而将条件及其获得作为内容主体的状况,与其名称相一致地对整个社会体育指导员工作管理关系进行全面调整,将需要一定篇幅进行具体表达的社会体育指导员标准条件的具体内容单独列出作为附件,从而使规章正文更加简洁和明确。

第三,《管理办法》在一些方面对原来的规定进行了调整。如对委托管理的组织做出"可以委托社会体育指导员协会等群众性体育组织和基层文化体育组织"的更为具体的规定;在等级称号审批程序上,省去了成立评审委员会进行评审的程序,要求符合条件者才能参加培训而在培训合格后直接由主管部门审批;更加强调经常进行指导,将原规定中连续两年不从事指导不得申请高一等级称号,调整为在一个年度内超过半年未开展志愿服务或少于 30 次就不能申请;对从事指导工作较长、做出突出贡献的授予荣誉社会体育指导员称号的奖励方式,改为连续开展志愿服务 20 年、15 年和 10 年,做出突出贡献,分别授予金质、银质和铜质奖章，等等。

第四，《管理办法》进行了较大的扩展和丰富。在形式上，《管理办法》在《等级制度》不分章、共十九条约2500字的基础上，扩大到正文为九章四十三条和附件共计约5500字。在内容上，增加了许多新的内容。例如，关于体育主管部门主管社会体育指导员工作，及其管理职责、属地管理等；关于全国性和省级行业、单项体育协会经申请批准可负责相应等级培训、审批等工作；关于建立社会体育指导员协会及其职责；关于开展继续培训和交流展示活动；实行年度工作注册制度和信息系统管理；关于提供工作经费保障、办理保险；关于在高校开展社会体育指导员课程和志愿服务活动、在组织中进行指导服务；关于社会体育指导应坚持各方面服务的规范性，以及体育主管部门和有关管理人员的法律责任；等等。

正是通过相关立法而逐步加强和完善了社会体育指导员制度，保障和促进了社会体育指导员工作在不断推进中日益发挥出应有的社会效益。

2. 制定实施《社会体育指导员发展规划（2011～2015年）》

《社会体育指导员技术等级制度》实施以来，在推动全民健身事业的发展中发挥了重要作用，已经成为我国一项重要的体育制度，社会体育指导员已经成为推动全民健身事业发展的重要力量和宝贵的人才资源。"十二五"时期是构建全民健身公共服务体系的重要时期，为深入贯彻落实《全民健身条例》，进一步加强社会体育指导员队伍建设，不断开创社会体育指导员工作新局面，国家体育总局依据《全民健身计划（2011～2015年)》，制定了《社会体育指导员发展规划（2011~2015年）》（以下简称《规划》），并于2011年4月印发。《规划》中明确提出了6大目标任务。

（1）扩大社会体育指导员队伍。吸引、组织从事社会体育指导人员加入社会体育指导员队伍，获得社会体育指导员技术等级证书的人员注册数从目前的65万人增加到100万以上。城市达到每千人至少拥有1名社会体育指导员；农村达到每两千人至少拥有1名社会体育指导员。

（2）优化社会体育指导员结构。国家级、一级社会体育指导员人数比例有较大幅度提高，分别达到3%和10%；经常从事指导工作的比例从60%提高到70%；文化和年龄结构有所改善；地区和城乡差距进一步缩小。

（3）健全社会体育指导员培训体系。建立31个国家社会体育指导员培训基地，省、市、县普遍建立培训基地；制定新的培训大纲，编写新的培训教材和辅助教材；健全一般培训与专项技能培训、晋级培训与再培训相结合的培训制度，培训渠道进一步拓宽，培训方式和内容更加丰富，交流展示活动经常开展。

（4）完善社会体育指导员组织体系。形成体育部门为主导、社会体育指导员协会为主体、各种社会体育组织广泛参与，组织落实、结构合理、覆盖城乡、服务到位的组织体系。中国社会体育指导员协会机构和工作机制进一步健全；各省（区、市）普遍成立社会体育指导员协会，70%以上的地市和50%以上的县（区）成立社会体育指导员协会。各行业体协及各单项体育协会积极参与社会体育指导员工作。

（5）健全社会体育指导员管理制度。建立并完善社会体育指导员工作管理的政策、法规、制度体系，进一步健全等级制度、培训制度、注册登记制度、服务考核制度、表彰奖励制度和培训基地评估制度，逐步实现社会体育指导员工作规范化、制度化、科学化。

（6）全面发挥社会体育指导员作用。为社会体育指导员开展体育健身指导服务搭建平台，创造条件，提供保障。组织发动社会体育指导员经常、广泛开展科学、安全、方便、高效的体育健身指导服务，城乡社区各健身站（点）、各类健身场所、各种全民健身活动均有社会体育指导员，每名社会体育指导员每年开展体育健身指导服务时间平均达到80小时以上。社会体育指导员真正成为"全民健身的宣传者、科学健身指导者、群众体育活动组织者、体育场地设施维护者、健康生活方式引领者"。

《社会体育指导员发展规划（2011～2015年）》的印发与有关工作目标要求的确定及工作保障措施的明确，说明国家体育总局进一步加强了社会体育指导员工作的顶层设计和制度安排，这对社会体育指导员工作的开展提供了有力的制度保障。

（三）地方社会体育指导员工作配套政策法规的制定

我国地域辽阔，各地发展不平衡。在实施社会体育指导员制度过程中，各地的社会体育指导员工作也在发挥地方优势和发展地方特色方面进行了许多积极的有益探索，形成了竞相发展的良好态势，制定了多部地方立法或规范性文件。这些文件的颁布为社会体育指导员的快速、高质量发展指明了方向，规划了前进路线，具有重要的法律地位。

1. 地方制定实施《社会体育指导员技术等级制度》和《社会体育指导员管理办法》的配套文件

社会体育指导员制度在全国统一部署下，各地根据自身情况不断加强指导员队伍的制度体系建设，制定了一些地方性政府或体育部门的规范性文件。例如，1994年山西省人民政府办公厅下发了《山西省〈社会体育指导员技术等级制度〉实施细则》、上海市体育局制定了《上海市〈社会体育指导员技术等级制度〉实施细则》、河南省体育局制定了《河南省〈社会体育指导员技术等级制度〉实施意见》，1995年甘肃省人民政府发布了《甘肃省〈社会体育指导员技术等级制度〉实施办法》，1996年内蒙古自治区人民政府办公厅印发了《内蒙古自治区推行〈社会体育指导员技术等级制度〉实施办法》、宁夏回族自治区体委制定了《宁夏回族自治区〈社会体育指导员技术等级制度〉实施办法》，等等。此外，部分地区的政府也下发了规范性文件。

在推行《社会体育指导员管理办法》方面，各地除普遍颁布了地方《社会体育指导员管理办法》外，如《黑龙江省社会体育指导员管理办法》《山东省社会体育指导员管理办法》《江苏省社会体育指导员管理办法》《天津市社会体育指导员管理办法》《黄石市社会体育指导员管理暂行办法》《潜江市社会体育指导员管理制度》《神农架林区社会体育指导员管理规定》《银川市西夏区社会体育指导员管理办法》等，还有部分地区出台了对社会体育指导员培训、管理、表彰奖励、站点建设、工作保障等方面进行规范的配套政策文件。例如，吉林省颁布了《社区体育管理员管理细则》，上海市颁布了《社会体育指导员社区指导站管理办法（试行)》，承德市颁布了《承德市社会体育指导站（员）管理办法》，沧州市颁布了《沧州市社会体育指导员、指导站管理办法》等。

2. 地方制定社会体育指导员工作"十二五"发展规划

各地方除普遍在《全民健身实施计划》中列有社会体育指导员工作的具体目标任务措施外，一些省份，如北京、天津、内蒙古、江苏、浙江、安徽、福建、江西、河南、湖北、贵州、甘肃、新疆，和部分省级以下行政单位，如泉州制定了社会体育指导员工作"十二五"发展规划，均在规划中明确了工作目标、工作重点、工作措施。例如，对社会体育指导员的数量及结构发展，服务网络体系构建，培训、表彰、宣传、活动开展等工作机制的构建，工作管理的政策、制度体系建设，作用发挥等方面提出了要求。

3. 编制社会体育指导员组织管理类文件

大部分省（区、市）、市（地）以及部分县（市、区）除了出台社会体育指导员管理办法外，为进一步加强社会体育指导员工作和队伍建设，部分地区还颁布了社会体育指导员组织管理类文件。如上海市发布了《关于进一步加强上海市社会体育指导员工作的通知》，江苏省发布了《关于进一步加强社会体育指导员队伍建设的意见》，湖北省下发了《湖北省社会体育指导员目标责任管理和督办考核办法》和《湖北省社会体育指导员协会章程》，新疆下发了《关于加快发展少数民族社会体育指导员工作的通知》，武汉市下发了《关于成立社会体育指导员联络指导中心的决定》，吴忠市下发了《社会体育指导员登记审批制度》，江西省下发了《关于启用公益性社会体育指导员新等级证书徽标的通知》等。

4. 编制社会体育指导员培训审批类文件

社会体育指导员培训和审批类文件在相关社会体育指导员文件中所占比重较大（包括每年各地举办各级培训班的通知），这类文件的下发规范和保证了各地社会体育指导员培训和审批工作的顺利进行。例如，黑龙江省制定了《社会体育指导员审批注册管理制度》，北京市下发了《2014年北京市社会体育指导员培训工作计划》，山西省下发了《关于开展2014年度一级社会体育指导员培训、审批工作的通知》，新疆下发了《关于举办2014年自治区一级社会体育指导员培训班的通知》等。除此之外，还有大量的（市）、县（区）级下发关于举办二级、三级社会体育指导员培训班的通知。

部分省市从各自地方的实际需要出发，为更好地培养高技能水平社会体育指导员，推广普及新型健身项目，发布了一些举办各种群众喜闻乐见的传统和新式健身项目的社会体育指导员培训班通知。例如，北京市发布了《关于举办2009年健身腰鼓项目一级社会体育指导员培训班的通知》，延安市发布了《延安市举办健身腰鼓操暨社会体育指导员培训班的通知》和《延安市举办健身气功暨社会体育指导员培训班的通知》，河南省发布了《关于举办2014年河南省门球裁判员暨社会体育指导员培训班的通知》等。

5. 社会体育指导员支持保障类文件

各省份发布的"社会体育指导员'十二五'发展规划"中，均提到要加大社会体育指导员经费的投入力度，均认识到社会体育指导员队伍的发展和壮大，经费保障是关键。并明确提出各级体育行政部门每年必须安排一定的专项经费，为活跃在一线的社会体育指导员提供相应工作服装及工作装备；各级体育行政部门和其他有关组织，应为社会体育指导员工作多渠道筹措资金，鼓励社会资助和捐赠；在重点保证培训经费的基础上，资助社会体育指导员协会开展活动。此外，还提到要建立社会体育指导员表彰激励机制，开展优秀社会体育指导员评选表彰活动，对评选出的先进典型给予精神和物质奖励，调动社会体育指导员工作积极性；开展社会体育指导员工作考评，充分调动相关部门工作积极性，对成绩突出的县级体育行政部门进行表彰奖励。在社会体育指导员的工作管理上，强调各级体育行政部门要有专人负责社会体育指导员工作。这些措施在精神和物质上对社会体育指导员志愿工作的开展提供了有力的保障。

部分省份颁布了"彩票公益金管理办法"，明确资金用途。例如，山东、山西、河南、湖南、安徽、江苏、河北、广东、黑龙江、陕西、天津等，并在办法中明确提出将体育事业的体育彩票公益金主要用于资助或组织全民健身活动的开展，公共体育场地、设施的援建，健身器材的捐赠，群众性体育活动、国民体质监测和社会体育指导员培训工作的开展，群众体育组织和队伍的建设。部分省份还专门颁布了用于全民健身工程的"彩票公益金管理办法"，如《山东省资助全民健身工程体育彩票公益金管理暂行办法》《天津市体育彩票公益金资助全民健身工程资金管理暂行办法》等，这些办法进一步细化了"彩票公益金管理办法"中用于全民健身工程的彩票公益金的使用范围和管理办法。

部分地区颁布了有关全民健身站点（设施）的建设（管理）

办法。这些办法的颁布极大地推动了健身站点的建设，规范了健身站点的管理，为社会体育指导员工作的开展提供了场所保障。例如，《广东省"全民健身设施工程"建设扶持、补助暂行办法》《广东省全民健身活动站点（站）管理办法（试行）》《浙江省乡镇（街道）全民健身中心、中心村全民健身广场、中心村体育休闲公园建设实施方案（试行）》《湖北省全民健身"881项目"建设实施办法（试行）》《杭州市全民健身设施建设和管理办法（试行）》《嘉兴市区公共室外健身设施建设管理办法》《三门峡市全民健身晨晚练点（辅导站）管理办法（试行）》等。

此外，部分省份结合自身实际，实行了具有地方特色的支持社会体育指导员工作开展的措施。例如，2008年吉林省按照每2个社区不低于1名体育管理员的配置标准，首创了社会体育指导员公益岗制度；同年，上海市结合世博会契机，实行社会体育指导员社区指导示范站；2014年广东省建立起社会体育指导员服务站，并发布了《关于开展社会体育指导员服务站建设工作的通知》《广东省社会体育指导员服务站评估资助试行办法》以保障服务站及站内社会体育指导员的工作开展。

6.下发社会体育指导员宣传激励类文件

为了激励社会体育指导员的工作积极性，部分省份还陆续出台了有关社会体育指导员表彰性的文件。例如，新疆下发了《关于表彰自治区优秀社会体育指导员和群众体育科研先进个人的通知》和《关于授予"群众喜爱的社会体育指导员"称号的决定》，湖北省下发了《关于在我省开展"全国全省优秀社会体育指导员"评选工作的通知》《湖北省社会体育指导员工作先进单位、先进个人评选表彰办法》《湖北省优秀社会体育指导员和优秀全民健身晨晚练点评选表彰办法》，内蒙古下发了《内蒙古自治区社会体育指导员表彰通知》，河北省下发了《关于开展河北省先进社会体育指导员、优秀社会体育指导员评选活动的通知》等。

三　社会体育指导员组织管理体系不断改革

（一）各级社会体育指导员协会的建立及社会化运行

1. 中国社会指导员协会的建立及社会化运行

中国社会体育指导员协会于2010年7月20日在北京成立。协会共由88人组成，国家体育总局局长刘鹏担任名誉会长，时任局长助理晓敏担任会长，有关省区市体育部门负责同志和总局主管司局、社体中心负责同志担任副会长、秘书长、司长、副秘书长，各省区市体育部门主管职能部门负责同志、相关行业体育协会、专家学者代表、社会体育指导员代表等担任委员。协会下设秘书处、培训部、志愿者部、专家委员会、宣传委员会等分支机构。同时，与会代表一致通过了《社会体育指导员协会章程》。

《社会体育指导员协会章程》第一条明确指出："本会是由社会体育指导员自愿组成的以促进全民健身为目的非营利性社会组织。"第二条明确指出协会的宗旨是"贯彻执行国家体育工作方针、政策，团结全国社会体育指导员，调动一切积极因素，推动全国社会体育和全民健身活动科学、健康地开展；规范社会体育指导员道德行为，提高社会体育指导员的业务水平，充分发挥健身指导作用；保障社会体育指导员的权益，为社会主义精神文明建设服务，为推进社会主义和谐社会做出贡献"。第四条明确指出协会的业务范围包括：积极宣传和开展社会体育和全民健身活动，努力推进《全民健身计划纲要》《社会体育指导员技术等级制度》等的实施；受主管部门委托开展工作，对社会体育指导员工作进行业务指导；开展符合本会宗旨的社会体育和全民健身活动，组织、辅导群众性科学健身活动；依照有关规定宣传社会体育指导员工作；开展各种交流活动；遵循市场经济的规律，促进社会体育指导员工作的长效化、市场化发展；其他有利于社会体育指导员工作开展的业务。

社会体育指导员协会是联系团结广大社会体育指导员并指导其做好工作的社会组织，是在政府与广大群众之间进行联系沟通的桥梁和纽带。中国社会体育指导员协会的成立，标志着我国社会体育指导员工作跨入了新的发展阶段，标志着我国全民健身事业的组织化、科学化、社会化水平的新提高，标志着社会体育指导员队伍建设与管理的法制化、系统化、规范化将迈上新台阶，有利于进一步调动社会力量，优化社会资源，实现"政府主导、社会参与、全覆盖、广受益"的公共体育服务目标。因此，中国社会体育指导员协会的成立，对于建立多元化全民健身组织服务体系和长效化工作机制，大力发展公共体育事业、广泛开展全民健身运动，实现建设体育强国的目标具有重要意义。

在运行机制上，社会体育指导员协会积极探索社会化运行。2014年，与中国轮滑协会、龙舟协会、钓鱼协会、体育舞蹈协会、健美协会和柔力球筹委会等协同配合，积极吸引包括香港马会、法国迪卡侬公司等社会力量广泛参与，共推出了4项、5类全民健身志愿服务品牌活动：

第一项是于2014年10月24日在云南省玉溪市完成收官之站的"香港赛马会助力全民健身公益系列活动"。此项活动由香港最大的公益慈善机构——香港赛马会全资赞助，以"相约动起来健康中国人"为主题，自2014年5月北京新闻发布会开始到10月云南玉溪站结束，时间跨度近半年，活动地域覆盖了内蒙古、宁夏、甘肃、新疆、西藏、四川、陕西、广西、青海、重庆、贵州和云南12个西部省份，活动地点涉及28个地级市和48个区（县）乡（镇）。活动内容包括两大类，一是"香港内地青少年健身联谊夏令营"，夏令营活动安排了轮滑、体育舞蹈、飞镖、毽球、跳绳、户外拓展等项目的技能培训，以及参观地震博物馆、大熊猫基地等丰富多彩的内容，对孩子们进行了体验式的集体主义和爱国主义教育，促进了两地青少年的交流与融合；二是"社会体育指导员公益服务西部行"，西部行活动则以无偿赠送社会体育指导员专用服装、专用教材、开展健身技能培训、地方特色健身项目交流展演与现场互动为主要内容，有效激发了西部地区人民群众的健身热情。据统计，此项"香港赛马会助力全民健身公益系列活动"在现场直接参与健身互动的总人数超过了2万人，直接接受健身技能培训的当地指导员和健身群众近8000人，活动的社会影响积极正面。通过网络搜索并统计出的相关活动宣传报道总量已经超过了768万条。

第二项活动是第一届全国社会体育指导员素质大赛（2014

年)。本次大赛面向全国一线社会体育指导员,由各省区市和新疆兵团组队,分别参加技能、体能、知识和演讲4个板块的竞赛。本次大赛的设计力求全方位展示指导员个人的技能水平、身体素质、健身常识和演讲口才,是各地指导员队伍建设成果的一次大交流、大展示、大检阅,也是全国指导员交流和展示方式的新尝试。全国31个省区市和新疆兵团都报名参加了比赛。

第三项是协会按照国家体育总局印发的《建立全民健身志愿服务长效化机制工作方案》要求,加强了社会体育指导员的"项目推动机制"建设。2014年,协会以轮滑、龙舟、钓鱼、体育舞蹈、健美和柔力球项目为试点,资助开展了优秀运动员、教练员、裁判员、技术专家下基层服务、进校园服务和健身指导服务等系列活动,特别是资助柔力球项目开展的"大篷车公益惠民万里行活动"在业界影响巨大。

第四项是与法国迪卡侬公司合作,在其开设的国内94家体育用品大卖场设立了"全民健身志愿服务'迪卡侬'工作站",免费开放迪卡侬各门店所属的体育场地,开展与其体育产品销售密切结合的健身技能指导与健身志愿服务活动。

中国社会体育指导员协会与中国香港赛马会的合作,时间跨度长、服务涉及人群范围广,主题鲜明、重点突出,有利于进一步提高社会体育指导员健身指导和服务水平,有利于推动西部地区全民健身活动的开展,有利于促进内地与中国香港体育交流与合作。与法国迪卡侬品牌合作,是中国社会体育指导员协会的一个突破,具有十分重要的意义。具体说来,一是开创了新的工作模式,实现了协会资源和企业资源的优势互补,由企业为社会体育指导员和参与体育健身的群众提供服装和装备，扩大了服装和装备的来源渠道。二是创新了工作方法，使健身站点更加贴近群众，充分利用迪卡侬品牌的40家销售门店所属的体育场地设施，无偿为大家服务，为社会体育指导员和广大群众开展健身活动提供了很大的方便。三是有利于扩大和稳定队伍。迪卡侬公司的员工经过培训，可以成为社会体育指导员，稳定和扩大了队伍规模。四是可以利用迪卡侬品牌作为国际品牌的优势，把我国传统优秀体育健身项目介绍到国外，增强东西方体育文化的交流，有利于弘扬中华民族优秀体育文化。

2. 地方社会体育指导员社会化组织管理体系的建立

中国社会体育指导员协会成立之后，各地相应地加快了建立地方社会体育指导员协会的步伐。2003年，上海市在全国率先成立了地方社会体育指导员协会。2004年，江苏省、河北省又相继成立了社会体育指导员协会。

截至2014年底，全国已建立27个省级社会体育指导员协会，其中近80%是近4年成立的。在已建立的省级社会体育指导员协会的主要领导中有12个省是省级体育局分管领导担任，北京、河北为体育院校专家担任，江苏、浙江为企业家担任，其余均为省体育局群体处或社会体育中心领导担任。全国共建立地市级社会体育指导员协会199个，建立县级社会体育指导员协会766个，按照2014年10月底行政区划单位统计，分别占333个地市（州、盟）级单位的59.8%和2854个县级单位的26.8%。此外，江苏的各市县和湖北、福建、江西的各地级市以及天津的各区已实现了社会体育指导员协会的全覆盖（见表1）。

表1 各省份各级社会体育指导员协会建立情况

省份	省级指导员协会 成立时间	专职人员数量（人）	经费来源	地市级指导员协会 数量（个）	占地（市、州、盟）数量比例（%）	县级指导员协会 数量（个）	占县（市、区）数量比例（%）
安徽	2013年3月	1	自筹	14	87.5	35	50.0
北京	2011年11月	—	自筹	10	71.4	4	100
广西	2011年3月	2	政府拨款、自筹、社会捐赠	2	14.3		
黑龙江	2013年7月	2	—	8	61.0	12	18.0
湖南	2012年2月			2	14.3		
江苏	2005年9月	2	行政部门支持、社会赞助	13	100	64（不含市辖区）	100
江西	2012年3月	3	体育彩票公益金	11	100	32	32.0
辽宁	2011年12月	—	彩票公益金	8	57.0	66	60.0
内蒙古	2014年6月	3	—	8	66.0	33	33.0
山东	2013年12月	4	体彩公益金	8	47.0	12	9.0
陕西	筹备中	—	—	3	25.0	19	17.7
上海	2003年7月	4	市体育局群体"体彩基金"	9	53.0	218（指导站）	100
四川	筹备中	—	—	3	14.3	13	7.1
天津	2011年12月	—	体彩公益金及社会资金	16	100	—	—
重庆	2013年12月	—	财政资金、社会赞助	2	5.0	—	—
福建	2012年10月	—	彩票公益金	9	100	23	26.0
甘肃	2011年12月	4	省体育局	11	78.5	29	34.0
贵州	2014年4月	—	省体育局统一安排				

续表

省份	省级指导员协会 成立时间	省级指导员协会 专职人员数量	省级指导员协会 经费来源	地市级指导员协会 数量	地市级指导员协会 占地(市、州、盟)数量比例	县级指导员协会 数量	县级指导员协会 占县(市、区)数量比例
河南	2009年11月	3	上级拨款	15	83.0	84	53.0
吉林	2011年11月	3	体彩公益金、拨款	3	30.0	10	15.6
山西	2011年11月	—		5	45.0	15	13.0
云南	筹备中						
河北	2003年11月	3	拨款、赞助	4	36.0	39	23.0
青海	2012年7月		总局支持				
西藏	筹备中						
广东	2012年2月	2	政府购买	16	75.0	49	41.0
浙江	1999年	—	体育彩票公益金	4	36.0	11	11.0
宁夏	2014年	—		无		无	
湖北	2012年5月	1	体育彩票公益金、社会资助	17	100	60	58.0
新疆	2012年3月	4		6	43.0	2	2.0
海南	2013年	—	财政	1	—	—	—
合计		27		199		766	

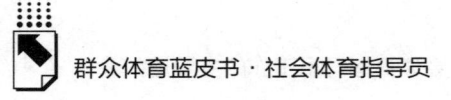

已成立的大部分社会体育指导员协会进行了社会团体登记，但部分区（县）的社会体育指导员协会依然隶属于当地体育总会。部分省份的体育行政部门通过财政经费或体育彩票公益金为社会体育指导员协会拨付一定的工作经费。有近半数的省级社会体育指导员协会设有专职工作人员，有些协会还设立了工作机构或专业委员会。

广东省设立了五级社会体育指导员网络组织，已建立社会体育指导员服务站92个和服务店5860个,并制订实施了《社会体育指导员服务站评估资助试行办法》,社会体育指导员协会的日常工作正在逐步开展,作用日益显现。

全国最早建立社会体育指导员协会的上海市,建立起以上海市社会体育指导员协会为龙头、以219个社区指导站为基础、以15000个健身团队为纽带、以24000名社会体育指导员为骨干的管理服务组织体系,形成了各级社会体育指导员协会分别承担日常管理工作的体制和机制。即市协会负责全市社会体育指导员的总体管理指导工作,区(县)协会负责本区(县)社会体育指导员的综合管理指导工作,社区指导站负责本街道(乡、镇)社会体育指导员的日常管理服务工作。随着社会体育指导员工作的深入开展,还在逐步试行成立居(村)委社会体育指导员小组、分站,使各项工作更贴近全体社会体育指导员,更好地为他们提供直接服务。社区指导站作为加强社会体育指导员工作的大胆尝试,充分利用了政府行政资源、体育资源和社会资源,是一种半政府、半社会、半自治的全新的基层体育组织,是群众体育走向社会化的大胆探索和创新,对于解决长期困扰全民健身组织建设的难题具有一定的借鉴和启示作用。

(二)各地积极探索社会体育指导员工作管办分离机制

随着改革的日益深化,根据国家体育总局的有关要求,各省份的体育局在加强社会体育指导员工作领导和管理的过程中,在逐步推进社会体育指导员工作管办分离机制的改革方面取得了一些进展。

第一，大部分省份都按照《社会体育指导员管理办法》的规定，分别建立各级社会体育指导员培训基地，将过去直接由体育局组织的培训工作剥离出去，交由各地方的各级社会体育指导员培训基地去组织和实施。

第二，一些地区明确由社会体育管理中心具体承担社会体育指导员的事务性工作。

江苏省体育局社会体育管理中心专门建立了社会体育指导员工作部，承办各项具体事务，由群体处进行业务指导，省社会体育管理中心指导员部、南京体育学院培训部、省社会体育指导员协会分别承担一线指导员再培训与日常管理，国家级指导员培训与申报，一级社会体育指导员晋级、培训与指导员交流展示活动三项主要工作任务，群体处定期检查相关工作的完成情况，并对所负责的工作进行绩效评估。

吉林、重庆、贵州、云南、甘肃等省份明确社会体育指导员的日常工作由社会体育指导或管理中心负责。例如，重庆市体育局将社会体育指导员工作由群体处负责宏观管理、指导和督促，市社体中心具体承办，培训经费统一由市体育局根据当年培训计划核拨。其中，国家级社会体育指导员由西南大学体育学院负责培训工作，报国家体育总局审核颁证；一级社会体育指导员由市社体中心负责培训和颁证；二级和三级社会体育指导员由各区（县）体育部门负责培训和颁证。市社体中心对各区（县）二级和三级指导员培训工作提供二级和三级培训教材、证章等配套服务和业务指导工作。贵州省社会体育指导员的工作管理、培训工作计划的制定、经费预算、社会体育指导员的审核审批，归群体处负责；社会体育指导员的培训工作，由省社会体育管理中心负责，全省13个一级社会体育指导员培训基地具体组织培训；社会体育指导员参与群众体育活动的指导服务和使用，由省社会体育管理中心具体负责；社会体育指导员的注册工作，由省体育科研所配合省社会体育管理中心负责实施。

第三，各级社会体育指导员协会的建立，许多省市开始了社会体育指导员协会具体承担相关工作职责的探索。例如，广东省根据政府行政审批制度改革的要求，于2011年将社会体育指导员培训、审批、上岗、志愿服务活动等工作转移给广东省社会体育指导员协会，并建立起分级管理的工作机制，发挥各级社会体育指导员协会的组织管理作用。省级协会负责全省社会体育指导员工作规划、宏观管理、工作指导、活动开展和一级社会体育指导员培训和审批等；市级协会负责本地区二级社会体育指导员管理、指导、培训、审批、活动开展等；县（市、区）级协会负责本辖区三级社会体育指导员管理、指导、上岗、活动开展和三级社会体育指导员培训、审批。

江苏省常州市武进区在2007年依托区社会体育指导中心成立区社会体育指导员协会，在发展基层社会体育指导员、扩大健身项目、组织健身活动等方面发挥了重要作用。2008年，依托镇（街道）文体站（现更名为文广教体科）建立了社会体育指导员基层组织——镇（街道）社会体育指导站（以下简称指导站）。指导站受区社会体育指导中心和区社会体育指导员协会的业务指导，是社会体育指导员工作的基层组织，对基层社会体育指导员力量进行有效的组织整合。在实践中，武进区逐渐形成了以"区社会体育指导中心——镇（街道）文广教体科——村（社区）体育健身俱乐部"为主导的三级基层组织管理网络，在这个基础上成立的指导站，指导站既有镇（街道）文广教体科的行政依托，又有基层社会体育指导员的广泛基础。在区社会体育指导员协会的指导下，经过两年多独立的摸索和实践，逐渐形成了以社会力量为主导的"镇（街道）社会体育指导站——体育健身指导片（分站）——健身指导点"三级基层社会体育指导系统。即指导站负责镇（街道）全民健身工作的规划与管理；根据区域人口情况，划分成几个片，安排骨干社会体育指导员担任片长，负责分片的体育组织、指导工作；在各健身点配置社会体育指导员，负责健身点的体育指导和管理工作。三级社会体育指导系统，填补了基层体育组织工作的空白，突破了基层社会体育管理的"瓶颈"，全区全民健身计划的实施变得有序、可控，基层体育活动变得活跃、频繁，健身设施有人管理、健身人群有人指导，社会体育指导员的能量得以释放，大大提高了组织活动的效率。

在社会体育指导员队伍打造上，三级基层组织管理网络的有效运行，使全区基层社会体育指导员的日常管理得到明显加强，社会体育指导员队伍不断壮大，随着培训和再培训工作有序开展，全区基层社会体育指导员的素质得到有效提升。截至 2010 年底，全区社会体育指导员达 2081 人，占武进区人口的 21‰。2010 年新增国家级社会体育指导员 5 名、一级社会体育指导员 27 名，达到自 1996 年以来（14 年）相应级别发展人数的总和。并有 16 名社会体育指导员被评为江苏省优秀社会体育指导员。此外，在三级管理网络运行下，全区特色健身团队不断增多，形成了"镇镇有特色团队，村村有特色活动，人人有特色项目"的健身氛围，群众体育活动开展得丰富多彩，逐渐打造出"全民健身村村行"活动、健身进社区、晨晚练健身展示、一镇一品等具有一定创新性的群体活动载体与形式。

（三）社会体育指导员工作的协会化探索

1. 开展指导员试点工作

自改革开放以来，我国体育事业进一步发展的要求与政府所能够提供的体育资源间的巨大矛盾日益突出。在我国经济体制改革和社会事业"社会化"改革的背景下，政府职能部门开始积极探索包括群众体育社会化、体育社团"实体化"等在内的社会化改革。

1993年原国家体委《关于深化体育改革的意见》提出："深化体育改革要有利于调动社会各方面办体育的积极性，有利于促进体育事业的全面发展，有利于满足人民群众日益增长的体育需求，有利于经济和社会的发展。"改革的总目标是："改变原来在计划经济体制下，单纯依赖国家和主要依靠行政手段办体育的高度集中的体育体制，建立与社会主义市场经济体制相适应，符合现代体育运动规律，国家调控，依托社会，有自我发展活力的体育体制和良性循环的运行机制，形成国家办与社会办相结合、集中与分散相结合的格局。"

火车头体育协会，从1996年开始作为全国行业体协培训社会体育指导员的试点单位。在试点中，火车头体育协会切实将社会体育指导员作为群众健身活动的骨干，注意制度实施和项目标准的同步，重视管理类型指导员的培养，注重职业道德与综合素质的培养。协会的具体试点经验有：火车头体育协会从提高认识入手，高度重视社会体育指导员培训工作的自主开展，将培养社会体育指导员作为群体工作和场馆建设达标的指标；制定了《铁路系统社会体育指导员试行办法》等规章制度。除在思想认识与规章制度方面着手进行试点改革外，还不断完善协会的管理工作。具体做法，一是健全组织机构。实行分级管理，将社会体育指导员工作作为火车头体育协会各级协会的重点工作。二是加强培训管理。明确分级培训层次，认真按照规定开展好各层次的培训工作，先后举办一级班 4 期、二级班 65 期和三级班 80 期，分别培养了国家级、一级、二级和三级社会体育指导员 60 人、719 人、2622 人和 4479 人。三是运用激励机制。运用表彰，典型引入，以点带面等方式，积极发挥优秀社会体育指导员在新时期职工体育工作中的模范作用。

国家体育总局航空运动管理中心，从 1997 年开始试点工作。按照航空模型、无线电测向、航海模型三个项目分别进行社会体育指导员的培训和管理。1997 年 12 月，航管中心下发了模型无线电项目社会体育指导员制度的培训评审办法，并分别制定了三个项目的实施细则。三个项目社会指导员培训的具体情况：一是航空模型项目在 1998 年开始举办社会体育指导员培训班；2002 年举办了第二期培训班，课时由第一期的 74 个学时增加到 118 个学时。根据项目传统，培训班实行半军事化管理，采用考试加论文答辩的评定方式。两期培训班共培训 60 人，其中有 43 人获得国家级社会体育指导员称号，其他 17 人获得一级社会体育指导员称号。二是无线电测向项目，专门编写了包括一般知识和项目知识的社会体育指导员培训教材。这套教材不但在无线电测向项目社会体育指导员培训中使用，也受到了社会大众的欢迎。此外，航管中心在江苏省举办无线电测向项目一级指导员培训班的基础上，于2002年底，举办了无线电测向项目的国家级指导员培训班。培训班专门聘请数位知名教练授课，首批参加培训的43名学员中有18人获得国家级社会体育指导员证书。三是航海模型项目，2003年举办了国家级培训班。培训课时为90个学时，共有30多人参加培训班，其中3/4学员来自非体育系统，培训班采用电化教学、观摩、实际操作等多样化的教学形式，采用闭卷考试与综合评定相结合的考核办法。

1998年，国家体育总局办公厅印发了《全国健美操指导员专业技术等级实施办法（试行）》，开始由体操中心举办健美操指导员的培训和评审工作。到2004年7月，体操中心共举办了20期国家级培训班，有2700人参加，参加人员大多来自学校、健身俱乐部等，其中有595人获得了国家级证书。体操中心的主要经验为：一是培训工作做到专业化、规范化和系统化。需要不断完善教材；可借鉴国际培训经验；聘请国内外专家讲课。二是对师资力量的培养。一方面推进省市设立指导教师培训班；另一方面对具有国家级指导员资格一年以上的国家级社会体育指导员进行导师培训，为省市的培训工作培养师资力量。三是建立系统的管理网络。四是对社会体育指导员的技术等级资格评定可结合理论、实践、综合素质、论文、工作年限等进行多方面综合评定。五是颁布健美操大众锻炼标准，将普及与提高结合起来。

2. 健身气功社会体育指导员工作

2001年6月，国家体育总局成立健身气功管理中心。此后，各地相继成立了各级健身气功协会和活动站点，逐步形成了专项培训和活动的组织体系。

健身气功指导中心结合国家对健身气功项目管理的有关政策，对社会体育指导员的相关工作提出了几点建议：一是搞好健身气功项目要与社会体育指导员制度接轨，在形成规范的培训体系之后再展开培训工作；二是理顺社会体育指导员培训通用教材与项目教材之间的顺承关系；三是理顺公益性项目收费和国家投入的关系。各级协会相继举办健身气功社会体育指导员培训班，举办多场健身气功社会体育指导员的志愿指导活动、技能展示活动。在活动中，各级协会不断总结经验，推动健身气功协会的发展完善。2013年8月28日，国家体育总局办公厅印发《健身气功发展规划（2013～2018年）》，规划中对健身气功公共服务能力、健身气功组织管理体系、健身气功比赛活动体系、健身气功境外推广力度、健身气功人才队伍建设、健身气功科研宣传作用六个方面明确了目标任务，提出到2018年全国注册健身气功站点数量不少于3万个，习练人员不少于300万人，国家编创推广的健身气功功法达到12种；力争实现不少于50个国家和地区开展健身气功项目，境外习练人员超过160万人；培养各级社会体育指导员达到4万人，各级裁判员达到2000人；编撰2～3本科普读物，举办不少于30场科普讲座，5年编创3～5种功法，建设1～3个科研基地；《健身气功》杂志发行量和健身气功网站点击量每年递增5%。这些实打实的数字目标为健身气功的未来发展提供了动力，指明了方向，也必然会极大地助推健身气功社会体育指导员工作的开展。

截至2014年底，全国已建立起1.9万多个健身气功站点，常年习练者有170多万人，全国已有健身气功项目社会体育指导员

6.7万余人。可以说，经过10多年的努力，各级健身气功协会在健全管理制度、编创推广功法、发展基层站点、培养骨干队伍、开展大型活动和海外传播推广等方面取得了显著成绩，为项目发展打下了坚实基础。

四 社会体育指导员培训审批体系不断完善

通过20多年的努力，我国社会体育指导员培训审批体系建设日臻成熟，基本上建成了以国家、省（区、市）、地（市）、县（区、市）为主体的四级培训审批体系。

（一）社会体育指导员培训大纲和培训教材日益完善

1993年《社会体育指导员技术等级制度》颁布之后，原国家体委随即组织专家、学者开始着手进行《社会体育指导员技术等级培训大纲》和培训教材的编写工作，并于1994年6月下发了社会体育指导员培训大纲。1995年3月，首套共两册《社会体育指导员培训教材（试用）》发行。主要培训内容包括社会体育指导员工作规范、社会体育基本知识、健身技能和社会体育指导员组织管理、健身指导相关理论和知识、国家重要体育法规、政策和制度等。根据需要，1997年增加了部分新兴健身方法的教学。2003年，国家体育总局群体司组织相关人员，对1996年版的社会体育指导员培训大纲重新进行了修订，于同年制定下发新的《社会体育指导员技术等级培训大纲》，并编印出版新的《社会体育指导员技术等级培训教材》。2006年，印发了新的《社会体育指导员技术等级培训大纲》，并继续开展社会体育指导员的师资培训工作。2007年，开展公益社会体育指导员培训精品教学光盘评审工作。2012年，国家体育总局组织编印的四册新版《社会体育指导员技术等级培训教材》正式出版，并连续在2012年和2013年开展国家级社会体育指导员培训师资的研修培训。

部分省份在国家编订出版的国家级社会体育指导员培训教材基础上，因地制宜地编印了适合自身实际情况的培训教材。例如，上海市为了让社会体育指导员掌握更多的知识，组织专家和学者，编写了上海市《社会体育指导员培训辅助教材》，作为一至三级社会体育指导员的补充培训教材。教材突出了地方特色，增强了地区社会体育指导员工作的针对性，对上海全民健身发展、体育生活化的理论与实践、健康城市的体育对策、老龄社会的体育对策、社会转型背景下的职工体育发展、不同运动项目的指导方法、常见病的体育干预以及国外大众体育发展情况进行系统的介绍，为社会体育指导员提供理论辅导。四川省创编了九套民族《广场健身操（舞）科学锻炼指导》教材，宁夏回族自治区编印了《科学健身指导手册》，河南省编写了《国家级社会体育指导员补充教材》，福建省编写了《社会体育指导员手册》，安徽省组织编写了《安徽省社会体育指导员技术等级培训教材大纲》和《安徽省社会体育指导员技术等级培训教材》，浙江省编写了《一级社会体育指导员补充教材》，广东省编写了《广东省社会体育指导员培训大纲》和《广东省社会体育指导员培训辅助教材》等。这些辅助教材与国家指定培训教材共同使用，使得各地区的社会体育指导员的知识结构更加科学合理，更加符合本地实际，更加有利于指导工作的科学开展。

（二）社会体育指导员培训基地建设不断加强

1. 国家社会体育指导员培训基地的建设情况

由于社会体育指导员培训工作关系社会体育指导员队伍的整体素质和水平，加上社会体育指导员来自社会不同部门、不同阶层，为了确保培训质量，不断提高社会体育指导员各方面水平，以达到社会体育指导员健身指导服务所必须具备的条件和要求，国家体育总局规定社会体育指导员培训应当在规范的培训基地内进行。以国家级社会体育指导员培训为例，1996年8月，国家体委办公厅下发了《关于进行国家级社会体育指导员培训工作有关事宜的通知》，确定8所体育院校作为国家级社会体育指导员培训基地，并对有关培训工作提出要求。自1997年起，国家体委确定北京体育大学、天津体育学院、沈阳体育学院、上海体育学院、武汉体育学院、成都体育学院、广州体育学院、西安体育学院8所体育院校作为国家级社会体育指导员培训基地，分别负责全国31个省区市和新疆生产建设兵团的培训，2007年被正式授牌"国家级社会体育指导员培训基地"。为了适应新时期全民健身事业发展需要，国家体育总局于2009年提出由原全国设立的8个国家社会体育指导员培训基地扩大至各省普遍设立的要求后，各省份积极申报。2010年1月，国家社会体育指导员培训基地规模已扩大至25所院校。新增加的17所体育院校为：首都体育学院、河北师范大学、内蒙古师范大学、吉林体育学院、南京体育学院、浙江工业大学、江西师范大学、山东体育学院、郑州大学、广西师范大学、西南大学、贵州师范大学、云南师范大学、西北师范大学、青海师范大学、宁夏大学、新疆师范大学。2011年7月12日，国家体育总局下发文件，又批准山西大学、哈尔滨体育学院、集美大学、海南师范大学4所院校作为国家社会体育指导员培训基地。目前，全国在28个省份建有29个国家社会体育指导员培训基地，分别承担各省国家级社会体育指导员的培训工作。目前除安徽、湖南、西藏外其他省份都成立了国家社会体育指导员培训基地（见图10和表2）。

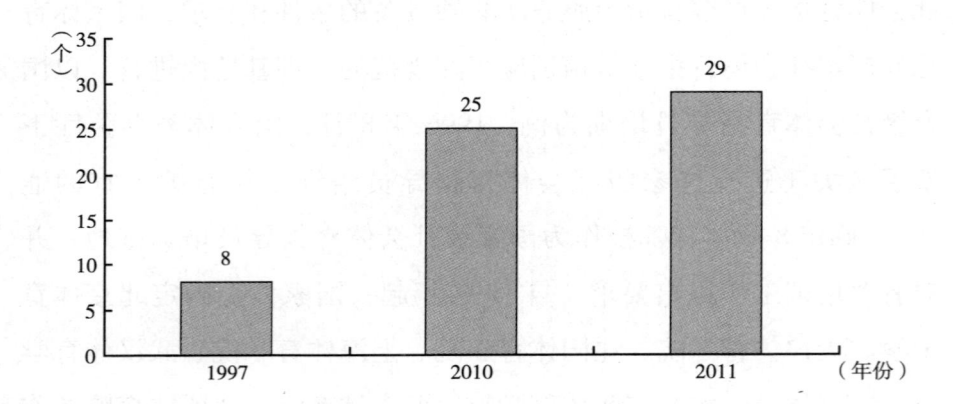

图10 国家级社会体育指导员培训基地发展状况

表2 29个国家级社会体育指导员培训基地分布情况

序号	分布	承担院校	支援地区
1	北京	北京体育大学	
2	天津	天津体育学院	
3	湖北	武汉体育学院	湖南
4	辽宁	沈阳体育学院	
5	广东	广州体育学院	
6	陕西	西安体育学院	
7	四川	成都体育学院	西藏
8	上海	上海体育学院	安徽
9	吉林	吉林体育学院	
10	黑龙江	哈尔滨体育学院	

续表

序号	分布	承担院校	支援地区
11	江　苏	南京体育学院	
12	山　东	山东体育学院	
13	北　京	首都体育学院	
14	山　西	山西大学	
15	浙　江	浙江工业大学	
16	福　建	集美大学	
17	河　南	郑州大学	
18	重　庆	西南大学	
19	宁　夏	宁夏大学	
20	内蒙古	内蒙古师范大学	
21	江　西	江西师范大学	
22	广　西	广西师范大学	
23	海　南	海南师范大学	
24	贵　州	贵州师范大学	
25	云　南	云南师范大学	
26	甘　肃	西北师范大学	
27	青　海	青海师范大学	
28	新　疆	新疆师范大学	新疆生产建设兵团
29	河　北	河北师范大学	

2.各地社会体育指导员培训基地的建设情况

各地方体育部门根据国家体育总局要求，分别确定了各自的一、二、三级社会体育指导员培训基地。其中，大多数国家级社会体育指导员培训基地同时被省体育局确定为本省一级社会体育指导员培训基地。此外，大部分省份还在其他教育机构建立了若干一级社会体育指导员培训基地，并逐步建立了一些二、三级社会体育指导员培训基地。目前，已有29个省份建立了一级社会体育指导员培训基地，其中建立了5个以上一级培训基地的有14个省份；27个省份建立了二级社会体育指导员培训基地，其中建立10个以上二级培训基地的有 21 个省份；21 个省份建立了三级社会体育指导员培训基地，其中建立 50 个以上三级培训基地的有 14 个省份（见图 11）。总体来看，全国共建立一级社会体育指导员培训基地 204 个，二级社会体育指导员培训基地 474 个，三级社会体育指导员培训基地 1609 个（见表 3）。

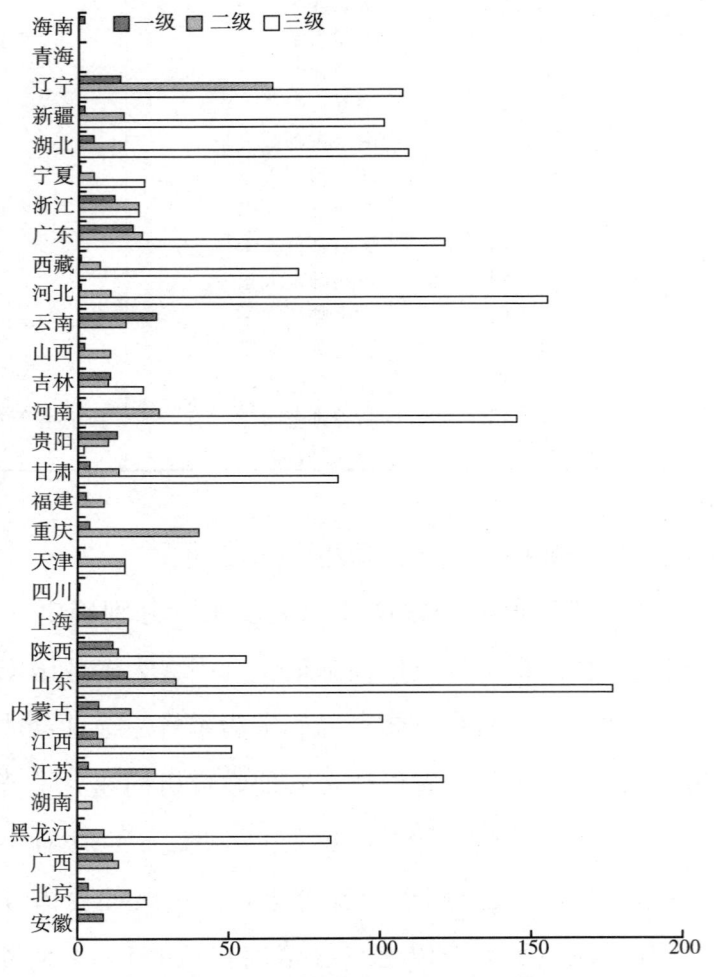

图 11　各省份各级社会体育指导员培训基地建设情况

数据来源：2014 年底各省份自评报告数据加总。

表3 全国各级社会体育指导员培训基地数量情况

培训基地等级	培训基地数量（个）
国家级社会体育指导员培训基地	29
一级社会体育指导员培训基地	204
二级社会体育指导员培训基地	474
三级社会体育指导员培训基地	1609

数据来源：2014年底各省市自评报告的数据。

（三）逐步形成一支高水平、高素质的培训教师队伍

承担国家社会体育指导员培训基地的各高等院校对培训工作普遍予以高度重视。成立了由学校分管领导为负责人的领导机构和各方面人员组成的工作机构，由体育教学或培训部门分别担任具体培训任务，建立以副教授及以上职称教师为主的培训师资队伍，并普遍聘请有经验的体育管理干部和优秀社会体育指导员为任课教师，通过师资培训等方式，逐步形成了一支高水平、高素质的教师队伍。各培训基地普遍建立和实施了有关培训的各项工作制度，充分利用高校良好的体育教育和人文环境，为国家级社会体育指导员培训提供了较好的软硬件设施和生活条件，保证了培训工作规范而顺利地进行。

为了提高培训质量，根据社会体育指导员队伍人员文化水平参差不齐的状况，从社会体育指导员实际工作和服务性质出发，各培训基地还专门选拔教师进行针对性备课，逐步培养了一大批社会体育指导员培训授课教师队伍。例如，上海体育学院教授陆大江，是留学过日本的教授，他根据社会体育指导员队伍实际情况，在长期

的教学实践中，总结并独创出了一套特殊的教学方法。在培训中，广泛收集和总结社会体育指导员工作经验，运用生动活泼的地方语言，做成一套图文并茂的教学软件，既形象生动又深入浅出，深受广大学员欢迎。有的培训基地还专门聘请国家级社会体育指导员进行授课，由于授课教师本人就是社会体育指导员，实践经验多，有切身的工作体会和在基层服务的真实体验，教学和授课具有特别的针对性和时效性，拉近了与学员的距离，能够起到上佳的教学效果。

近年来，组织开展全国性的师资培训主要有以下几个。一是2004年5月，来自全国30个省份和行业体协的130名群体干部、体育院校教师齐聚武汉体育学院，参加了由国家体育总局社会体育指导中心组织的我国首次社会体育指导员师资培训班。二是2007年10月10日，全国农村社会体育指导员师资培训班在镇江举行，本次培训旨在通过研究农村社会体育指导员的培训方法，提高农村社会体育指导员的数量和质量，不断满足农民对体育健身的需求。来自全国各省份负责农村社会体育指导员培训主管班干部及相关人员67人参加了为期5天的培训。培训班邀请相关专家、教授、学者就"农民体育健身工程状况和趋势""竞技体育、社会体育、体育产业的理论探讨""中外体育健身发展趋势""适于农民锻炼的健身方法""农村社会体育指导员培训中的经验和做法""社会体育指导员的培训如何不断适应农村体育事业发展的需要"等专题进行了授课探讨。三是2012年国家级社会体育指导员培训师资研修班于12月13~15日在广东省从化市隆重举办。本次研修班主要是总结2012年国家级社会体育指导员培训经验，交流培训工作情况，对《社会体育指导员技术等级培训教材（2012年版）》进行辅导和解读，征求《国家级社会体育指导员培训工作评估办法（讨论稿）》意见。

（四）社会体育指导员培训工作日趋规范化和制度化

在原国家体委1993年12月颁布的《社会体育指导员技术等级制度》的第八条和第十二条中，就对社会体育指导员的培训工作做出了相关要求，"各级社会体育指导员技术等级称号的申请授予需具有相应级别的社会体育指导员业务培训合格证书"，"各级体育行政部门及其委托的组织，分级负责社会体育指导员的培训、考核、评审以及其他管理工作"。

国家体育总局于2005年7月11日下发的《关于进一步加强社会体育指导员培训工作的意见》指出："发挥体育院校和其他学校在培训与培养社会体育指导员中的作用。按照分级管理的原则，公益社会体育指导员的培训，除已明确国家级社会体育指导员由批准的高等体育院校培训外，一级社会体育指导员的培训工作，也应委托高等体育院校和有条件的其他高等院校进行；其他等级的社会体育指导员培训工作，也可由体育院校和其他学校等专门教育培训机构承担。职业社会体育指导员的培训由经过专门资质认证的培训基地承担。有条件的体育院校和其他学校应在体育专业中开设社会体育指导的相关课程，在晨晚练站点和其他健身场所安排一定的社会体育指导实践，为体育专业学生获取社会体育指导员资格创设有利条件。"

为了进一步加强社会体育指导员培训工作，2011年10月颁布的《社会体育指导员管理办法》中对各等级社会体育指导员集中培训的时间做出规定。规定指出："国家级社会体育指导员培训时间为7~10天，达到100个学时；一级社会体育指导员培训时间为6~8天，达到70个学时；二级社会体育指导员培训时间为4~5天，达到40个学时；三级社会体育指导员培训时间为2~3天，达到20个学时。"同年12月国家体育总局下发了《关于进一步加强社会体育指导员培训工作的通知》，对培训工作提出具体的指导意见。国家体育总局在每个年度都专门下发通知，对国家级社会体育指导员培训工作提出要求。为衔接指导员的培训与审批过程并更好地保证培训经费的使用效益，从2014年开始，在国家级指导员培训工作中，国家体育总局要求学员必须达到晋级条件才能参加培训。

各地区也普遍制定各个年度的社会体育指导员培训计划并正式下发，有计划地部署各级社会体育指导员的培训工作，明确分解培训任务。一些省市的培训基地制定了《社会体育指导员培训班管理制度》《社会体育指导员培训班教师须知》《社会体育指导员培训班学员守则》等。有的地方体育局还与地市体育部门签订社会体育指导员培训任务责任书，列入年度工作考核指标中。

（五）社会体育指导员培训形式不断拓展

1. 积极探索社会体育指导员分类培训的新形式

为了进一步推广和普及群众基础较好的社会体育项目，尽快提高社会体育指导员技能水平，满足群众多元化、多样化的健身需求，实现群众体育健身的科学化目标，近年来各地进行了健身项目

社会体育指导员工作的主要成效

专项技能的分项分类培训。

北京市于2013年4月17~20日，在首都体育学院举办了以太极拳、剑专项技能为主的一级社会体育指导员培训班。来自全市各区（县）和行业体协的96人参加了培训，其中年龄最大的70岁，最小的23岁。培训班邀请了相关专家、教授以"老龄化背景下的中国老年体育发展""科学健身益寿延年""太极拳的理论和实践""群众体育活动的组织与管理"等内容为学员讲课。2013年5月15~18日，北京市在首都体育学院举办健身操（舞）一级社会体育指导员培训班，来自全市各区（县）和行业体协及相关单位的82名社会体育指导员参加培训。2014年3月8~9日，由北京市社会体育管理中心主办、北京职工体育服务中心与北京市健美操体育舞蹈协会承办的第六套健身秧歌培训班在北京工人体育馆开班，来自全市各区（县）130多名体育骨干和健身秧歌爱好者参加了培训。为了确保培训质量，第六套健身秧歌培训班还专门邀请了国内知名教授和健身操（舞）资深专家给学员授课。学员们纷纷反映，这种培训方式很好，能与自己擅长的专项技能紧密结合，不但学到了新的知识和技能，还收到了事半功倍的实效。大家还表示，通过参加培训，提高了自身的思想认识，感到作为社会体育指导员自身肩负的重大责任。

海南省（山地户外运动）二级社会体育指导员培训班暨户外登山基础技能培训班于2014年8月24日结束。由海南省文体厅主办、海南省登山协会承办的本次培训班是海南省首次举办的山地户外运动社会体育指导员培训班，特别聘请了中国登山协会户外专业委员会、海南省登山协会、海南省红十字会等相关机构的权威专家与资深人士，为学员深入讲解了登山、攀爬、露营等基础技能知识，以及登山误区和风险防范、地形图判读与指南针使用、户外领队的职责与管理、山地户外救生常识、户外环保法则（LNT）等丰富的教学内容。来自全省16家户外俱乐部的领队及户外山地运动爱好者等共60多人参加培训。部分优秀学员获得了海南省首批国家二级（山地户外运动）社会体育指导员证书。

2. 逐步开展社会体育指导员继续培训

根据《社会体育指导员管理办法》的规定，为了不断提高社会体育指导员理论和技能水平，各省份日益重视社会体育指导员获得称号后的继续教育培训工作，不断增加新知识、新技能的学习和提高。举办继续教育的省份和次数逐年增加，2014年，共有23个省份举办过社会体育指导员继续培训班，合计举办212期，共有27421人参加，与2011年相比，举办的省份扩大了5个，继续培训期数增加139次，参加继续培训人数增加15271人，增长比例分别为290%和226%。

安徽省专门制定了《安徽省一级社会体育指导员培训和继续培训方案》。内蒙古体育局每年拨付60万元、自治区政府每年安排100万元的指导员培训经费直接拨付各培训基地，用于指导员晋级培训和继续培训等工作。甘肃省体育局做出全省各级社会体育指导员培训数量每年要达到6000人、继续培训数量要达到400人的工作计划和要求，省社体中心每年向各市（州）体育组织部门下发体育指导员培训和继续培训计划暨体育指导员工作要点，每期培训班都制订了较详细的工作方案和实施流程，在省体育局的号召和动员下，近几年的培训工作取得重大突破。

上海市各区（县）社区社会体育指导员协会或管理中心定时组织专家讲座或培训。2010年，学者张丽对上海市静安区、徐汇区、普陀区、杨浦区及卢湾区社会体育指导员培训工作现状的调查数据显示，5个区社会体育指导员通过参加社区街道的相关培训更新知识和技能的人数占到总人数的73.9%。

北京市近几年每年举办的继续培训均在20期左右。为进一步扩大青少年体育俱乐部社会体育指导员的数量，提高青少年体育俱乐部从业人员素质，北京市于2007年5月11~13日，举办了北京市青少年体育俱乐部社会体育指导员培训班，来自全市18个区（县）的194名俱乐部的管理人员、专兼职教师、教练员参加培训。培训安排的"我国青少年体育后备人才培养现状、目标、问题及对策的专题讲座""青少年体育俱乐部的发展与经营管理""青少年体质的认识与评价""青少年运动员的心理健康和运动训练"等课程，均受到参加人员的广泛欢迎。

3. 广泛开展社会体育指导员交流展示活动

社会体育指导员交流展示活动是推广先进健身方法、提高社会体育指导员技能水平和服务水平的重要途径。近年来，全国各地都在普遍开展交流展示、技能竞赛等活动。

2005年12月1~3日，国家级社会体育指导员交流活动在上海邮电大厦举办。活动内容包括了听取上海市在社会体育指导员管理、培训等方面的经验介绍，各地开展社会体育指导员工作的经验交流，观摩、参观上海市社区和健身站点的社会体育指导员工作等。2008年11月，由国家体育总局主办，国家体育总局社会体育指导中心、江苏省体育局承办的全国社会体育指导员技能展示大会在江苏省举行。大会展示项目包括：健身运动项目技能展示，个人综合技能和才艺展示，绝活大看台等。国家体育总局社会体育指导中心和中国社会体育指导员协会于2011~2013年连续在全国绿色运动健身大会上举办社会体育指导员技能与风采交流展示活动之后，将交流和展示活动进一步拓展，并于2014年举行了首届全国社会体育指导员素质大赛。举办全国优秀社会体育指导员综合素质展示大赛，对激励社会体育指导员工作积极性、提高综合素质、提升外在形象、宣传全民健身志愿服务具有十分显著的效果，为全国社会体育指导员搭建了一个展示自我的平台。

有些省份也利用"全民健身日"活动和较大赛事的机会，举办社会体育指导员技能交流展示活动。2011~2014年，有近20个省份举办了省级和市县范围的各种形式的社会体育指导员技能交流展示活动，不断激发广大社会体育指导员积极进取、学习提高的热情。

2006年首届北京市社会体育指导员技能大赛在龙潭湖公园中心岛举行。比赛设健身操（舞）、空竹、中华毽三个比赛项目。来自北京市各区（县）800多名以社会体育指导员为主体的健身爱好者参加了比赛。自2009年起，云南省每年的全民健身日系列活动都组织优秀的社会体育指导员向广大群众展示指导技能。安徽省、市、县，除在每年的8月8日"全民健身日"开展各级社会体育指导员技能交流展示活动外，自2011年起，还在每年举办的全国绿色运动健身大会（安徽池州）上开展全国社会体育指导员交流展示活动。江西省2012年结合省第四届全民健身运动会，举办了首次社会体育指导员技能展示大赛，吸引了全省150余名社会体育指导员报名参加。吉林省社会体育指导员协会在 2012 年举办了指导员技能交流展示活动，并已连续举办了两届全民健身活动站点展示。广西壮族自治区和陕西省在 2012 年分别以省人民政府名义举办了首届全民健身技能展示大会，在大会期间，成功举办了全民健身特色项目展演活动、全民健身进社区活动。宁夏回族自治区利用 6 月 10 日毛泽东题词"发展体育运动，增强人民体质"和 8 月 8 日全民健身日等时间节点组织主题示范活动，在全区各地举办全民健身活动和指导员技能交流活动。河南省在 2013 年 8 月开展了河南省"全民健身舞动中原"品牌展演暨社会体育指导员技能展示活动；2014 年举办了河南首届社会体育指导员健身技能交流展示大赛，有来自全省 26 个地市和直管县、行业体协的队伍参加，全省近 400 名社会体育指导员参加比赛，比赛设集体项目和个人项目。江苏省于 2014 年举办了包括农民健身操、石锁、花鼓、空竹等 4 个项目在内的社会体育指导员技能交流展示活动，共有 560 人次参加，并计划自 2014 年起，每年举办一次社会体育指导员技能交流活动。江西省 2014 年 12 月中旬在永修县举办全省"社会体育指导员之星"素质展示活动，活动参加人员为刚刚评选出的全省"社会体育指导员之星"和部分具备特殊体育技能的人员，内容包括演讲展示和技能展示。

4. 建立实习实践基地拓展社会体育指导员培训内容

实习实践基地的建设，是进行实践教学的根本保障。实践教学是培养社会体育指导员实践能力和创新能力的重要环节。

江西南昌理工学院体育学院于 2009 年 4 月与湖北黄冈黄梅县体育局建立了合作共建单位。南昌理工学院体育学院的实习实践基地主要分为三个类型：以模拟实践实习为主，充分发挥体育学院优势，依靠学院部门支持，建立校内实践实习基地；立足江西，建立省内实践实习基地；面向湖北、江苏等周边发达地区，建立省外实践实习基地。教学单位与体育部门合作共建实习实践基地，有利于充分利用学校的师资力量和现有体育资源，共同开展社会体育指导员培训工作，为南昌市体育事业的发展做出突出贡献。

吉林省国家社会体育指导员培训基地设立在吉林体育学院，成立于2010年。在实习实践教学方面，培训基地工作人员利用校内实习、训练基地资源、吉林省群众体育示范基地等为学员安排实地观摩、考察、学习国民体质监测方法等实践环节。

（六）社会体育指导员培训和审批的社会化探索

2012年以前，我国社会体育指导员的培训审批工作主要由地方的各级体育行政部门负责。2011年12月国家体育总局发布的《关于进一步加强社会体育指导员培训工作的通知》中指出："拓宽培训渠道，鼓励省级行业体协和单项体育协会开展二级社会体育指导员培训工作，并按照《社会体育指导员办法》规定进行审批，充分发挥社会体育指导员协会在培训工作中的作用。"至此，我国开展了社会体育指导员培训和审批工作的社会化探索。经过一段时间的探索，各地区结合本地实际，注重发挥社会体育指导员工作与各类单项体育协会和人群体育协会工作的结合，发挥体育社会组织在社会体育指导员工作中的自主作用。

1. 协会自行进行培训审批工作的社会化探索

根据《社会体育指导员技术等级制度》和2006年7月10日国

家体育总局下发的《国家体育总局关于公布行政执法项目和执法依据的公告》规定，授予国家级社会体育指导员称号列入行政确认类范围，只有经过专门培训和通过考核的社会体育指导员，才能够进行社会体育指导员技术等级的申报，申报材料有严格的要求和规定，由下一级体育行政部门报送上一级体育行政部门审批。具体规定了"三级社会体育指导员由县（区）级体育行政部门审批；二级社会体育指导员由地市级体育行政部门审批；一级社会体育指导员由省级体育行政部门审批；国家级社会体育指导员由国家体育总局审批"。

2012年，国家体育总局根据扩大社会组织参与社会体育指导员工作的思路，在继续发挥健身气功组织培养管理健身气功社会体育指导员的同时，批准金融体协、煤矿体协、航天体协、中科院体协4个行业体协和中残联开展一级社会体育指导员的培训审批工作，开展协会自行进行培训审批工作的社会化探索。在《关于批准中国金融体协等4个全国性行业体协开展一级社会体育指导员培训、审批工作的批复》和《关于同意开展为残疾人服务的一级社会体育指导员培训、审批工作的复函》两份文件中均对制度法规、经费投入、培训基地、宣传工作等方面提出了明确要求。例如，要求行业体协制定本行业社会体育指导员工作的相关制度法规和发展规划；保证社会体育指导员工作的经费投入；不断完善培训体系建设，建立培训工作档案，使培训工作向科学化、规范化方向稳步发展，确保培训质量；密切与地方体育部门的协调配合，选拔符合条件的人员进行培训，严格按照社会体育指导员的等级条件进行审批，认真执行社会体育指导员注册管理制度；积极为社会体育指导员开展全民健身志愿服务创造条件，组织发动社会体育指导员经常、广泛开展科学、安全、方便、高效的全民健身指导服务，充分发挥社会体育指导员的作用；加强对社会体育指导员工作的宣传，树立社会体育指导员良好的公众形象，扩大其社会影响，提高其社会认知度，为社会体育指导员开展全民健身志愿服务创造良好的舆论氛围。

2. 各地社会体育指导员培训工作的社会化情况

河北、内蒙古、辽宁、江苏、江西、湖北、湖南、重庆等省份将社会体育指导员的专项体育技能培训任务交由各个单项体育协会承担，很多地方的体育协会在组建社会体育指导员队伍和开展指导活动方面表现出很高的积极性，很多项目协会的骨干人员经过培训成为社会体育指导员。

部分省份的体育局与老年人体协、职工体协、妇女体协、少数民族体协等密切合作，促进社会体育指导员作用的发挥。2013年5月25～28日，由河南省老年人体育协会、河南省体育局主办，郑州大学体育学院承办的2013年河南省第一期老年人一级社会体育指导员技术等级培训班成功举办。来自全省21个地市的206名老年人参加培训。本次培训是河南省首次专门为老年人举办的社会体育指导员培训，课程涉及老年人健身方法、老年人常见病的防护、传统养生以及技能交流展示等，旨在加强老年人体育工作的质量。

2014年5月13～16日，为进一步加强基层工会干部社会体育指导员队伍建设，提高社会体育指导员素质水平，由杭州市总工会主办，杭州市工人文化宫承办的2014年工会干部（职工）社会体育指导员培训班在市工人文化宫举行。来自全市各区、开发区总工会、产业工会、"新杭州人文化家园"系统中的工会文体干部80余人参加了培训。本期培训班为期4天，邀请了浙江省体育协会高级裁判员等专家老师进行专业培训。培训班采用理论授课和模拟比赛相结合的教学方式，培训内容包括乒乓球、羽毛球、篮球和足球等项目的竞赛规则、赛程编排、比赛技巧等方面的课程。参加培训的工会干部（职工）纷纷表示培训针对性强，效果不错。

2014年5月14日，上海市青浦区为进一步增强妇女干部科学健身意识，提高组织开展群众性体育活动的能力，全面推进全民健身活动的深入开展，区妇联、区体育局联合举办了妇女干部三级社会体育指导员第二期培训班。来自白鹤、华新、金泽、练塘、徐泾、重固和朱家角镇的85名村（居）妇代会主任参加了培训。此次培训为期两天，邀请了市社会体育指导员讲师团讲师赵国权为学员们讲授《健身与健康》《社会体育指导员的职责》，东华大学副教授夏正清讲解了科学健身方法与现场急救知识，同时还邀请经验丰富的舞蹈老师为学员们传授了排舞技能。培训结束后，考试合格的学员将获颁三级社会体育指导员证书，取得三级社会体育指导员称号。

部分省份体育局与残联合作，开展了残疾人社会体育指导员的培养工作。2009年4月13~22日，北京市社体中心与市残联宣文部在市残疾人体育训练和职业技能培训中心共同举办了北京市首届残联系统社会体育指导员培训班。针对特殊人群开展健身指导的专题社会体育指导员培训模式在全市尚属首次。培训班课程除社体指导员的公共理论课程外，重点讲授了残疾人体育健身的医务监督、体育活动的组织编排以及轮椅太极拳、回春保健操等适合在残疾人中开展的体育健身项目。来自北京市各区（县）的近40名学员经过系统培训，严格考核全部获得三级社会体育指导员培训合格证书。这些学员将活跃在街道（乡、镇）、社区（村）为残疾人参与体育健身提供科学的指导。

2013年5月6~12日，吉林省社会体育指导中心在省残联的大力支持下，在长春市举办了残疾人一级社会体育指导员培训班，来自全省各地市（州）的76名社会体育指导员参加了培训。为了确保培训质量，培训班制订了详细的培训方案，专门聘请相关专家、教授担任授课任务。授课教师根据残疾人的特点，除了讲授社会体育和社会体育指导员职责等基本知识和理论外，还针对残疾人的人群特点，设置并专门讲授"残疾人的健身锻炼""基层残疾人文化工作""康复体育"等课程。在专业技能方面，安排了"十二段锦"等操作性强的健身项目，受到了学员们的普遍欢迎和好评。

2014年6月19日，云南西双版纳州二级社会体育指导员暨残疾人社会体育指导员培训班在州委党校开班，这是西双版纳州首次举办的残疾人体育指导员培训班。培训班由州文体局、州残联共同举办，旨在进一步促进西双版纳州全民健身活动的开展，为县（市）基层全民健身社会指导力量注入新鲜血液，进一步提高基层农村和残疾人开展全民健身运动的能力和水平。这次培训为期2天，来自全州各县（市、区）文体部门相关负责人、各乡（镇）主管文体工作的副乡（镇）长、已取得三级社会体育指导员技术等级称号的社会体育指导员和残疾人体育指导员共97人参加培训。培训内容包括体育业务知识、社会体育指导员业务知识、"七彩云南全民健身工程"活动及项目实施申报、残疾人体育知识、羽毛球和健身气功知识等。

安徽省在增设乡（镇）综合文化站体育职能过程中，注重依托文化站发挥社会体育指导员的骨干作用。2014年，安徽省亳州市印发了《关于在乡镇综合文化站增挂体育站的通知》，要求各县（区）在所属乡（镇）综合文化站增挂体育站牌子，在原有职能基础上，增加体育工作职能，负责本辖区内的体育工作管理和组织开展群众体育活动，人员统一使用，乡（镇）综合文化站增加体育工作职能后，原有职能仍按相关文件规定不变。通知要求，各地、各有关部门要把农村体育活动民生工程和体育示范乡（镇）创建等工作结合起来，积极引导农民开展体育活动，进一步增强农民的身体素质，充分发挥体育工作在维护社会稳定、促进社会和谐方面的积极作用。

宁夏、青海等地在宗教人士中开展了体育健身指导培训工作。在少数民族聚居区举办以民族宗教界人士为主的社会体育指导员培训班，是宗教、体育部门在新时期探索体育促进发展民族团结、宗教事业的具体体现，对促进全民健身运动，增强广大僧侣体质、构建和谐寺院等都具有重要现实意义。通过关注民族宗教人士的身心健康，丰富业余生活，提高他们的生活质量，搭建民族宗教人士之间、民族宗教人士和社会之间的交流，能够发挥体育促进民族团结、社会和谐的积极作用。

2011年9月16~18日，旨在提高少数民族地区科学健身水平和促进当地文化体育事业发展，为期3天的宁夏固原市西吉县民族宗教界人士社会体育指导员培训班开班，这是宁夏回族自治区首次大规模对200多名民族宗教界人士进行社会体育指导培训。此次培训班由自治区体育局组织培训，邀请宁夏大学、自治区体育局和自治区篮球协会等管理人员和院校专家教授，从理论、实践两个方面进行专题辅导授课。2013年6月25日，由自治区民委、体育局和宁夏固原市泾源县政府共同筹划的社会体育指导员培训班在泾源县人民会堂开班。来自全县的宗教人士、社会体育指导员、篮球、舞蹈爱好者、中小学体育老师等300多人参加为期3天的理论和实际操作培训学习。此次培训，重在实用技能的培训，邀请了宁夏大学体育教授和国家级裁判员讲解并演示了篮球技战术，进行了广场健身舞、柔力球等专项培训。

2013年12月10日，为调动寺院僧侣参与全民健身的积极性，让体育锻炼经常化、个人锻炼生活化，让寺院僧侣充分享受体育发展的成果，推动寺院体育健身运动开展，由青海省民宗委和省体育局联合举办的第一期寺院僧侣社会体育指导员培训班在多巴正式开班。培训班为期3天，邀请省内8位著名的体育教学专家、教授为全省部分藏传佛教寺院的学员代表培训。培训班开设篮球技术、战术及裁判方法，健身器材使用方法，拉巴牛、斗鸡、羽毛球技术与战术及裁判方法，足球技术、战术及裁判方法，高原健身方法与手段，乒乓球技术、战术及裁判方法，田径基本技术等8项课程。

五　社会体育指导员支持保障体系不断加强

（一）社会体育指导员工作专项经费投入逐年增加

国家体育总局和地方省区市体育部门每年都投入一定的培训经费，并形成制度，为社会体育指导员的发展提供必要的经费保障。

1. 国家层面经费投入情况

近年来，社会体育指导员工作的保障条件得到了较大的改善，中央和地方都在加大资金投入力度。根据《全民健身计划（2011~2015年）》和《社会体育指导员发展规划（2011~2015年）》中关于"国家体育总局每年用于全民健身工作的体育彩票公益金中，安排不低于10%的资金作为社会体育指导员工作经费"的规定。国家体育总局逐年增加对社会体育指导员工作专项资金的拨付，2011~2014年，体育彩票公益金用于社会体育指导员培训管理、全民健身志愿服务的专项经费分别为2903万元、3023万元、3820万元和7140万元（见表4），4年来累计经费达到16886万元，其中每年用于西部地区各省份的社会体育指导员工作经费为60万元，用于中部地区各省份的社会体育指导员工作经费30万元。

表4 2011~2014年国家体育总局本级体育彩票公益金用于社会体育指导员的专项经费情况

单位：万元，%

年份	金额	比上一年增长
2011	2903	/
2012	3023	4.1
2013	3820	26.4
2014	7140	86.9

资料来源：国家体育总局2011~2014年本级体育彩票公益金使用情况公告。

2. 地方层面经费投入情况

《社会体育指导员管理办法》中特别规定："各级体育主管部门应当在本级事业经费预算中列支社会体育指导员工作经费，在体育彩票公益金中安排一定比例的资金作为社会体育指导员工作经费，并随着体育工作经费的增长逐步加大对社会体育指导员工作经费的投入。各级体育主管部门应当为有关组织开展社会体育指导员工作提供补助经费，并对农村、贫困地区和民族地区予以倾斜。基层文化体育组织应当提供必要的社会体育指导员工作经费。鼓励社会对社会体育指导员工作提供经费、捐赠和赞助。"

大部分省份的体育局能够在本级财政预算和体育彩票公益金中用于全民健身的经费中列入社会体育指导员工作经费。2011～2014年，全国省级投入的社会体育指导员工作经费分别累计为3043.3万元、3989.6万元、8255.0万元和6663.4万元。4年来，有85%的省份社会体育指导员工作经费呈上升趋势。

江西省从"十二五"初期的10万元，增加到2014年的117万元，增长幅度为1070%。浙江省2014年的社会体育指导员工作经费，由过去的每年300万元增加到了1100元。河南省体育局除本级直接使用之外，2014年还向市县拨付社会体育指导员工作支持经费200万元。有的省正在以政府购买服务的方式投入社会体育指导员工作资金。广东省在2014年投入300万元购买社会体育指导员志愿服务。这些经费投入主要用于等级培训与再培训、购置器材和服装、交流展示活动、参加相关赛事、交通补助、服务补贴、购买保险、表彰奖励等方面，为开展好社会体育指导员工作提供了有力的物质保证。

各省份对社会体育指导员工作资金的管理使用，包括对国家体育总局资助中西部地区开展指导员工作专项经费的管理使用，均能够按照有关规定做好预算安排和规范支出，较好地实现了经费使用效率。

（二）推进社会体育指导员与体育社会组织互动发展

社会体育指导员通过参加培训和再培训，能够积极高效地参与组织、开展各项群众性竞赛和展示活动。因而，各类体育社会组织作为推动群众体育活动的重要力量，应注重发挥社会体育指导员的作用，积极将社会体育指导员吸收和补充到社会组织中来，并结合各自的特点加强对社会体育指导员的技能培训，发挥社会体育指导员的积极作用，推动社会体育指导员与各类社会组织的互助发展。

部分省份的社会体育指导员协会注重发挥各领域、各行业体育社会组织作用，与项目协会或人群协会合作开展各类项目活动及进行社会体育指导员的培训工作，共同推动指导员开展工作。例如，辽宁省注重发挥足球、羽毛球、乒乓球、冬泳、轮滑、滑雪、自行车等项目协会以及户外登山等人群体育协会的作用，积极培养相关项目的各级社会体育指导员，与项目协会或人群协会联手举办全民健身活动，形成政府主导、各协会协同，各级各类社会体育指导员共同参与的全民健身局面。江西省社会体育指导员协会支持和协助省残疾人体育协会、省老年人体育协会等人群体育协会组织举办特殊人群的社会体育指导员培训，与省太极拳、跆拳道、足球、武术等单项体育协会联合开展全民健身大联动、展演等活动，与省体育彩票管理中心、省国民体质监测中心和省国民体质与健康管理协会共同开展"中国体育彩票赣南等原中央苏区国民体质监测健康万里行"等活动，协助省直机关工委、省总工会、省残联、省交通厅、省投资集团公司、方大特钢等单位、企业开展第九套广播体操、太极拳等项目的培训和比赛。2014年江苏省社会体育指导员协会与省无线电测向定向运动协会、航空模型协会、健身气功协会、门球协会、健美操协会、轮滑协会、汽摩协会、省老年体协、省职工体协等十余家省属体育社团合作，由省体育局主办、相关体育协会负责承办了一系列社会体育指导员培训与展示交流活动。湖南省体育总会和各单项体育运动协会常年组织全省性的业余比赛，尤其是棋类、乒乓球、网球、羽毛球、篮球、排球、保龄球、体育舞蹈、钓鱼、户外等运动项目，带动群众体育运动的开展。同时，举办健美操、健美、国际象棋、围棋、秧歌、门球、太极拳等项目的社会体育指导员和裁判员培训班，培养业务骨干，以省社会体育指导员协会为主导，在专家组带领下，深入开展科学健身指导和全民健身志愿服务。2014年，河北省老年体协先后邀请不同项目的教师，组织65岁以上社会体育指导员对健身秧歌、腰鼓和软排球等适合老年人从事的体育项目进行培训，深受高龄社会体育指导员的欢迎；省直机关体协举办了3期健身气功培训班，邀请健身气功指导员进行授课，累计300多名省直机关干部接受培训，掌握了气功健身方法。除了在指导培训中发挥作用外，各领域、各行业体育社会组织还广泛邀请社会体育指导员参与各类体育活动的组织筹备工作，既发挥了社会体育指导员作用，也锻炼了社会体育指导员队伍。

（三）积极为社会体育指导员搭建工作平台

各地采取了许多保障社会体育指导员能够正常开展指导服务的相关措施，将全民健身基层组织建设、社会体育健身指导岗位的设立与社会体育指导员队伍建设和作用发挥紧密结合起来。

长春市建立了社会体育指导员公益岗位模式。为破解长春市社区没有专人负责体育工作的难题，2008年长春市在全国首创了社区体育公益性岗位，每2个社区配置不少于1名体育管理员，承担社区健身设施的维护、社区健身活动的组织、居民科学健身的指导、体育健身项目的推广、全民健身知识的宣传、社区体育资源的整合、驻区单位体育场馆开放的协管、国民体质监测的实施等工作任务，使社会体育指导员工作延伸到社区的每一个角落。目前，每个社区都有1名负责社区体育工作的人员，由市人力资源和社会保障局统一管理，加上由市体育局单独管理的30名国民体质监测员，目前体育公益岗位人数已达388人，推动了体育工作的触角延伸到社区的每一个角落。辽宁省也通过《体育事业发展"十二五"规划》在全省推进社会体育指导员公益岗位制度建设。

广东省建立了文体协管员队伍。广东省所建立的文体协管员队伍是按照县聘用、乡（镇）管理、村使用的原则，对文体协管员的选聘对象是具有一定的文化体育特长、乐于奉献、愿意服务的当地农民群众，或者是有志于农村文化体育事业的大学生村干部和退休老干部、老教师。从2012年初，广东省在全省19498个行政村采取聘用方式，建立了近20000人的农村文体协管员队伍，其中高中以上学历占96%，具备一定专业技能者占66.3%，负责农村文化、广播影视、新闻出版、体育等文化体育工作的管理和服务，在体育方面的主要职责是维护和管理体育设施，组织体育竞赛与活动，普及科学健身知识，传授体育技能等，他们已成为农村文化体育建设的重要力量。

上海市建立社区体育配送服务工程。上海市社会体育指导员协会结合社会体育指导员工作，通过社会体育指导员组织网络体系，向社区居民配送健身指导手册、光盘和小型器材等，派遣优秀指导员到社区、培训基地、健身场馆传授健身技能，发挥协会"科学健身讲师团"的作用，下社区开展全民健身的各类讲座和科学健身知识咨询服务。

部分省份的体育部门制定文件并进行了具体操作，将基层全民健身活动站点进行授旗挂牌。黑龙江、江苏、贵州等省份明确提出了每个全民健身活动站点拥有社会体育指导员的数量和等级要求，有的省份对基层单项或人群体育协会的建设提出配置一定数量社会体育指导员的要求。有些省份采取向基层体育活动站点或有关单位派遣社会体育指导员的做法。福建省体育局在2011年专门下发文件推动社会体育指导员社区派遣制试点工作；江苏等地开展了在大学生村干部中培养社会体育指导员的工作，使指导群众健身锻炼成为大学生村干部的重要工作职责，并辅助设立器材巡修员、体质测试咨询员、健身知识宣传员等服务岗位。

（四）努力探索为社会体育指导员开展服务提供支持

《全民健身计划（2011～2015年）》和《社会体育指导员发展规划（2011～2015年）》中都提到了对社会体育指导员的保障问题，在《社会体育指导员发展规划（2011～2015年）》中更为具体、更为明确地指出："在重点保证培训经费下，资助社会体育指导员协会开展活动，支持欠发达地区和民族地区开展社会体育指导员工作，为社会体育指导员开展体育健身指导服务配备必要的装备、音响、灯光等，提供工作、交通补贴。"《社会体育指导员管理办法》和《建立全民健身志愿服务长效化机制工作方案》中均提到为社会体育指导员开展自愿服务办理（购买）人身保险的问题。

在社会政策的推动下，近年来，越来越多的地方为社会体育指导员提供了多样化的物质保障。全国有近半数的省份结合社会体育指导员工作配发了音响器材、健身器械和运动服装，还有很多地方为社会体育指导员活动站点和基层体育协会发放活动补助经费，或者直接为社会体育指导员发放工作补贴，有些地方已经建立了定期发放工作补贴的制度。河北省实行健身群体场所申请帮助制度，凡没有固定健身场所但规模常年保持在60人以上经常性健身群体，均可向本辖区相关协会提出申请协调解决，并鼓励积极开发社会体育指导员的无形资产，挖掘潜力，争取企业和社会赞助，实现资金来源多元化。2013年，江苏省投入3500万元为社会体育指导员配制服装，还与中国人寿保险（集团）公司合作为社会体育指导员办理了意外伤害保险。广东省自2012年起对建立在广场、社区、公园的社会体育指导员服务给予经费支持，由省、市、县三级体育部门对每个服务点的资助平均超过了5000元。甘肃省体育局为承担社会体育指导员管理工作的基层体育协会配发了笔记本电脑。有十余个省体育局为成立的社会体育指导员协会提供了办公场所、专职人员和工作经费等方面的保证，有的地方体育局为社会体育指导员配发了智能手机，进行网络信息管理。

（五）多种途径树立社会体育指导员的公益形象

2013年，中国社会体育指导员协会设计、制作了指导员徽章，并建立了指导员佩戴徽章上岗的服务制度。2014年，国家体育总局组织设计并利用体育彩票公益金3500万元，招标采购了3.6万套（8件一套）社会体育指导员工作服装，配发给各地长期坚持在一线开展全民健身志愿服务的所有国家级和部分其他等级社会体育指导员。

实行指导员佩戴证章上岗制度，一方面弘扬了指导员志愿服务精神，展现了指导员风采，体现了政府对指导员工作的关怀与保障；另一方面佩戴徽章上岗有效地把全国社会体育指导员的形象统一起来，达到了很好的视觉传播效果。

六 社会体育指导员信息服务体系不断发展

（一）建设社会体育指导员信息管理系统

我国的指导员信息服务系统建设不断推进。自1993年12月《社会体育指导员技术等级制度》颁布实施以来，我国社会体育指导员队伍日益壮大并逐步建立起一套从中央到地方的分级管理体系。社会体育指导员在落实《全民健身计划纲要》、增强全民的体育意识、开展丰富多彩的体育活动、指导群众科学健身、引导社会体育消费等方面，发挥着不可替代的重要作用。但是除国家级外，各省份社会体育指导员的数据都是自己统计申报，没有信息管理系统，使数据的客观准确面临挑战。各级政府对社会体育指导员在投入、奖励、表彰等相关工作的政策制定中往往针对性不强。随着社会体育指导员队伍的不断扩大和信息化、网络化对政府管理工作提出的新要求，为了逐步实现社会体育指导员队伍科学化、规范化管理，国家体育总局群体司组织研究建立了全国"社会体育指导员管理系统"（以下简称"系统"），推进了社会体育指导员注册登记工作。

"系统"实现了从中央到地方分级分地区的全国网络化管理，强化了社会体育指导员数据的查询、统计、注册等功能。总局群体司于2006年分别在天津、上海、江苏三省（市）进行了试点，在试点基础上，对"系统"进行了完善，于2007年4月在天津召开了"系统"试点工作总结会议。根据会议确定的"全面推广、分步到位、分类指导、有序推进"的推广使用工作原则，2007年10月国家体育总局群体司下发了《关于在全国推广使用"社会体育指导员管理系统"有关工作的通知》，"系统"的全国推广工作正式展开。由于经费原因，"系统"推广使用工作进展缓慢，截至2009年12月，仅有广东、甘肃、湖北、湖南、江西、山西、河北、海南8个省份完成了"系统"推广培训工作。

2009年4月，为加快"系统"的推广工作，国家体育总局群体司在北京奥体中心召开了"社会体育指导员管理系统"推广使用与开展社会体育指导员调研工作的全国会议。会议明确提出2010年将投入专项经费用于"系统"的推广使用工作。

2010年，为建立全国社会体育指导员数据库，在国家体育总局群体司的专项经费支持下，通过国家体育总局体科所、体育管理在线网站的努力以及各级体育部门的配合，"系统"的推广使用工作进展顺利。到2010年11月为止，除新疆生产建设兵团因特殊原因无法推广以外，"系统"及注册登记管理已在全国31个省（自治区、直辖市）完成了培训和推广工作。

注册登记管理系统是"系统"的子系统，是为配合2010年国家体育总局群体司《关于开展社会体育指导员注册登记工作的通知》而研发的。注册登记管理系统于2009年11月经过专家及地方体育部门的研究论证，2010年2月经过北京、甘肃、江西等省份的试点运行，2010年3月1日正式在全国推广使用。注册登记管理系统首次实现了社会体育指导员的电子注册登记，为全国社会体育指导员的注册登记工作提供了方便，操作更加便捷化，也为我国各级体育部门对社会体育指导员管理监督工作提供了网络管理平台。

各省份根据国家体育总局的统一部署，已全部运用《社会体育指导员管理系统》进行各级社会体育指导员的信息录入和登记注册。各省份普遍建立了该系统使用的专人负责制度，国家体育总局社会体育指导中心和各省份共同开展了对使用人员和信息员的专门培训。目前各省份都能较好地进行社会体育指导员的信息传输和查询、管理等相关工作，有些省份还据此建立了自己的社会体育指导员信息档案管理系统。近年来，各地在审批社会体育指导员进行"社会体育指导员管理系统"登记注册的同时，陆续对之前欠缺的部分社会体育指导员基本数据进行了补录和整理。江西省每年对系统中数据进行汇总统计并通报发布，山东省于2014年利用系统数据对全省社会体育指导员进行了结构分析。

同时，很多省份对社会体育指导员工作注册工作进行了探索。部分省份运用"社会体育指导员管理系统"正常办理社会体育指导员的年度工作注册和工作流动人员的迁移注册。云南省发放了社会体育指导员IC卡进行年度工作注册管理。

近年来，在社会体育指导员培训工作规模逐渐扩大的基础上，审批获得社会体育指导员技术等级称号的各级社会体育指导员数量有了较快的发展。截至2014年底，各地在国家体育总局"社会体育指导员管理系统"进行网络登记注册的社会体育指导员人数已达1742361人，提前超过《全民健身计划（2011~2015年）》和《社会体育指导员发展规划（2011~2015年）》设定的"达到100万人以上"的目标任务。其中，国家级社会体育指导员累计审批12411人，现注册为8970人；一级、二级和三级社会体育指导员注册人数依次为112946人、421745人和1198700人；各级注册人数分别占总数的0.5%、6.5%、24.2%和68.8%（见图12）。

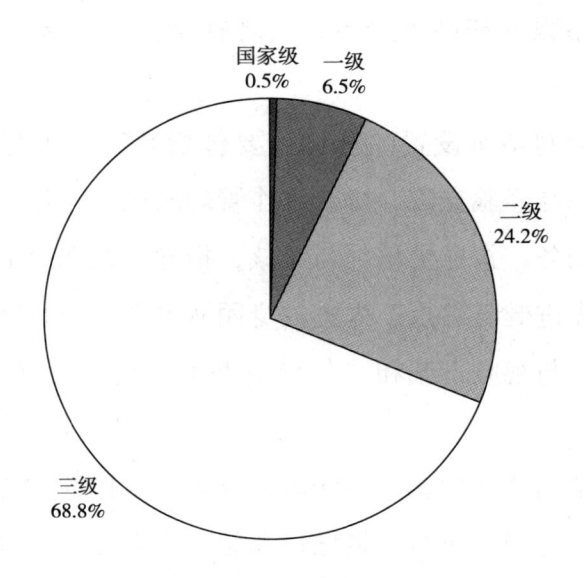

图12　2014年全国社会体育指导员等级结构

数据来源：国家体育总局2014年底公布批准的统计数据。

（二）开通社会体育指导员协会官方网站

早在2011年的中国体育指导员协会工作会议上，时任国家体育总局局长助理、中国社会体育指导员协会会长的晓敏同志就提出："我们要建立社体指导员协会信息网络服务系统，开展网上培训交流、健身技能指导、健身咨询等服务，拓展和扩大协会工作领域，力争实现社体指导员协会工作的新突破。"历经两年，中国社体指导员协会网站（www.cassi.org.cn）于2013年10月正式开通运行。网站是社会体育指导员工作、管理、培训、服务的宣传平台和交流平台，其性质是公益的，面向广大人民群众普及全民健身理念、开展健身指导和全民健身志愿服务。凡具有技术等级资质的社会体育指导员，经过网上登录认证后，即可开展网上教学、培训指导，开展志愿服务和网上交流，实现社会体育指导员之间的资源共享。

目前协会网站所设置的功能主要包括政策法规与重要文件发布，信息动态与经验交流，协会工作管理与服务，指导员个人网上注册与志愿服务，指导员培训与考核，指导员技能交流与展示，优秀指导员与先进健身站点、先进健身团队推介，新兴项目推广，文献资料、图片与视频下载和"指导员助手"移动互联管理与服务，等等。

协会网站的这些功能几乎涵盖了指导员工作的方方面面，是实现协会与协会之间、协会与指导员和健身群众之间、政府和指导员之间"零距离"对接的管理与服务的综合性功能平台，为创新社会体育指导员管理模式创造了良好的条件。

（三）移动互联管理与服务平台为社会体育指导员工作提供支持

社会体育指导员信息管理系统和社会体育指导员协会官方网站的开通成为推动社会体育指导员队伍服务体系建设的抓手，为社会体育指导员队伍提供了保障。

社会体育指导员信息管理系统的开通能够对社会体育指导员的个人信息变化及其指导群众体育活动等情况做到及时、准确掌握。全面了解社会体育指导员队伍状况，并为实施有效管理、科学决策和研究制定相关法规规划等提供依据，使保障、评估、奖励、表彰等工作有据可循，有针对性地为社会体育指导员提供服务。

社会体育指导员协会官方网站的开通实现了全民健身低成本、高效率、均等化、广覆盖的目标，实现了协会从传统的以管理为核心到以服务为核心的职能转型。通过向社会体育指导员提供高效化的电子工作室和多种支持，建立起民众与社会体育指导员无障碍、零距离的沟通渠道和服务渠道，更快、更便捷、更高效地为民众提供丰富多彩的全民健身服务，使民众多层次的健身需求得到满足。网站的建立，进一步拓宽了无形资产的开发与利用，为社会体育指导员工作筹集更多资金，为实现社会体育指导员工作跨越式发展，创新我国公共体育服务和全民健身志愿服务模式创造了条件。

近年来，国内一些地区，如江苏常州、苏州，青海西宁等地方纷纷建设"全民健身网"等地域性健身信息服务平台，搭建包括指导员在内的全民健身服务体系信息平台，也为指导员搭建了信息化的工作平台。长春市通过智能手机服务端，搭建社区体育网格智能化服务平台，探索指导员队伍和社区体育工作的信息管理模式，尝试对社区体育工作实行动态管理。

七　社会体育指导员活动指导体系不断拓展

（一）日益融入全民健身志愿服务体系

在全民健身志愿服务活动的日益广泛开展中，社会体育指导员志愿服务也融入其中，相互促进。国家体育总局在与中央文明办等6部门联合印发《关于广泛开展全民健身志愿服务活动的通知》的基础上，于2010年底制订出《建立全民健身志愿服务长效化机制工作方案》，成立了全国全民健身志愿服务领导小组、办事机构和相应的组织协调机制，使"十二五"以来全国性和地方性的全民健身志愿服务活动更加广泛地开展起来。而在这些全民健身志愿服务活动中，社会体育指导员始终是最主要的参与者，切实发挥了"全民健身志愿服务活动主力军"的作用。

随着社会体育指导员队伍规模的不断壮大，各级体育部门越来越将切实发挥社会体育指导员的科学健身指导作用作为工作重点，采取各种引导和激励举措，促进社会体育指导员经常而活跃地从事体育健身指导工作，不断提高社会体育指导员在一线从事指导活动的上岗服务率。有半数省份的体育局出台了提高社会体育指导员上岗服务率的各种措施，包括结合基层体育活动站点建设，加强社会体育指导员队伍建设和岗位建设，组织开展各种培训、交流、竞赛活动，提供各种精神激励和物质鼓励等，使社会体育指导员的上岗服务率逐步提升。一些省份体育局对社会体育指导员一线指导率的情况进行了调查和测算。例如，江苏已累计录入社会体育指导员信息管理名册的人数达21万多人，2012年通过系统调查并经媒体公示，以每月指导20小时以上为标准，活跃在一线的社会体育指导员为61692名，约占名册人数的28%。而安徽、山东、福建、上海和吉林各省份基于建立社会体育指导员管理系统后的注册人员进行测算，指导服务率依次达到45%、50%、65%、75%和80%。尽管在统计和计算口径上存在着一些出入，但总体上表明大部分社会体育指导员经常性地进行志愿服务。

建立社会体育指导员队伍服务体系，落实公共体育服务，必须要有领导、有组织地进行。在长期的服务实践中，为了加强各健身站点社会体育指导员服务的"长效化"和制度化，社会体育指导员探索和建设了健身站点负责制、责任制，社会体育指导员委派制和配送制等服务方式。例如，山东省从2012年开始，省体育局、省社会体育指导员协会与省团委、省青年志愿者协会携手，以优秀社会体育指导员为主体，组建了山东省全民健身志愿服务总队、支队、大队，不断实现全民健身志愿服务的组织化、制度化和常态化。上海市体育局和市社会体育指导员协会，根据上海市的实际情况，为了保证社会体育指导员基本服务的均等化，尽快解决长期存在的社会体育指导员队伍优质资源分布不均的现状，实行社会体育指导员健身指导配送制。健身站点由体育部门指定素质较高的社会体育指导员作为具体责任人或负责人，负责健身站点的管理和健身技能的辅导与传授。由上海市社会体育指导员协会根据需要对各区（县）的社区体育指导站进行高水平、高级别社会体育指导员配送服务，使全市健身群众能够得到较好的服务，也能够将新的健身方法及时传授给健身群众，在整个上海市实现资源共享，合理配置社会体育指导员资源。长效的志愿服务与品牌活动是树立社会体育指导员公益形象、宣传社会体育指导员志愿服务精神、展示其健身风采、调动其工作积极性的重要手段和平台。

（二）广泛组织开展各类全民健身活动

各地利用春节、"全民健身日"和"国际志愿者日"等法定节日和在重大赛事活动期间，举办多种形式的全民健身志愿服务，并组织优秀社会体育指导员、退役运动员、教练员、体育科技工作者等深入基层，到少数民族地区、边远山区开展志愿服务。例如，重庆市每年春节期间举行"红红火火过大年全民健身志愿服务活动"，在"全民健身日"期间举行全国棋牌项目万人同赛重庆分会场暨全民健身志愿服务活动。福建省各级全民健身领导小组和体育部门充分利用8月8日"全民健身日"等时间节点，遵循"因地制宜、业余自愿、小型多样、就近就便"的原则，举办"全民健身与省运会同行""全民健身与青运会同行"等系列健身活动，推进"一地一品""一行一品"的品牌活动。安徽省每年均利用"全民健身日"、全国绿色运动健身大会、安徽省茉莉花全民健身展示大赛、全省百城千村健身气功展示等时间节点和重大赛事活动，积极组织各级社会体育指导员到基层开展全民健身志愿服务活动。宁夏回族自治区在全民健身日期间，连续4年举办全国棋牌项目万人同赛，开展全民健身日万人健步走活动和"谁是球王"乒乓球、羽毛球、足球争霸赛，将志愿服务融入体育赛事中，既有健身宣传，又有体质监测，同时发放健身手册，形成体育嘉年华，更好地服务广大群众。陕西省充分利用全民健身日、陕西省运动会及学雷锋日等时间节点，组织优秀社会体育指导员团队配合陕西省体育科学研究所、陕西省体育医院经常性地开展"体医结合"全民健身进社区活动，为广大群众进行科学健身指导、全民健身宣传、国民体质检测、科学健身与慢性病防治科普图书捐赠等志愿者服务。广西壮族自治区组织优秀社会体育指导员团队，经常性地开展"体医结合"全民健身进社区活动，志愿为广大群众进行科学健身指导服务；同时还组织优秀社会体育指导员深入工地，开展健身技能展示，指导农民工科学健身，提高农民工健身意识；并组织优秀社会体育指导员到边远民族地区开展全民健身志愿服务活动。江苏省于2013年举办了三期主题不同的志愿服务社区行活动：一是"全民健身志愿服务，走进民工市场"的大型活动，为50位民工进行国民体质测试，发放健身运动宣传册300份和问卷调查60份。二是3月5日"向雷锋同志学习"纪念日，走进南京市鼓楼区特殊教育学校，与省残联、鼓楼区体育局联合举办智障人群运动会，为残疾人提供全民健身志愿服务。三是由江苏省体育局、江苏省发展体育基金会、江苏省社会体育指导员协会和江苏省体育摄影协会联合举办了《社会体育指导员风采》摄影作品征集、评选活动。

除了这些特定节期活动，各地还举办了一些特色活动。例如，江西省的"运动·同一片蓝天"全民健身志愿服务品牌活动，坚持开展针对农民工子女、留守儿童、残疾人、孤寡老人等弱势群体的全民健身志愿服务活动。内蒙古高度重视体现民族特色和地域特点的体育健身项目创编、推广工作。2007年，组织专家在通辽市进行"健身安代操"的创编工作，以蒙古族曲目"安代"的"踏地甩巾"动作为基本体育元素，重点在学校及各类人群中大力推广，通辽市动员130万人同时展演，挑战"吉尼斯纪录"。河南省的社会体育指导员长年在社区、村、广场、公园绿地等场所开展全民健身志愿服务活动，其中以晨晚练技能指导和小范围活动组织为主。上海市从2012年起，市社会体育指导员协会积极倡导开展"三进活动"（进社区、进园区、进楼宇），将社会体育指导员的志愿服务送到百姓身边。

（三）针对社会需求不断创新大众健身项目

创新活动形式、推广健身方法是做好社会体育指导员工作的手段。全国各级体育部门积极适应全民健身快速发展的新趋势，及时创新并依靠社会体育指导员有组织地推广普及科学有效的健身方法，极大地丰富了全民健身的形式和内容。

自《全民健身计划纲要》实施以来，国家体育总局和各地组织创编的健身秧歌、健身腰鼓、健身操、健身舞、健身气功、木兰扇、木兰拳、柔力球等大众健身项目，以及锅庄舞、农民健身操、巴山舞、排舞、海派秧歌等具有地方和民族特色的健身项目深受人民群众的喜爱。同时，有20多个省份的体育局发动和利用社会体育指导员队伍，对各种群众喜闻乐见的体育健身项目进行普及推广，河北、山东、安徽、江西、辽宁、云南、广西、湖北、贵州、内蒙古等地还组织社会体育指导员创编富有时代气息或地方与民族特色的体育健身项目。例如，安徽省积极创编了富有安徽特色的皖北花鼓灯健身舞、传统的五禽戏、池州石锁等新型体育健身项目。江西省组织优秀社会体育指导员创编了《江西是个好地方》广场舞，在全省进行推广。与此同时，全省各地也组织广大社会体育指导员挖掘和创编一大批不同形式、有当地特色的全民健身广场舞。辽宁省支持鼓励社会体育指导员创编、推广体育健身项目。2014年初，根据辽宁省委宣传部实施"为民惠民工程"的要求，创编了百姓健康舞，并在全省组织培训加以推广。云南省自2010年启动了少数民族健身操的征集、展演、创编等工作，先后制作了10套少数民族健身操，其中6套在全省推广。创编的少数民族健身操通过举办全省范围内的培训班，以制作教学片在电视台滚动播放，在健身日期间举办展演、比赛等形式进行推广普及。广西于2013年底编制完成了《舞动广西》系列民族健身舞、民族健身操29套。湖北省体育局高度重视社会体育指导体育健身项目的创编和推广，在排舞、健身气功、太极拳剑、关公刀等群众性体育项目方面，充分发挥广大社会体育指导员的作用，挖掘、创编、整理了30多个群众喜爱的健身项目。同时，湖北省还特别注重民族体育的传承和发扬，湖北省体育局组织专家教授、社会体育指导员深入考察酉水流域土家族摆手舞，结合现代人锻炼习惯，汲取、融合各地摆手舞的特点，编创了一套全新摆手舞。呼和浩特市社会体育指导员协会根据历史悠久的蒙古族喜庆音乐创编了"健身筷子操"。

八 社会体育指导员宣传激励体系不断推进

（一）表彰激励措施提升了社会体育指导员的影响力和荣誉感

建立良好的宣传和激励机制，开展社会体育指导员工作的表彰奖励活动，不仅能够充分调动广大社会体育指导员的积极性，更是对社会体育指导员可贵精神、巨大贡献、重要作用和显著成绩的充分肯定，同时能够起到树立和宣传优秀社会体育指导员形象的作用。

2010年国家体育总局出台了《全国优秀社会体育指导员评选表彰办法》（以下简称《评选表彰办法》），《评选表彰办法》的出台体现出我国社会体育指导员宣传激励体系的不断完善。《评选表彰办法》对评选条件、评选市场、评选程序、奖励等做了说明。具体评选条件为：遵守国家法律、法规；忠于职守，甘于奉献，讲文明，守道德；连续从事社会体育指导工作3年以上，每年组织辅导群众健身不少于150天（次）；在社区、村镇、机关、学校、企业等全民健身活动站（点）为健身群众进行技术指导、活动组织、器材维护、骨干培训或知识传授，工作业绩突出，深受健身群众好评；钻研业务，不断提高体育健身理论和技能水平；获得过省级或行业体协优秀社体指导员称号。评选表彰活动原则上每两年进行一次，具体时间和名额分配由国家体育总局确定，总局群体司归口管理全国优秀社体指导员评选表彰活动，群体司委托的组织负责具体实施；省级体育主管部门和行业体协根据评选条件和分配的名额，负责本地区或本行业全国优秀社会体育指导员的初审、推荐工作；符合评选条件的社体指导员经所在单位或社区、乡（镇）推荐，由所在地体育主管部门或行业协会确认，逐级申报至省级体育主管部门或行业体协；省级体育主管部门或行业体协按照评选条件，对本地区或本行业的被推荐人进行条件和资格审核，采取适当方式向本人所在单位、社区或乡（镇）征求意见，并将确定人选报国家体育总局；通过审核的人员名单在国家体育总局网站上公示，通过公示后由国家体育总局批准授予"全国优秀社会体育指导员"称号。获得此称号的，在晋升上一等级社会体育指导员时，可以缩短从事本级社会体育指导工作年限1~2年。

1. 国家级的社会体育指导员表彰活动

2003年的全国群众体育工作会议上，首次对实施《等级制度》以来的全国千名优秀社会体育指导员进行了命名表彰。2007年国家首次对社会体育指导员培训工作先进个人进行表彰，授予国家级社会体育指导员培训工作先进个人称号。

2008年12月全国首届"群众喜爱的社会体育指导员"和首届"社会体育指导员之星"颁奖晚会分别于17日和19日在南京市龙江体育馆举行。我国自1995年颁布并实施《社会体育指导员技术等级制度》以来，在全国范围内举办社会体育指导员技能展示大会，评选群众喜爱的社会体育指导员，在我国还是第一次，"两个第一"都充分显示出国家对社会体育指导员的重视和肯定。本次评选共有来自全国各地近500名选手参加了评选和展示活动。最后，共评选出了10名"社会体育指导员之星"、4名"社会体育指导员之星"提名奖、43名"社会体育指导员之星"入围奖，并从我国45万名的社会体育指导员队伍中选拔出了980名"群众喜爱的社会体育指导员"。

2009年举办了全国首届社会体育指导员论文报告会。2011年开展了全国优秀社会体育指导员的评选活动。2012年，开展了全国性的评选表彰活动，决定授予李东辉等千名同志为"2010～2011年度全国优秀社会体育指导员"称号，并通报表彰。

根据中央改革表彰活动的精神，对社会体育指导员表彰被纳入群众体育先进的综合表彰，在2013年第十二届全运会期间进行了全国群众体育先进表彰，有184名社会体育指导员受到表彰。

2. 地方的社会体育指导员表彰活动

很多省份也建立了社会体育指导员评估和奖励制度。有22个省份在近年间均进行过各种形式的社会体育指导员表彰奖励。表彰奖励的主体有的是省体育局，有的是全民健身综合协调机构或是省政府，分别授予"群众最喜爱社会体育指导员""社会体育指导员之星""十佳社会体育指导员""优秀社会体育指导员"等各种称号。很多省份将对社会体育指导员的专项表彰和综合表彰相结合，将表彰奖励与基层体育健身活动组织的评比表彰联系在一起，而且较为普遍地对社会体育指导员的物质资助采取以奖代补的方式进行。

2010年，江苏省开展了群众喜爱的社会体育指导员评选活动。

上海市社会体育指导员协会每两年分别开展评选"先进社区指导站"和"优秀社会体育指导员"评选活动。2011年开展的"争优秀、创十佳"优秀社会体育指导员评选活动采取社会推荐的形式，扩大了市民的参与面，提高了社会知晓度，使社会体育指导员成为社会公众人物，提升了社会体育指导员的社会地位。对获得表彰奖励的社会体育指导员，通过新闻媒体宣传报道等形式大力弘扬他们的奉献精神，并通过安排外出学习、考察活动，开拓了指导员的视野，增长了他们的见识。

2011年，北京市丰台区开展了全民健身之星系列评选活动，对10个全民健身明星社区、2个行政村、7个全民健身明星辅导站（点）、8个全民健身明星工程、8个全民健身明星家庭、7名全民健身明星老人、4名全民健身明星社会体育指导员进行了表彰。2013年，江苏常州市武进区进行了"市民最喜爱的社会体育指导员"评选活动，共评选出10名"市民最喜爱的社会体育指导员"。

目前，安徽省有近5万名社会体育指导员。2013年，安徽省对1000名群众最喜爱的社会体育指导员、100名优秀社会体育指导员、10名最佳社会体育指导员进行了表彰。安徽省的"千百十"社会体育指导员评选表彰活动具有严格的参选和评选条件。对于参加评选的社会体育指导员，要符合下面的条件：一是具有强烈的事业心和高度的责任感，以实际行动，积极贯彻实施《安徽省全民健身实施计划（2011～2015年）》；二是全省三级以上完成注册登记的社会体育指导员（以网络管理系统为准）；三是积极参加省、市、县（区）组织的全民健身自愿服务等义务公益活动，全年不少于150天；四是组织或参与各级大型群众体育活动每年不少于3次；五是长期坚持在晨晚练点直接指导群众科学健身有2年以上指导经历，指导健身站点人数不少于50人。整个评选分为三个阶段。第一阶段：各市（省直管县）体育部门按照所分配名额，认真组织评选，评选出符合条件的1000名"群众最喜爱的社会体育指导员"；第二阶段：各省辖市（省直管县）体育部门组织推荐评优，从1000名"群众最喜爱的社会体育指导员"中评选出100名"优秀社会体育指导员"；第三阶段：安徽省全民健身工作委员会组织专家评审，从100名"优秀社会体育指导员"中评选出20名"最佳社会体育指导员"候选人并进行公示，经过各市推荐和专家评审、媒体、网络投票后，最终评选出10名"最佳社会体育指导员"。

2014年，淄博市开展了"最美社会体育指导员"和"星级全民健身活动站点"的评选活动。

在日照市社会体育指导员星级评选动员大会上，市体育局、市文明办、市总工会、团市委、市妇联、市老龄办决定，自2014年开始，每年在全市开展星级社会体育指导员和星级全民健身活动站点评选活动，年底进行表彰奖励。

（二）发布社会体育指导员标识突出了指导员的公益形象

2006年，我国开始启用了公益性社会体育指导员新等级证书、徽标并配备工作服装。2010年4月26日，国家体育总局发布了社会体育指导员标识（见图13）。标识的发布，是国家体育总局贯彻实施《全民健身条例》，推动全民健身事业持续、健康、快速发展的具体措施。标识的发布将有利于进一步扩大社会体育指导员在我国的影响，提高社会体育指导员的社会认知度，对于推动我国社会体育指导员工作迈向新阶段、实现新发展具有重要意义。

在标识的主色调中，红色代表社会体育指导员的热心和激情，寓意着无私奉献社会，热情服务大众；绿色代表着自然、健康、环

图 13 社会体育指导员标识

保、象征着全民健身运动给人民群众带来的健康和快乐；蓝色代表蓝天，寓意社会体育指导员和广大群众在一片蓝天下，广泛开展全民健身运动。"三个运动的人"组合连接在一起，体现着社会体育指导员奉献、服务、健康、快乐的宗旨。

（三）《社会体育指导员》杂志成为社会体育指导员专属宣传平台

由中华全国体育总会主办的《新体育》于 1950 年 7 月创刊，是中华人民共和国体育运动委员会领导的全国性综合体育杂志。从 2007 年 1 月开始，国家体育总局在《新体育》杂志中编发《社会体育指导员》双月专刊，全年 6 期。到 2014 年，该杂志发行量达到 14000 册。目前，该杂志是由国家体育总局群体司倡导，中国体育彩票公益金支持，国家体育总局主管，中国体育报业总社主办的一本全国发行的专业群众体育杂志。杂志以广大社会体育指导员为对象，以传播健康健身观念、解读有关群众体育和全面健身方针政策、广泛交流大众健身经验为己任，积极参与以社区为主体、以社会体育指导员为骨干的全民健身网络构建工程。

《社会体育指导员》杂志在国内拥有体育系统、大专院校、公共健康等机构的定向团体订户，并向大众用户在全国发行。目前，绝大部分省份都订购了《社会体育指导员》杂志，部分省已将订购的《社会体育指导员》杂志配发到各级社会体育指导员协会或基层体育组织。2014年，江苏省普遍为活跃在指导一线的社会体育指导员配发了《社会体育指导员》杂志。《社会体育指导员》杂志的发行对扩大社会体育指导员影响，宣传社会体育指导员工作起到了很好的推动作用。

（四）多种媒体广泛宣传报道指导员的工作与事迹

各级体育部门都很重视对社会体育指导员的舆论宣传工作，充分运用体育系统的门户网站等网络系统和广播电视、报纸杂志以及微博、微信等各种媒体进行社会体育指导员工作和事迹的传播报道。

2013年，国家体育总局社会体育指导中心与中央电视台共同策划推出了《指导员的健康梦》专题片，国家体育总局局长刘鹏亲自做客该电视栏目进行宣讲。在一些网络载有社会体育指导员宣传内容和体育管理在线网站设立社会体育指导员专栏的基础上，中国社会体育指导员协会的官方网站于2013年正式开通，进一步促进了社会体育指导员工作信息的广泛传播。2014，在香港马会的资助下，国家体育总局社会体育指导中心、中国社会体育指导员协会在西部12个省份开展了"社会体育指导员公益服务西部行活动"，并通过各种媒体进行了广泛的宣传。《中国体育报》还在2014年设立"最美社会体育指导员"栏目，对各省份的优秀社会体育指导员的典型事迹进行报道。

各省份在积极利用国家级各种媒体做好本地社会体育指导员工作宣传的同时，重点通过本地电视、报刊、网络等设立社会体育指导员专栏，发布社会体育指导员指导服务与活动站点的各种信息。例如，湖南省与《湖南日报》等媒体合作，在全省14个市（州）开展了"体育惠民生健身在身边"系列采访报道，对省内社会体育指导员亮点做法、突出人员和典型事迹进行"小站点，大民生"重点宣传和报道。上海市在2011年的《中国体育报》登载该市优秀社会体育指导员事迹；2012年在《解放日报》发表系列文章，登载了10名优秀社会体育指导员的生动事迹；2013～2014年在《东方体育日报》（体育生活）双周刊，每期整版登载1位基层社会体育指导员的事例。江苏省与《中国体育报》《扬子晚报》《扬子体育报》签订合作协议，每年安排专门经费用于群众体育宣传，其中大量篇幅用于宣传社会体育指导员的公益服务。此外，常州、南京等市也自行与《中国体育报》《新华日报》等省级以上新闻媒体积极合作，加大宣传力度。天津市与《渤海早报》等媒体合作，对优秀社会体育指导员进行跟踪专题报道达到200多人次。同时积极推荐社会体育指导员参加《中国体育报》"最美社会体育指导员"专栏及《社会体育指导员》杂志的采访工作；并与天津电视台连续两年合作推出了"晨光起舞"群众体育展示系列节目，对100多支活跃于民间的健身队伍及一些民间绝活进行了展演。广东省近几年通过《中国体育报》《南方日报》《羊城晚报》等媒体，大篇幅、高质量地连续宣传报道社会体育指导员的先进事迹；在开展全民健身志愿服务期间，组织驻穗中央媒体和广东电视台对全民健身志愿服务活动进行跟踪报道。吉林省体育局于2014年开通了吉林省全民健身网，设立了"指导员"专栏。同时利用交通台、电视台、《吉林日报》、党报等多种媒体开展对科学健身指导的宣传。2014年上半年，省体育局启动了媒体走基层活动，对全民健身工作和吉林省优秀社会体育指导员的先进事迹和体育达人进行宣传推广。江西省多次联系《中国体育报》《江西日报》《信息日报》《江南都市报》以及江西卫视、江西二套和六套、大江网、今视网等主流媒体对社会体育指导员进行跟踪报道，并利用宣传栏、背景板等多种形式进行宣传；还推荐省内优秀社会体育指导员在中央电视台5套以及《中国体育报》《社会体育指导员》杂志等国家级媒体上进行宣传。广西壮族自治区经常通过文件、会议、组织活动以及新闻媒体等多种渠道，对社会体育指导员工作的重要性进行广泛的宣传。青海省西宁市通过西宁电视台《文化先锋》频道开设的体育健身专题"一起动起来"广泛推介宣传社会体育指导员工作。内蒙古体育局门户网站设置了"社会体育指导员风采"栏目，介绍指导员的志愿服务活动；与内蒙古电视台、电台以及《内蒙古日报》《北方新报》联袂刊播"社会体育指导员风采"专题节目；并及时将优秀指导员的事迹及指导员工作开展情况报送《中国体育报》《社会体育指导员》杂志。西藏自治区的每一次社会体育指导员活动或者下基层志愿服务都形成简讯在《西藏体育》杂志——刊登或者联系新闻记者及电视台等新闻媒体做好宣传工作。

部分省份通过将优秀社会体育指导员事迹刻制光盘和编入读物向社会体育指导员和社会发放,并通过各种社会性的社会体育指导员评比活动和展示表演活动的方式,加大对社会体育指导员的宣传力度,扩大社会影响。这些宣传手段都极大地拓展了社会体育指导员的社会知名度和影响力,形成了有利于社会体育指导员队伍发展的舆论导向,在社会体育指导员队伍中激发了他们强烈的荣誉感。

B.4
社会体育指导员工作存在的主要问题

社会体育指导员工作虽然取得了巨大成绩，但受限于我国经济社会发展水平、社会事业管理体制机制以及志愿服务文化的薄弱，指导员作用与社会现实需求之间还有一定的差距，社会体育指导员工作中还存在亟待解决的问题。

一 对社会体育指导员工作的认识不充分，工作力度不够

（一）对社会体育指导员性质认识不清，对其多元化作用认识不够充分

社会体育指导员队伍是我国全民健身志愿服务体系的核心力量和全民健身公共服务体系的重要组成部分，是我国全民健身工作宝贵的人力资源。社会体育指导员工作在加快构建基本公共服务体系、提高全民身心健康水平和健康素养、促进民主和谐的社会建设等方面都具有重要作用。目前，大部分省份的体育部门和人员对社会体育指导员工作的认识和重视还没有达到应有的高度，未能形成清晰的工作思路和主动推进工作的态度。在一些省份中，重培训审批数量、轻使用管理服务的现象比较普遍，有效推进社会体育指导员工作的制度和机制还不健全。此外，社会体育指导员工作在体育

系统和社会上的宣传都较为有限，社会缺乏对体育指导员工作的广泛了解和充分认可。

（二）对社会体育指导员工作重视不足，工作不深入、不细致

社会体育指导员工作是全民健身公共服务体系中的一项重要内容，但大部分地区对社会体育指导员工作的相关政策法规的认识、理解不够，重视程度不到位。例如，2011年《社会体育指导员管理办法》颁行之后，有的省份一直没有据此进行部署，缺乏针对性的工作要求和指导。

在成立社会体育指导员协会方面，虽然绝大部分地区成立了省级社会体育指导员协会，但协会发挥的作用往往有限，而且地方上对成立的地市级和县级社会体育指导员协会的重视不足，地方社会体育指导员的组织工作网络亟须完善。目前共有5个省份没有成立地市级社会体育指导员协会，17个省份的地市级社会体育指导员协会数量少于10个（见图1）；有10个省份没有成立县级社会体育指导员协会，9个省份的县级社会体育指导员协会数量少于或等于20个（见图2）。

产生这种现象的客观原因，一是部分省份由于体育部门的分管人员调动频繁，不能形成有效的工作衔接，不利于社会体育指导员的工作持续发展；二是部分省份由于工作人员数量有限，而社会力量调动不足，体育部门存在对社会体育指导员基本情况和日常工作了解不多，重视不够，工作不深入、不细致等问题。同时，各级体育部门和有关组织在深入开展社会体育指导员工作调查研究、问题探讨和理论建设方面也做得不够。

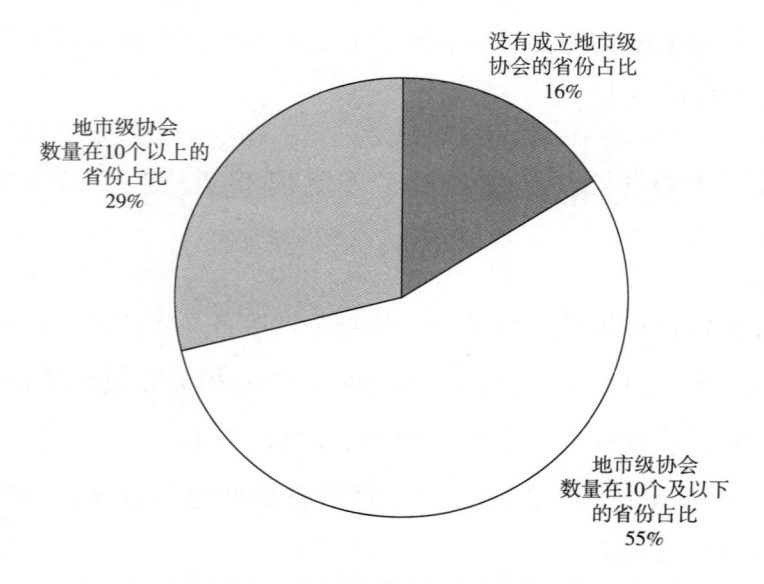

图 1　各省份地市级社会体育指导员协会占比情况

数据来源：2014年底各省份自评报告。

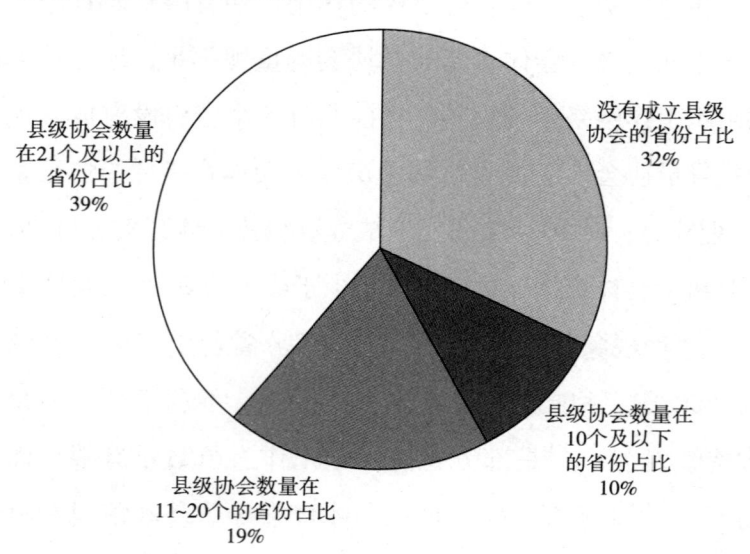

图 2　各省份县级社会体育指导员协会占比情况

数据来源：2014年底各省份自评报告。

二 社会体育指导员工作中行政化运行模式占主导，管理方式粗放

（一）社会体育指导员自我服务、自我管理的自治管理体系尚未建立

虽然绝大部分省份成立了各级社会体育指导员协会，但社会体育指导员工作的管办分离机制尚未落实。长期以来，从社会体育指导员的培训、审批、发证到交流展示、表彰奖励和上岗开展服务都由体育部门负责，带有较浓的行政色彩。近年来，虽然政府将部分具体工作交给了有关单位承担，但依然没有实现社会体育指导员工作由微观管理向宏观管理、由直接管理向间接管理的转变，社会体育指导员工作的社会化程度较低，其自我服务、自我管理的模式还没有建立。例如，在协会成员的组成上，根据《中国社会体育指导员协会章程》的规定，社会体育指导员协会是社会体育指导员的自律性组织，应以社会体育指导员作为主体。但实际上，在各级社会体育指导员协会组织中，能够长期坚持在基层开展健身指导和服务的社会体育指导员所占比例并不多。社会体育指导员来自基层社会，直接服务于全民健身，从事的是一项公益事业，仅靠政府部门的行政管理模式，无法满足指导员事业的快速发展和群众日益增长的健身需求。

（二）社会体育指导员协会作用未得到充分发挥

近年来，各地社会体育指导员协会的总数量在迅速增长，但与

省级社会体育指导员协会近80%的覆盖率相比，地市级和县（区）级社会体育指导员协会建立得不够普遍。截至2014年10月底，我国共有地市级单位333个、县级单位2854个，而全国共建有地市级社会体育指导员协会199个、县级社会体育指导员协会548个，分别占地市级单位的59.8%和县级单位的19.2%。没有完成《社会体育指导员发展规划（2011~2015年）》中确定的"各省（区、市）普遍成立社会体育指导员协会，70%以上的地市和50%以上的县（区）成立社会体育指导员协会"的目标任务，协会的基层组织网络体系尚未形成。而且，许多已经成立的社会体育指导员协会不能独立开展工作，导致社会体育指导员协会的作用发挥较少或尚未发挥。人群、行业和项目体育协会以及有关体育社会组织对社会体育指导员工作的参与也非常有限。

从最近几年的调研成果看，上海、江苏等少数省份做得比较好，真正使协会有人、有办公地点、有资金支持，协会秘书处发挥了作用，但大部分省份还把协会当成政府体育部门的附属机构，没有放权，协会秘书处既无人，也无权；既没有办公地点，也没有经费支持。而体育主管部门由于政务繁忙，也顾不上协会的工作，久而久之，协会就成了摆设，严重影响了社会体育指导员参与协会工作的积极性和工作热情。这种以政代社、政事不分的状况不利于社会体育指导员事业发展，急需改变。

各地的社会体育指导员工作由群体处主管，并且大都将社会体育指导员的培训、审批、发证、注册、上岗服务、展示交流等具体工作交由有关单位承担，初步建立了社会体育指导员工作管办分离的工作机制。这些单位有的是体育局下属的事业单位，如社体中心、体育总会、体科所等；有的是挂靠在体育局的社会组织，如社会体育指导员协会、老年体协等；有的是与体育局无隶属关系的高校合作，如指导员培训基地等。这些单位的参与在一定程度上分担了体育行政部门指导员工作的重担，有利于各部门协同合作，更好地为指导员开展工作服务。但有一些地区没有明确群体机构与这些单位的责任分工，没有建立顺畅的工作协调机制，把社会体育指导员工作简单地交给这些单位去办，而这些单位有的不具备相应管理职能，有的人员不足、工作能力有限，有的是仓促接手，造成了在指导员管理工作中的一些混乱，导致指导员工作开展不力。

（三）社会体育指导员的专业化管理体系有待完善

虽然国家和地方体育部门及社会体育指导员协会一直在逐步完善社会体育指导员工作的专业化管理体系，但社会体育指导员的招募、遴选、培训、任用、留用、评价激励等环节的精细化管理机制尚未建立，体育项目协会等专业社会组织的作用发挥有限。社会体育指导员招募渠道有待拓展，公园、社区等体育健身场所中尚有大量志愿且积极参加健身指导工作的人员没有被纳入社会体育指导员队伍；现阶段，我国社会体育指导员的培训没有针对人群类型、项目类型进行划分，培训课程偏重理论知识，缺乏技术技能方面的再培训，从而导致培训的针对性和实效性不足；对社会体育指导员工作的有效评价机制尚未建立起来。

（四）社会体育指导员的管理有待进一步细化

各级体育部门一直在探索和推进社会体育指导员工作的系统

化、人性化管理机制，但部分省份的社会体育指导员注册管理工作还没有真正落到实处，社会体育指导员信息管理系统尚有很大的完善空间。此外，部分省份对社会体育指导员的日常管理工作还有待加强。行政部门在与社会体育指导员的日常联系、倾听他们的声音与需求方面的工作做得还不到位；在对社会体育指导员的日常工作、定期注册、迁移、奖惩等事务的制度化指导与管理方面的作用发挥得还不理想。实践中，很多社会体育指导员从未接触过群众体育管理部门，大部分社会体育指导员认为社会体育指导员工作没人管、有困难没人帮、有问题也不知道找谁解决，普遍缺乏归属感，处于一种自发、封闭、盲目的体育指导工作状态。

三　社会体育指导员培训工作的针对性和实效性不强

（一）社会体育指导员技能培训不能满足不同群体的体育健身需求

目前各省份社会体育指导员的技能培训普遍以健身气功、太极拳、健身秧歌等培训项目为主，小众化健身项目未能受到重视，导致社会体育指导员掌握的专业技能针对性不强，不能满足不同群体的多样化健身需求（见表1）。此外，少数民族地区各民族间在文化、生活习惯、经济发展程度和信息更新速度方面存在较大差异，导致从事健身指导服务的基层社会体育指导员的健身技能更新及推广速度较慢，难以适应各民族群众日益增长的健身需求。例如，新疆地区，南北疆文化差异较大、民族成分多，社会体育指导员的技能培训无法满足南北疆地区不同民族群众的健身需求。

表1　社会体育指导员参与的技能培训项目类别情况

单位：%

项目	占比	项目	占比	项目	占比	项目	占比
太极拳	13	田径	5	体育舞蹈	2	门球	1
篮球	10	羽毛球	4	健美操	2	游泳	1
健身操	9	健身气功	4	健身舞蹈	2	其他	18
健身舞	6	健身秧歌	3	足球	2		
健身操舞	6	武术	3	排球	1		
乒乓球	5	广播体操	2	柔力球	1		

数据来源：国家体育总局2014年底公布批准的统计数据。

（二）部分社会体育指导员培训的实效性不足

虽然一些省份在不断完善社会体育指导员培训教材、培训形式、培训内容等，但在社会体育指导员培训方面尚存在以下的不足。

第一，目前各省级地区对社会体育指导员的组织培训较为重视，经常性地举办各种培训和继续教育活动，但基层地区对二、三级社会体育指导员的培训力度还不够，急需加强对基层社会体育指导员的综合素质培养，为高一级的社会体育指导员输送后备力量。

第二，部分省份存在体育行政部门直接组织培训，部分地区以项目体育协会组织的专项技能培训代替晋升等级的公共培训，且存在着忽视培训大纲要求，一些地区的培训工作针对性和实效性不强,甚至培训考核流于形式等现象,难以有效发挥培训对全面提高社会体育指导员素质的作用。

第三,对社会体育指导员工作发展中涌现出的各种新方式、新经验总结推广不够,对社会体育指导员工作存在的各种矛盾问题缺乏及时研究应对。学习期间需要加强对社会体育指导员工作规律和经验特色的研究探索,增强工作的主动性和科学性。

第四,研究时间安排较紧,学员们因为年龄差异、文化水平差异、体育专业及素质水平等差异,部分学员对一些理论学习的内容理解不够透彻,对专业知识和技能的掌握还有较大的欠缺。

第五,理论学习与体育实践指导之间的结合需要进一步加强。参加培训的学员对指导大众的体育锻炼有着很高的期待,培训教学在一些内容和环节的安排上还不能满足指导员开展实地工作的需要。

(三)地方社会体育指导员培训基地不能满足要求

按照《社会体育指导员管理办法》关于培训工作"由社会体育指导员培训基地承担"、培训基地"在体育教育机构中批准设立"和《社会体育指导员发展规划(2011~2015年)》关于"市、县普遍建立培训基地"的要求,现实工作中的实际情况与文件要求还存在着较大差距。部分省份的社会体育指导员培训基地建立较少,二、三级培训基地建设在一些地方还存在空白。目前,共有2个省没有成立一级社会体育指导员培训基地,在已成立的省中共有16个省的一级社会体育指导员培训基地数量少于或等于5个;有4个省没有成立二级社会体育指导员培训基地,在已成立的省中有8个省的二级社会体育指导员培训基地数量少于或等于 10 个；有 10 个省没有成立三级社会体育指导员培训基地，在已成立的省中有 7 个省的三级社会体育指导员培训基地数量少于或等于 50 个（见图 3~图 5）。

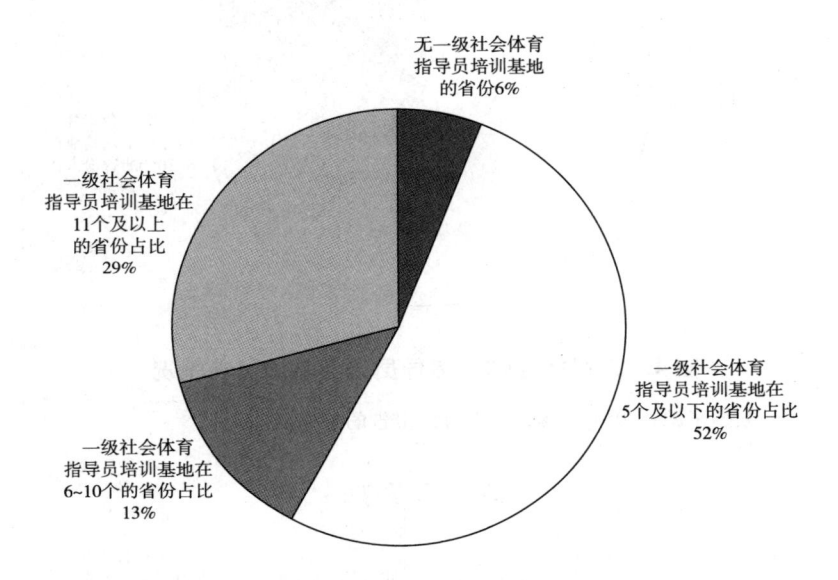

图 3　一级社会体育指导员培训基地分布情况

数据来源：2014 年底各省份自评报告的数据。

有很多地方对社会体育指导员的培训工作都是由学校承担的，一些学校由于校舍紧张，使这类的培训基地不具备在假期以外的时点为学员提供在校内住宿的条件。为保证教学效果，安排非假期时点的培训时需要在学校附近的旅店解决住宿，从而给学员带来一些生活上的不便，并增加了相关费用的支出和学员的管理难度。

（四）社会体育指导员继续培训尚未普遍开展

社会体育指导员的交流、学习、继续培训工作由于资金不足或

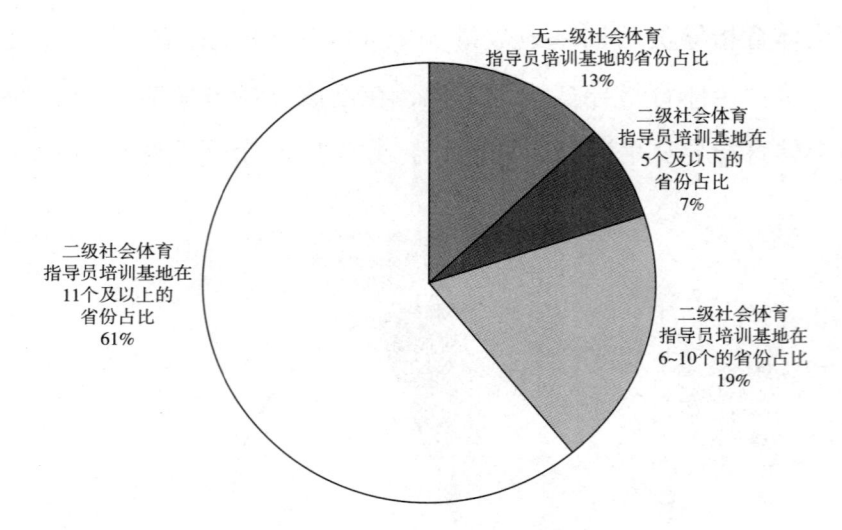

图4　二级社会体育指导员培训基地分布情况

数据来源：2014年底各省份自评报告的数据。

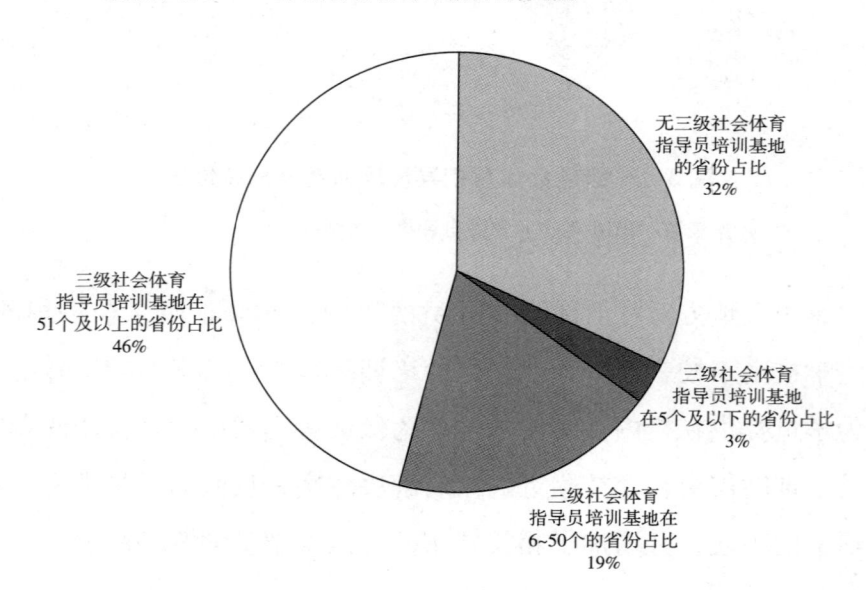

图5　三级社会体育指导员培训基地分布情况

数据来源：2014年底各省份自评报告的数据。

重视不够，社会体育指导员的继续培训工作仍未得到普遍和持续地开展。近年来虽然未开展继续培训省份数量在逐年递减，但递减幅度不大，如2011~2014年有一些省份一直没有举办继续交流培训。其中2011年有12个省份没有举办继续交流培训，2012年有11个省份没有举办继续交流培训，2013年有8个省份没有举办继续交流培训，2014年有7个省份没有举办继续交流培训（见图6）。此外，在已开展过继续培训的省份中，存在部分省份只开展过1期继续培训班，或接受继续培训的总人数少于500人的情况，如2011年有5个省份只举办过1次继续培训班，12个省份接受继续培训的总人数少于500人；2012年有6个省份只举办过1次继续培训班，13个省份接受继续培训的总人数少于500人；2013年有6个省份只举办过1次继续培训班，11个省份接受继续培训的总人数少于500人；2014年有6个省份只举办过1次继续培训班，12个省份接受继续培训的总人数少于500人。

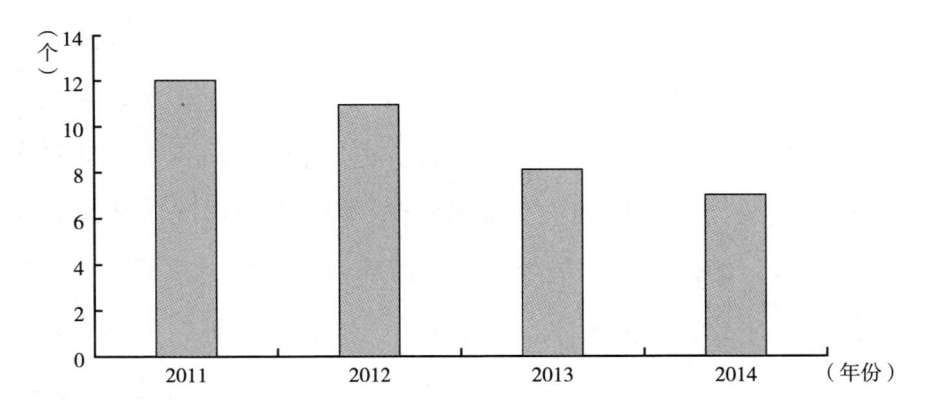

图6　2011~2014年没有举办省级继续培训班的数量

数据来源：2014年底各省市自评报告的数据。

四 社会体育指导员工作保障体系和激励机制不够完善

（一）健身场地不足成为制约社会体育指导员开展服务的重要因素

健身场地是大众进行体育锻炼的核心场所，是社会体育指导员开展志愿指导工作的场地依托，但在调查走访中场地不足成为制约社会体育指导员和健身团队开展活动的重要因素。第六次全国体育场地普查数据也显示出我国存在部分地区人均体育场地面积不足和特定类型体育场地不足的情况，截至2013年12月31日，全国共有体育场地169.46万个，用地面积39.82亿平方米，建筑面积2.59亿平方米，场地面积19.92亿平方米。其中，室内体育场地16.91万个，场地面积0.62亿平方米；室外体育场地152.55万个，场地面积19.30亿平方米。以2013年末全国总人口13.61亿人计算，平均每万人拥有体育场地12.45个，人均体育场地面积1.46平方米。在有限的人均体育场地面积下，体育场地还存在地域分布与场地类型数量分布不均衡的状况。从总体来看，东北地区的体育场地最少，中、西部地区数量大致相当，东部最多。具体来看，在全国体育场地中，分布在东部地区的体育场地有71.10万个，占全国比重的43.29%；场地面积9.38亿平方米，占全国比重的48.13%。分布在中部地区的体育场地为40.39万个，占全国比重的24.59%；场地面积4.18亿平方米，占全国比重的

21.46%。分布在西部地区的体育场地有42.63万个，占全国比重的25.96%；场地面积4.28亿平方米，占全国比重的21.96%。分布在东北地区的体育场地有10.12万个，占全国比重的6.16%；场地面积1.65亿平方米，占全国比重的8.48%（见图7和图8）。在主要体育场地类型中，数量排名靠前的体育场地分别是篮球场、全民健身路径、乒乓球场、小运动场和乒乓球房（馆），共计124.80万个，占比为75.99%。而其他类型体育场地数量明显较少。[①] 这些都成为制约社会体育指导员开展服务和开展专项指导服务的重要因素。

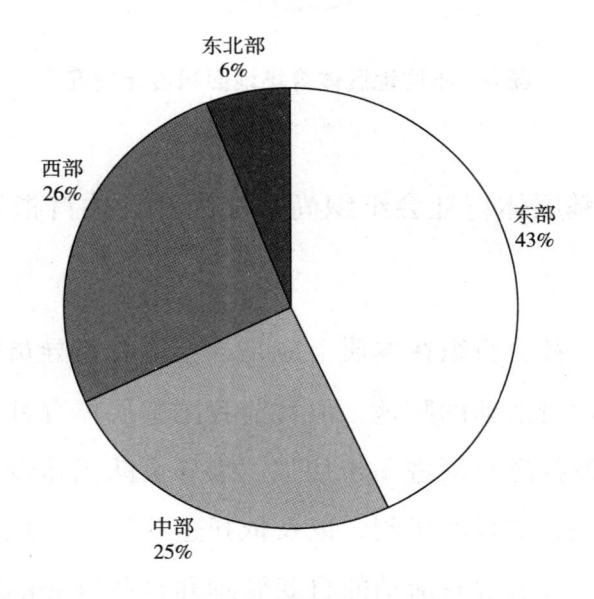

图7 不同地区体育场地数量占比情况

---

① 《第六次全国体育场地普查数据公报》，http：//read.sportpaper.cn/zgtyb/html/2014 - 12/26/content_ 320724.htm。

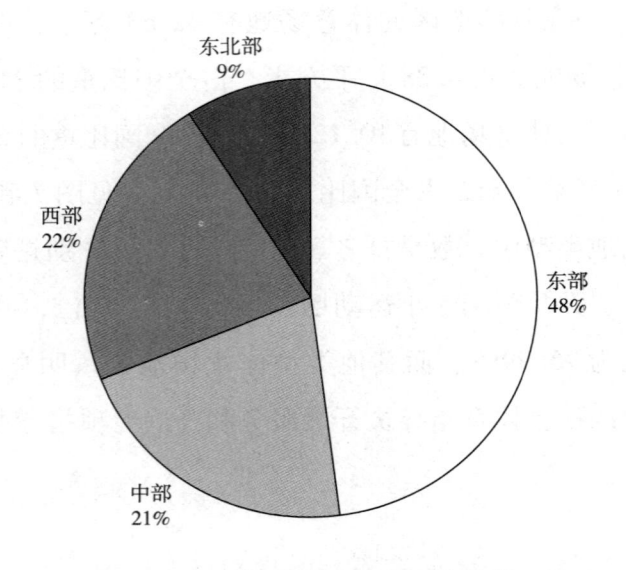

图 8　不同地区体育场地面积占比情况

（二）基层体育社会组织尚未成为社会体育指导员开展工作的依托

基层体育社会组织在本质上应是社会体育指导员带领广大群众广泛开展健身活动的阵地，但目前我国基层体育社会组织的建设和作用的发挥还亟须进一步加强。指导员队伍建设与基层体育社会组织发展相结合的机制，以及依托这些组织实现社会体育指导员指导群众开展健身活动的自我管理和自我服务的模式还亟须探索。

此外，目前人群、行业和体育项目协会等社会组织对社会体育指导员工作的参与还不充分，如何调动这些社会组织的积极性，在社会体育指导员招募、培训、任用、服务、管理和激励等方面发挥作用还亟须完善。一些地区的社会体育指导员协会并没有实际承担组织开展社会体育指导员培训、经验交流、活动支持、优秀社会体育指导员宣传奖励等职能，社会体育指导员协会"实体化"进程亟须推进。

（三）社会体育指导员工作经费和物质保障不足

为社会体育指导员提供必要的经费和物质支持，是社会体育指导员事业持续健康发展的必要前提。虽然社会体育指导员秉承的宗旨是"奉献、服务、健康、快乐"，其工作性质是公益性的、无偿的，但与获得政府和社会各界的资金资助和物质支持、适当收取活动补贴费用并不矛盾。

国家体育总局本级体育彩票公益金用于社会体育指导员培训管理、全民健身志愿服务工作的经费虽然连年增长，但近年来投入最多的2014年也只占到体育彩票公益金用于群众体育工作经费的3.58%（7140万元/199363.6万元），[①] 低于《社会体育指导员发展规划（2011~2015年）》中明确的"国家体育总局每年用于全民健身工作的体育彩票公益金中，安排不低于10%的资金作为社会体育指导员工作经费"的规定。

各省份体育行政部门，虽然近年来在社会体育指导员工作经费投入保障上有了较大增长，但由于前几年的缺口大，一个上亿人口、几千万人口的省份，几十万元、上百万元的资金支持，显然是

[①] 国家体育总局：《2014年度本级体育彩票公益金使用情况公告》，《国家体育总局公告，第24号》。

捉襟见肘、杯水车薪，难以适应和满足全民健身事业和社会体育指导员工作的需要。还有一些地区受到地方财政影响，社会体育指导员工作经费纳入本地财政预算情况不理想。至今为止，大部分省份还没有自行为社会体育指导员配发过装备、发放过必要的上岗津贴和补贴。部分开展物质支持的省份，主要通过"以奖代补"的形式，作为表彰奖励，为优秀社会体育指导员或为健身站点负责人配发服装或音响设备。

从2011~2014年各省份专项社会体育指导员经费的投入情况来看，存在个别省份缺乏对社会体育指导员工作经费和物质保障的支持。具体来看，在30个提供数据的省份中（缺青海），2011~2013年每年都有12个省份投入的专项经费少于50万元及以下，2014年有10个省份投入的专项经费少于50万元及以下。经费的缺乏造成一些省份举办社会体育指导员培训班和群众体育活动存在困难。

为社会体育指导员购买保险的保障措施还没有形成机制，委派上岗也没有得到实质性的突破，社会体育指导员协会运行的基本条件，如办公地点、工作人员、经费等在大多数地区难以保障。

（四）社会体育指导员的评价、激励机制不适应需要

对社会体育指导员工作的客观、公正评价以及适当的激励，能够调动广大社会体育指导员的积极性和工作热情，激发队伍的活力。在国家层次的表彰政策方面，虽然1993年原国家体委发布的《社会体育指导员技术等级制度》中规定："对工作努力、成绩突出的社会体育指导员，体育行政部门应予以表彰、奖励或破格晋级。对从事社会体育指导工作20年（女子15年），为社会体育事

业做出突出贡献的，经省、自治区、直辖市体育行政部门推荐，国家体委批准，授予荣誉社会体育指导员称号，并颁发荣誉奖章。荣誉奖章由国家体委制作。"2005年国家体育总局发出的《关于进一步加强社会体育指导员工作的意见》中首次提出要"不断完善激励机制……各级体育行政部门应切实解决社会体育指导员工作中存在的各种现实问题……有条件的地方和单位，对公益社会体育指导员的有关工作可给予适当补贴"。2010年国家体育总局制定了《全国优秀社会体育指导员评选表彰办法》，以及在我国社会体育指导员协会举办的"全国最喜爱的社会体育指导员评选活动"和"社会体育指导员之星评选活动"的引领下，部分省份的各级体育部门和社会体育指导员协会建立了相应的表彰制度。但是现有的有关社会体育指导员的国家层面和地方层面的激励政策普遍侧重精神激励，而物质激励缺乏。其中涉及物质奖励的政策，其规范性又比较空泛，缺乏可操作性。

此外，在地方层次的实际工作中，主要采取的措施是对社会体育指导员参与重要健身展示活动给予补贴和对少数工作业绩突出的优秀社会体育指导员进行宣传报道，并没有形成有效的社会体育指导员工作评价和激励机制。

五 社会体育指导员队伍结构不完善，整体素质还需进一步提高

（一）社会体育指导员队伍在地区、城乡之间发展不平衡

虽然全国社会体育指导员队伍的总体规模迅速扩大，但在地区

结构、城乡结构及社会体育指导员等级结构方面还存在着不平衡。

截至2014年底,华北地区共有各级社会体育指导员近40万人,东北地区共有各级社会体育指导员15万多人,华东地区共有各级社会体育指导员近39万人,华中地区共有各级社会体育指导员33万多人,华南地区共有各级社会体育指导员24万多人,西南地区共有各级社会体育指导员近12万人,西北地区共有各级社会体育指导员10万多人。比较来看,7个区域中东北、西南、西北地区的指导员数量较少,发展最好的华北地区的各级社会体育指导员人数是东北地区各级社会体育指导员人数的2.7倍,是西南地区各级社会体育指导员人数的3.3倍,是西北地区各级社会体育指导员人数的4倍。

从各区域各等级社会体育指导员人数的分布情况来看,各区域在二级社会体育指导员人数上的差距不明显,但在国家级、一级和三级社会体育指导员人数的分布上差距较大。其中在国家级社会体育指导员人数分布上,发展最好的是华北地区,达到近3000人,分别是华南、西南和西北地区国家级社会体育指导员人数的3.4倍、4.3倍和4.1倍。在一级社会体育指导员的人数分布上,与国家级情况相似,同样是华北地区发展最好,达到近3万人,分别是华南、西南和西北地区一级社会体育指导员人数的2.7倍、2.8倍和3.6倍。在三级社会体育指导员人数分布上,发展最好的依然是华北地区,达到近30万人,分别是东北、西南和西北地区三级社会体育指导员人数的3.3倍、3.3倍和4.1倍(见图9)。此外,各省之间和部分省内地区之间的社会体育指导员队伍数量也差别较大。

社会体育指导员工作存在的主要问题

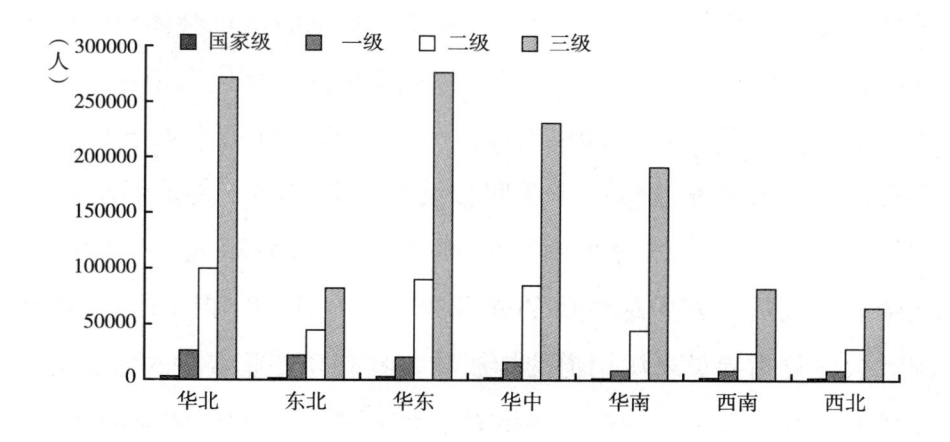

图9　各地区不同等级社会体育指导员数量的分布情况

数据来源：国家体育总局2014年底公布的统计数据。

此外，城乡社会体育指导员发展也不平衡。截至2014年底，我国城市地区共有各级社会体育指导员1616296人，而农村仅有126065人，总体相差10倍多。在一些地区内部社会体育指导员的发展也不平衡。例如，青海省由于省内各地区的经济发展水平不均衡，各地区社会体育指导员的发展呈现出不均衡态势。在全省注册的社会体育指导员总数中，省会城市西宁地区社会体育指导员总量占全省人口总量的71.5%，而青海省其他基层市（州）、县（区）、乡（镇）、行政村社会体育指导员数量及质量与各族群众日益增长的科学健身需求上尚有较大差距。

（二）社会体育指导员来源渠道单一，整体素质还需进一步提高

社会体育指导员来源渠道的多元化，是决定整体社会体育指导

员队伍质量高低的一个关键因素。但是，目前我国社会体育指导员存在着来源渠道较为单一，以及主来源渠道的社会体育指导员专业素质不高的问题。截至2014年底，我国共有174万名社会体育指导员，主要来源渠道包括非在职教练员（1.3%）、专职社会体育工作者（2.4%）、体育教师（5.5%）和业余兼职人员（82%），业余兼职人员为其中最主要的来源渠道（见图10和图11）。从我国社会体育指导员来源渠道的构成看，具有高专业素质的人员所占比例低，业余人员比例高，导致社会体育指导员的整体素质不高。如何拓展社会体育指导员队伍的来源渠道，吸引、动员具有体育专业素养的人员加入到社会体育指导员队伍中来，以满足百姓不断提

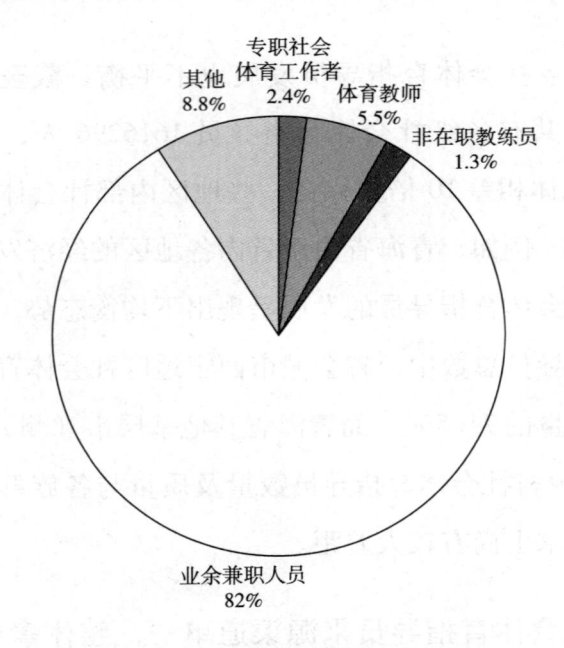

图10　社会体育指导员来源构成

数据来源：国家体育总局2014年底公布的统计数据。

升的科学健身需求，是社会体育指导员工作发展亟待解决的一个关键问题。

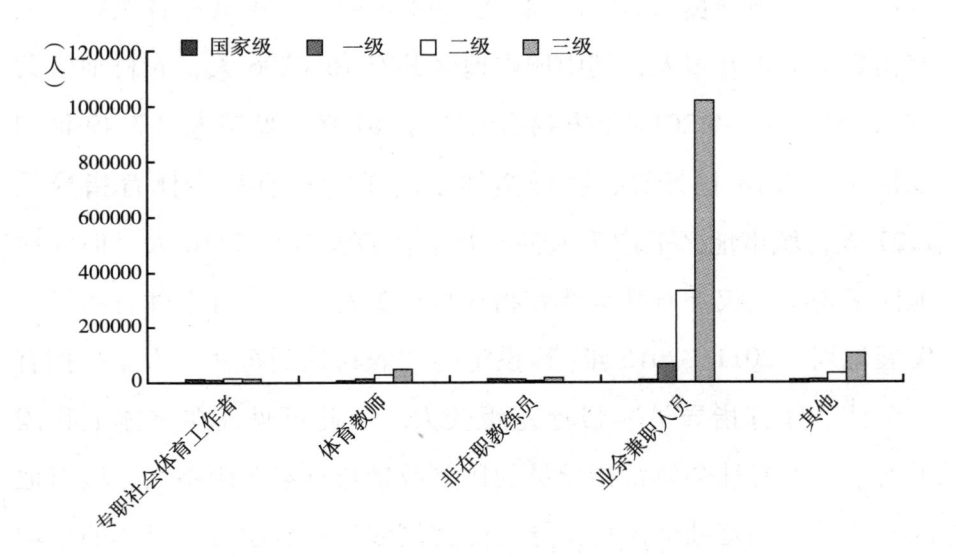

图11　各等级社会体育指导员来源构成

数据来源：国家体育总局2014年底公布的统计数据。

六　社会体育指导员服务率不高，作用发挥不充分

（一）社会体育指导员尤其在农村地区人口占比较低

近年来我国在整体上加大了培养各级社会体育指导员的力度，各级指导员的总人数呈现出快速增长态势，但是社会体育指导员的人口比例依然较低。

截至2014年10月，日本国家总人口数大约为1.27亿人，实际登记注册的各种社会体育指导员人数为162724人[①]，平均千人拥有社会体育指导员1.28人。截至2014年底，我国共有各级社会体育指导员174万多人，其中城市地区共有1616296人，农村地区共有126065人。按2014年末我国人口13.67亿、城镇人口7.49亿和乡村人口6.18亿计算，我国整体平均千人拥有社会体育指导员1.27人，城市地区平均千人拥有社会体育指导员2.16人，但农村地区平均千人仅拥有社会体育指导员0.2人，与《社会体育指导员发展规划（2011~2015年）》设定的"农村达到每两千人至少拥有一名社会体育指导员"目标差距较大。由此可见，在整体上我国平均千人拥有社会体育指导员的比例数量与日本差距不大，城市地区平均千人拥有社会体育指导员的比例数量甚至超过了日本的平均水平，但是由于我国具有和其他国家不甚相同的人口分布特点，即农村人口基数大，各地区人口密度差距显著，导致农村地区及部分省份内个别地区总体及各级社会体育指导员的人口比例依然较低，仍没有实现《社会体育指导员发展规划（2011~2015年）》中关于"城市达到每千人至少拥有1名社会体育指导员，农村达到每两千人至少拥有1名社会体育指导员"的目标任务。例如，青海省海东市共有160万人口，但只有几百位社会体育指导员，远远不能满足广大人民群众健身指导需求。西藏自治区仅有2000多名社会体育指导员，只占到总人口的0.07%左右。

[①] 数据来源于日本体育协会网站，http://www.japan-sports.or.jp/Portals/0/data/katsudousuishin/doc/20141001_tourokusha_pref.pdf。

（二）经常开展服务的社会体育指导员数量不足

过去有些省份培养的社会体育指导员不是来自群众健身指导的第一线，还有一些省份存在通过集中培训大学生来扩大社会体育指导员规模的做法，而一些热心健身指导服务的人员没有被纳入社会体育指导员队伍中来，导致一些省份形成社会体育指导员总量不少，但实际经常开展指导服务的社会体育指导员数量不足的问题。例如，从2012年底开始，江苏省对一线社会体育指导员统计，按照每月指导20小时以上的工作标准，组织各市成立调查队，深入各个晨晚练健身站点、乡（镇）文体站、单项协会、社区体育俱乐部等基层一线按人头进行普查，查明全省工作在一线的社会体育指导员共有61692名，按照江苏省当时的社会体育指导员总数216088人测算，上岗率仅为28.5%。截至2014年底，上海市社会体育指导员总注册数为44734名，其中只有14655名社会体育指导员活跃在社区体育健身团队中，占社会体育指导员总数的32.8%[1]。

（三）社会体育指导员工作重培训、轻使用的问题普遍存在

为系统了解我国国民参加体育锻炼的基本情况，国家体育总局分别于1997年、2001年、2007年进行了三次全国范围的群众体育状况调查，并在2015年启动了第四次调查。全国性群众体育状况调查比较完整、科学地掌握了全国城乡居民参加体育锻炼的基本情况，也反映出已培养的社会体育指导员队伍存在没有得到充分使用的问

---

[1] 《2014年上海市全民健身发展公告》，中国上海·网上政务大厅。

题。例如，1997年的全国调查显示6882个晨晚练点仅有社会体育指导员1170人，平均每个晨晚练点仅有0.17个社会体育指导员；将各种形式的社会体育指导员加在一起也只有4325人，平均每个活动点也只有0.63个社会体育指导员。2001年的全国调查显示，在调查的348个活动点中，有151个活动点有社会体育指导员，占43.4%；在有社会体育指导员的活动点中，有75.5%的活动点有1~2名社会体育指导员，24.5%的活动点有3名及以上社会体育指导员。2007年发布的《中国城乡居民参加体育锻炼现状调查公报》显示，2007年全国有25.8%，即3.4亿的20岁及以上城乡居民参加过体育锻炼，其中有33.3%的人接受过体育锻炼方面的指导；接受社会体育指导员指导的人数比例为4.8%，接受体育老师（教练员）指导的人数比例为15.3%，接受相关专业人员指导的人数比例为5.4%，接受其他人员指导的人数比例为5.1%，参照书刊锻炼的人数比例为2.7%。2014年发布的《全民健身活动状况调查公报》显示，2014年全国有29.3%，即4.1亿20岁及以上城乡居民参加过体育锻炼，比2007年增加0.7亿人，其中有48.0%的人接受过体育锻炼方面的指导，比2007年提高了14.7个百分点；接受社会体育指导员指导的人数比例为5.3%，接受"同事、朋友相互指导"的人数比例为32.3%，接受专业教练指导的人数比例为5.7%，参照书刊、视频等资料锻炼的人数比例为5.0%，接受其他受过相关专业训练的人的指导人数比例为4.7%。[1]

---

[1] 2001年的数据来源：体育总局：《中国群众体育现状调查结果报告》，http://news.xinhuanet.com/zhengfu/2002-12/10/content_655317.htm；《2007年中国城乡居民参加体育锻炼现状调查公报》，http://www.gov.cn/test/2012-04/19/content_2117453.htm；《2014年全民健身活动状况调查公报》，http://www.sport.gov.cn/n16/n1077/n1422/7300210.html。

总体上看，接受过社会体育指导员指导的人数比率还不高。

公益性社会体育指导员上岗率低除与地方体育部门的管理、工作部署等微观具体层面的因素有关，还与上层法律规章制度设计中缺乏操作层面的规定有关。公益性社会体育指导员上岗服务政策，如"义务从事社会体育指导工作（适当也可进行有偿服务）""社会体育指导员对社会体育活动进行指导""辖区内固定的体育活动场所和晨晚练点体育指导站须配备1名以上的社会体育指导员""配有专职体育干部，有一支稳定的社会体育指导员队伍""城乡社区各健身站（点）、各类健身场所、各种全民健身活动均有社会体育指导员，每名社会体育指导员每年开展体育健身指导服务时间平均达到80小时以上"等，一方面由于缺乏操作性的实现路径设计使政策的导向、控制、协调等功能难以发生作用，从而影响政策效果；另一方面社会体育指导员的政策规范主要集中在对等级划分、培训主体、培训方式、服务方式等方面的规定，而缺少对使用情况、服务开展效果的测评的相关要求的规定。

B.5
社会体育指导员工作面临的新要求

党的十八大提出全面建成小康社会的奋斗目标，党的十八届五中全会进一步强调要统筹推进经济建设、政治建设、文化建设、社会建设、生态文明建设和党的建设，确保如期全面建成小康社会，为实现两个百年奋斗目标、实现中华民族伟大复兴的中国梦奠定更加坚实的基础。体育事业作为我国社会建设的重要组成部分，在我国全面建成小康社会的进程中发挥着重要作用。当前，我国正在加快构建全民健身公共服务体系，积极推进体育事业治理体系和治理能力的现代化建设，努力由体育大国向体育强国迈进。社会体育指导员队伍是我国全民健身公共服务体系的重要组成部分和全民健身志愿服务体系的核心力量。国家发展的新形势和新任务对我国社会体育指导员工作也提出了新要求和新期待。

一 全面建成小康社会，构建多元化全民健身体系

（一）社会体育指导员在全面建成小康社会中的地位和作用

1. 人民身体健康是全面建成小康社会的要求

"小康社会"是邓小平同志在20世纪70年代末80年代初在规划中国经济社会发展蓝图时提出的战略构想。邓小平同志提出了我

国现代化建设的"三步走"战略：第一步是从1980年到1990年，实现国民生产总值翻一番，解决人民的温饱问题；第二步是从1991年到20世纪末，国民生产总值再翻一番，人民生活达到小康水平；第三步则是到21世纪中叶，再用50年左右的时间，使人均国民生产总值达到中等发达国家的水平，人民生活比较富裕，基本实现现代化。

在20世纪末我国已基本实现小康社会的情况下，2002年党的十六大报告明确提出了"全面建设小康社会"的奋斗目标，提出"要在本世纪头二十年，集中力量，全面建设惠及十几亿人口的更高水平的小康社会"，并从经济、政治、文化、社会以及生态等各个方面，对全面建设小康社会的目标做出了具体论述。其中，形成比较完善的全民健身体系和医疗卫生体系，明显提高全民族健康素质是我国全面建设小康社会的重要目标之一。

2007年，根据我国社会各领域改革和发展的新形势，党的十七大对全面建设小康社会提出了"新的更高要求"，其中强调了"转变发展方式、实现经济又好又快发展""扩大社会主义民主""加强文化建设""加快发展社会事业""建设生态文明"等内容，并将经济发展指标修改为"人均国内生产总值到2020年比2000年翻两番"。党的十八大提出到2020年全面建成小康社会的战略目标。这一目标涉及国家发展的各个领域，在经济领域，要使经济持续健康发展；在政治领域，要使人民民主不断扩大；在文化领域，要使文化软实力显著增强；在社会领域，要使人民生活水平全面提高；在生态领域，要使资源节约型、环境友好型社会建设取得重大进展。而所有这些不同领域的建设目标，是紧密联系的有机统一体。只有协调推进各个领域的建设，才能使这些目标从整体上得以实现。党的十八届五中全会审议通过《中共中央关于制定国民经济和社会发展第十三个五年规划的建议》，其中，国民素质和社会文明程度显著提高是"十三五"时期经济社会发展的主要目标之一，即要使人民思想道德素质、科学文化素质、健康素质明显提高。

可见，在我国全面建成小康社会的进程中，形成比较完善的全民健身体系，显著提高全民族健康素质是我国全面建成小康社会的重要目标和组成部分。2013年8月31日，习近平总书记在会见参加全国群众体育先进单位和先进个人表彰会、全国体育系统先进集体和先进工作者表彰会的代表时发表重要讲话，指出全民健身是全体人民增强体魄、健康生活的基础和保障，人民身体健康是全面建成小康社会的重要内涵，是每一个人成长和实现幸福生活的重要基础。我们要广泛开展全民健身运动，促进群众体育和竞技体育全面发展。各级党委和政府要高度重视体育工作，把体育工作放在重要位置，切实抓紧抓好。全面建成小康社会，形成比较完善的全民健身体系，明显提高全民族健康素质等都对我国社会体育指导员工作提出了新的要求。

2. 全民健身上升为国家战略对社会体育指导员工作提出了新要求

2014年10月20日，国务院下发了《关于加快发展体育产业促进体育消费的若干意见》，将全民健身上升为国家战略，把增强人民体质、提高健康水平作为根本目标，积极倡导健康生活方式，推进健康关口前移，营造全民健身氛围，将全民健身作为产业发展和扩大消费的基础。

国家战略是为实现国家总目标而制定的,是指导国家各个领域发展的总方略。党的十八大提出中华民族伟大复兴的总目标,为实现国家富强、民族振兴、人民幸福,必须坚持走中国特色社会主义道路、坚持中国特色社会主义理论体系,弘扬民族精神、凝聚中国力量,推进中国特色社会主义政治、经济、文化、社会、生态文明五位一体建设。全民健身上升为国家战略,标志着全民健身的多元社会功能和综合社会价值日益融入国家的整体发展目标。

自党的十八大以来,习近平同志多次发表重要讲话,强调从全面建成小康社会、实现中华民族伟大复兴的战略高度重视发展体育事业。他强调:"体育是社会发展和人类进步的重要标志,是综合国力和社会文明程度的重要体现。体育在提高人民身体素质和健康水平、促进人的全面发展,丰富人民精神文化生活、推动经济社会发展,激励全国各族人民弘扬追求卓越、突破自我的精神方面,都有着不可替代的重要作用。"[1]

社会体育指导员队伍是我国全民健身事业的宝贵人力资源,在广泛组织开展百姓身边的健身活动、积极倡导健康生活方式、增强人民体质、提高国民健康水平方面发挥着重要的作用。社会体育指导员队伍是"全民健身国家战略"格局中的一支重要力量。在全面建成小康社会的关键阶段,如何充分发挥社会体育指导员队伍的

---

[1] 李斌、李铮:《习近平会见全国体育先进单位和先进个人代表时强调:发展体育运动增强人民体质 促进群众体育和竞技体育全面发展》,新华网辽宁频道,2013年8月31日。

多元社会价值，积极推进体育与健康、养老、文化、教育事业等融合发展，对社会体育指导员工作提出了新的要求。

（二）社会体育指导员在构建全民健身公共服务体系中的地位和作用

1. 社会体育指导员是全民健身公共服务体系的重要组成部分

"全民健身公共服务体系"也称"全民健身体系"，是一个不断为全体国民提供体育健身的基本环境和条件、满足全体国民体育健身基本需求、使全体国民健康素质得到明显提高的服务和保障系统。[①] 1995年国务院颁布我国首个《全民健身计划纲要》，提出到2000年"基本建成具有中国特色的全民健身体系框架"。自党的十六大提出形成比较完善的全民健身体系和医疗卫生体系，把明显提高全民族健康素质视作我国全面建设小康社会的重要目标之一以来，我国的全民健身公共服务体系建设稳步发展。

全民健身公共服务体系是我国全民基本公共服务体系的重要组成部分。不断建设和完善全民健身公共服务体系是满足百姓日益增长的体育健身和健康需求、促进经济建设和社会发展、实现全面小康社会和社会主义和谐社会的必然要求。全民健身公共服务体系也是改善和提升百姓生活质量的民生工程，是国民健康促进体系的重要组成部分，对应对人口老龄化、促进产业结构转型、加强社会建设都具有积极的作用。

在新形势下，我们应进一步创新全民健身公共服务体系建设思

---

① 董新光：《关于全民健身体系的理论架构》，《体育文化导刊》2005年第5期，第5~7页。

路，加快转变其发展模式，充分调动社会力量，建立政府引导、部门协同、社会广泛参与的多元化全民健身服务体系和长效化运行机制，进一步促进群众体育科学化、生活化、社会化、产业化和法治化。

社会体育指导员制度实施20余年来，在推动全民健身事业的发展中发挥了重要作用，已经成为我国一项重要的体育制度。社会体育指导员队伍已经成为推动全民健身事业发展的重要力量和宝贵的人才资源，成为全民健身公共服务体系的重要组成部分。全民健身公共服务的转型发展，惠及十几亿人口更高水平的全民健身公共服务体系建设，对我国社会体育指导员队伍建设和发展提出了新的要求。

2. 社会体育指导员是全民健身志愿服务体系的核心力量

志愿服务是指自愿贡献个人的时间及精力，在不为任何物质报酬和名利的情况下，为改善社会、促进社会进步而提供的服务。现代社会，志愿服务是公众参与社会生活的一种重要形式，也是社会福利服务中越来越重要的一股力量。

全民健身志愿服务是以推动全民健身运动广泛开展为目的，自愿、无偿地服务于他人和社会的公益性活动。《全民健身计划（2011~2015）》提出，要广泛开展全民健身志愿服务活动，动员社会力量积极开展全民健身志愿服务，形成以社会体育指导员为主体的全民健身志愿服务队伍。

2009年，国家体育总局、中央文明办等6个部委和团体发出的《关于广泛开展全民健身志愿服务活动的通知》中，明确指出社会体育指导员是中国特色的全民健身志愿者，是开展全民健身志愿服务活动的主力军。2010年，国家体育总局印发的《建立全民健身志愿服务长效化机制工作方案》中，再次强调了要发挥社会体育指导员的骨干带头作用，形成以社会体育指导员队伍为主体的全民健身志愿服务者队伍。2015年1月，中央办公厅、国务院办公厅印发了《关于加快构建现代公共文化服务体系的意见》，明确提出："发展壮大社会体育指导员队伍"；第十二条提出："大力推进文化志愿服务。大力弘扬志愿服务精神，坚持志愿服务与政府服务、市场服务相衔接，奉献社会与自我发展相统一，社会倡导和自愿参与相结合，构建参与广泛、内容丰富、形式多样、机制健全的文化志愿服务体系。创新服务内容、工作方式和活动载体，探索具有地方或行业特色的文化志愿服务模式。完善文化志愿者注册招募、服务记录、管理评价和激励保障机制。动员组织专家学者、艺术家、优秀运动员等社会知名人士参加志愿服务，提高社会影响力。要建立'结对子、种文化'工作机制，推动专业艺术院团、体育运动队和艺术体育院校等到基层教、学、帮、带，建立志愿服务下基层制度。加强对文化志愿队伍的培训，提升文化志愿者的服务意识、服务能力和服务水平。"国家体育总局相关部门在贯彻落实《关于加快构建现代公共文化服务体系的意见》和《国家基本公共文化服务指导标准》中，提出完善全民健身志愿者注册招募、服务记录、管理评价和激励保障机制；动员组织专家学者、优秀运动员、教练员等社会知名人士参加全民健身志愿服务，提高社会影响力；推动体育运动队和体育院校等到基层教、学、帮、带，建立全民健身志愿服务下基层制度。

广大的志愿服务组织和志愿服务体系在提供公共服务、倡导社会公益、弘扬核心价值观念方面发挥着独有的功能，对于满足不同群体尤其是社会弱势群体的需求，在一定范围内有效弥补市场和政府的不足具有积极的意义。同时，它也是社会治理现代化的重要组成部分，在释放社会活力、培育和有效发挥社会基层民主和自治功能等方面起着十分重要的促进作用，是社会治理的多元主体之一。

广大的社会体育指导员秉承"奉献、服务、健康、快乐"的宗旨，广泛组织开展百姓身边的健身指导和健身活动，引领健康积极的生活方式，以无私的奉献精神，在服务他人中收获共同的健康和快乐。社会体育指导员队伍是全民健身公共服务体系的重要组成部分，是全民健身志愿服务体系的核心力量。社会体育指导员的志愿服务对于满足社会多元化的健身需求，尤其是广大普通百姓的健身需求，弘扬社会公益和志愿服务精神，促进基层民主和社会自治都具有积极的意义。党的十八大报告中提出，必须从维护最广大人民根本利益的高度，加快建设全民基本公共服务体系，加强志愿服务组织建设。对于体育事业，我国面临加快建设全民健身公共服务体系，加强全民健身志愿服务及其组织体系建设和弘扬体育志愿服务精神的任务。如何进一步加强社会体育指导员队伍及其志愿服务组织体系建设，进一步发挥指导员在全民健身公共服务体系建设和全民健身志愿服务体系建设中的作用是新形势下需要进一步思考的问题。

二 全面深化改革，推进群众体育治理体系和治理能力的现代化建设

党的十八届三中全会提出的全面深化改革的总目标是完善和发

展中国特色社会主义制度，推进国家治理体系和治理能力的现代化建设。国家治理体系，是党领导人民管理国家的制度体系，包括经济、政治、文化、社会、生态文明和党的建设等各领域的体制、机制和法律法规安排，是一整套紧密相连、相互协调的国家制度。其中，具体内容包括各领域的体制机制、法律制度安排，如行政体制、经济体制和社会体制等；构成要素包括治理主体、治理手段和治理效果三个方面。国家治理能力，是运用国家制度管理社会各方面事务，使之相互协调、共同发展的能力，包括改革、发展、稳定、内政、外交、国防、治党、治国、治军等各个方面。国家治理体系和国家治理能力是一个相辅相成的有机整体，拥有良善的国家治理体系才能提高国家治理能力，提高国家治理能力才能充分发挥国家治理体系的效能。

国家治理体系的现代化是指在新的历史时期，构建有利于激发社会活力、有利于扩大人民民主、有利于实现公平正义的中国特色社会主义的各方面制度和体制机制。一个良善的现代化国家治理体系至少有以下三个特征：一是国家机制、市场机制、公民社会机制的互相支撑与平衡；二是法治与德治的有机统一，宪法与法律成为公共治理的最高权威，社会契约和价值认同成为公共治理的社会土壤；三是民主与效率的相互补充与协调，所有公共政策要从根本上体现人民的意志和主体地位，且有利于提高行政与经济效益。[1]

国家治理体系和治理能力的现代化，在社会领域体现为社会治理现代化。社会治理现代化是国家治理现代化的重要组成部分，强

---

[1] 李树林：《推进国家治理体系与治理能力的现代化》，《内蒙古日报》2013年12月20日。

权威·前沿·原创

社会科学文献出版社

皮书系列

2016年

盘点年度资讯 预测时代前程

社会科学文献出版社 学术传播中心 编制

社长致辞

我们是图书出版者,更是人文社会科学内容资源供应商;

我们背靠中国社会科学院,面向中国与世界人文社会科学界,坚持为人文社会科学的繁荣与发展服务;

我们精心打造权威信息资源整合平台,坚持为中国经济与社会的繁荣与发展提供决策咨询服务;

我们以读者定位自身,立志让爱书人读到好书,让求知者获得知识;

我们精心编辑、设计每一本好书以形成品牌张力,以优秀的品牌形象服务读者,开拓市场;

我们始终坚持"创社科经典,出传世文献"的经营理念,坚持"权威、前沿、原创"的产品特色;

我们"以人为本",提倡阳光下创业,员工与企业共享发展之成果;

我们立足于现实,认真对待我们的优势、劣势,我们更着眼于未来,以不断的学习与创新适应不断变化的世界,以不断的努力提升自己的实力;

我们愿与社会各界友好合作,共享人文社会科学发展之成果,共同推动中国学术出版乃至内容产业的繁荣与发展。

社会科学文献出版社社长
中国社会学会秘书长

2016 年 1 月

社会科学文献出版社
SOCIAL SCIENCES ACADEMIC PRESS (CHINA)

社会科学文献出版社成立于1985年,是直属于中国社会科学院的人文社会科学专业学术出版机构。

成立以来,特别是1998年实施第二次创业以来,依托于中国社会科学院丰厚的学术出版和专家学者两大资源,坚持"创社科经典,出传世文献"的出版理念和"权威、前沿、原创"的产品定位,社科文献立足内涵式发展道路,从战略层面推动学术出版五大能力建设,逐步走上了智库产品与专业学术成果系列化、规模化、数字化、国际化、市场化发展的经营道路。

先后策划出版了著名的图书品牌和学术品牌"皮书"系列、"列国志"、"社科文献精品译库"、"全球化译丛"、"全面深化改革研究书系"、"近世中国"、"甲骨文"、"中国史话"等一大批既有学术影响又有市场价值的系列图书,形成了较强的学术出版能力和资源整合能力。2015年社科文献出版社发稿5.5亿字,出版图书约2000种,承印发行中国社科院院属期刊74种,在多项指标上都实现了较大幅度的增长。

凭借着雄厚的出版资源整合能力,社科文献出版社长期以来一直致力于从内容资源和数字平台两个方面实现传统出版的再造,并先后推出了皮书数据库、列国志数据库、"一带一路"数据库、中国田野调查数据库、台湾大陆同乡会数据库等一系列数字产品。数字出版已经初步形成了产品设计、内容开发、编辑标引、产品运营、技术支持、营销推广等全流程体系。

在国内原创著作、国外名家经典著作大量出版,数字出版突飞猛进的同时,社科文献出版社从构建国际话语体系的角度推动学术出版国际化。先后与斯普林格、博睿、牛津、剑桥等十余家国际出版机构合作面向海外推出了"皮书系列""改革开放30年研究书系""中国梦与中国发展道路研究丛书""全面深化改革研究书系"等一系列在世界范围内引起强烈反响的作品;并持续致力于中国学术出版走出去,组织学者和编辑参加国际书展,筹办国际性学术研讨会,向世界展示中国学者的学术水平和研究成果。

此外,社科文献出版社充分利用网络媒体平台,积极与中央和地方各类媒体合作,并联合大型书店、学术书店、机场书店、网络书店、图书馆,逐步构建起了强大的学术图书内容传播平台。学术图书的媒体曝光率居全国之首,图书馆藏率居于全国出版机构前十位。

上述诸多成绩的取得,有赖于一支以年轻的博士、硕士为主体,一批从中国社科院刚退出科研一线的各学科专家为支撑的300多位高素质的编辑、出版和营销队伍,为我们实现学术立社,以学术品位、学术价值来实现经济效益和社会效益这样一个目标的共同努力。

作为已经开启第三次创业梦想的人文社会科学学术出版机构,我们将以改革发展为动力,以学术资源建设为中心,以构建智慧型出版社为主线,以"整合、专业、分类、协同、持续"为各项工作指导原则,全力推进出版社数字化转型,坚定不移地走专业化、数字化、国际化发展道路,全面提升出版社核心竞争力,为实现"社科文献梦"奠定坚实基础。

经济类

经 济 类

经济类皮书涵盖宏观经济、城市经济、大区域经济，
提供权威、前沿的分析与预测

经济蓝皮书
2016年中国经济形势分析与预测

李扬 / 主编　　2015年12月出版　　定价:79.00元

◆ 本书为总理基金项目，由著名经济学家李扬领衔，联合中国社会科学院等数十家科研机构、国家部委和高等院校的专家共同撰写，系统分析了2015年的中国经济形势并预测2016年我国经济运行情况。

世界经济黄皮书
2016年世界经济形势分析与预测

王洛林　张宇燕 / 主编　　2015年12月出版　　定价:79.00元

◆ 本书由中国社会科学院世界经济与政治研究所的研究团队撰写，2015年世界经济增长继续放缓，增长格局也继续分化，发达经济体与新兴经济体之间的增长差距进一步收窄。2016年世界经济增长形势不容乐观。

产业蓝皮书
中国产业竞争力报告（2016）NO.6

张其仔 / 主编　　2016年12月出版　　估价:98.00元

◆ 本书由中国社会科学院工业经济研究所研究团队在深入实际、调查研究的基础上完成。通过运用丰富的数据资料和最新的测评指标，从学术性、系统性、预测性上分析了2015年中国产业竞争力，并对未来发展趋势进行了预测。

皮书系列重点推荐 经济类

G20国家创新竞争力黄皮书
二十国集团（G20）国家创新竞争力发展报告（2016）

李建平　李闽榕　赵新力/主编　　2016年11月出版　　估价：138.00元

◆ 本报告在充分借鉴国内外研究者的相关研究成果的基础上，紧密跟踪技术经济学、竞争力经济学、计量经济学等学科的最新研究动态，深入分析G20国家创新竞争力的发展水平、变化特征、内在动因及未来趋势，同时构建了G20国家创新竞争力指标体系及数学模型。

国际城市蓝皮书
国际城市发展报告（2016）

屠启宇/主编　　2016年1月出版　　估价：79.00元

◆ 本书作者以上海社会科学院从事国际城市研究的学者团队为核心，汇集同济大学、华东师范大学、复旦大学、上海交通大学、南京大学、浙江大学相关城市研究专业学者。立足动态跟踪介绍国际城市发展实践中，最新出现的重大战略、重大理念、重大项目、重大报告和最佳案例。

金融蓝皮书
中国金融发展报告（2016）

李扬　王国刚/主编　　2015年12月出版　　定价：79.00元

◆ 本书由中国社会科学院金融研究所组织编写，概括和分析了2015年中国金融发展和运行中的各方面情况，研讨和评论了2015年发生的主要金融事件。本书由业内专家和青年精英联合编著，有利于读者了解掌握2015年中国的金融状况，把握2016年中国金融的走势。

农村绿皮书
中国农村经济形势分析与预测（2015~2016）

中国社会科学院农村发展研究所　国家统计局农村社会经济调查司/著　2016年4月出版　　估价：69.00元

◆ 本书描述了2015年中国农业农村经济发展的一些主要指标和变化，以及对2016年中国农业农村经济形势的一些展望和预测。

经济类　皮书系列 重点推荐

西部蓝皮书

中国西部发展报告（2016）

姚慧琴　徐璋勇 / 主编　　2016 年 7 月出版　　估价 :89.00 元

◆ 本书由西北大学中国西部经济发展研究中心主编，汇集了源自西部本土以及国内研究西部问题的权威专家的第一手资料，对国家实施西部大开发战略进行年度动态跟踪，并对 2016 年西部经济、社会发展态势进行预测和展望。

民营经济蓝皮书

中国民营经济发展报告 No.12（2015 ~ 2016）

王钦敏 / 主编　　2016 年 1 月出版　　估价 :75.00 元

◆ 改革开放以来，民营经济从无到有、从小到大，是最具活力的增长极。本书是中国工商联课题组的研究成果，对 2015 年度中国民营经济的发展现状、趋势进行了详细的论述，并提出了合理的建议。是广大民营企业进行政策咨询、科学决策和理论创新的重要参考资料，也是理论工作者进行理论研究的重要参考资料。

经济蓝皮书夏季号

中国经济增长报告（2015 ~ 2016）

李 扬 / 主编　　2016 年 8 月出版　　估价 :69.00 元

◆ 中国经济增长报告主要探讨 2015~2016 年中国经济增长问题，以专业视角解读中国经济增长，力求将其打造成一个研究中国经济增长、服务宏微观各级决策的周期性、权威性读物。

中三角蓝皮书

长江中游城市群发展报告（2016）

秦尊文 / 主编　　2016 年 10 月出版　　估价 :69.00 元

◆ 本书是湘鄂赣皖四省专家学者共同研究的成果，从不同角度、不同方位记录和研究长江中游城市群一体化，提出对策措施，以期为将"中三角"打造成为继珠三角、长三角、京津冀之后中国经济增长第四极奉献学术界的聪明才智。

皮书系列 重点推荐

行业报告类

行业报告类

行业报告类皮书立足重点行业、新兴行业领域，提供及时、前瞻的数据与信息

房地产蓝皮书
中国房地产发展报告 No.13（2016）
魏后凯 李景国 / 主编　　2016 年 5 月出版　　估价 :79.00 元

◆ 蓝皮书秉承客观公正、科学中立的宗旨和原则，追踪 2015 年我国房地产市场最新资讯，深度分析，剖析因果，谋划对策，并对 2016 年房地产发展趋势进行了展望。

旅游绿皮书
2015 ~ 2016 年中国旅游发展分析与预测
宋　瑞 / 主编　　2016 年 1 出版　　估价 :98.00 元

◆ 本书中国社会科学院旅游研究中心组织相关专家编写的年度研究报告，对 2015 年旅游行业的热点问题进行了全面的综述并提出专业性建议，并对 2016 年中国旅游的发展趋势进行展望。

互联网金融蓝皮书
中国互联网金融发展报告（2016）
李东荣 / 主编　　2016 年 8 月出版　　估价 :79.00 元

◆ 近年来，许多基于互联网的金融服务模式应运而生并对传统金融业产生了深刻的影响和巨大的冲击，"互联网金融"成为社会各界关注的焦点。本书探析了 2015 年互联网金融的特点和 2016 年互联网金融的发展方向和亮点。

8　权威 前沿 原创

行业报告类　　皮书系列 重点推荐

资产管理蓝皮书
中国资产管理行业发展报告（2016）

智信资产管理研究院 / 编著　　2016 年 6 月出版　　估价：89.00 元

◆ 中国资产管理行业刚刚兴起，未来将中国金融市场最有看点的行业，也会成为快速发展壮大的行业。本书主要分析了 2015 年度资产管理行业的发展情况，同时对资产管理行业的未来发展做出科学的预测。

老龄蓝皮书
中国老龄产业发展报告（2016）

吴玉韶　党俊武 / 编著
2016 年 9 月出版　估价：79.00 元

◆ 本书着眼于对中国老龄产业的发展给予系统介绍，深入解析，并对未来发展趋势进行预测和展望，力求从不同视角、不同层面全面剖析中国老龄产业发展的现状、取得的成绩、存在的问题以及重点、难点等。

金融蓝皮书
中国金融中心发展报告（2016）

王　力　黄育华 / 编著　　2017 年 11 月出版　　估价：75.00 元

◆ 本报告将提升中国金融中心城市的金融竞争力作为研究主线，全面、系统、连续地反映和研究中国金融中心城市发展和改革的最新进展，展示金融中心理论研究的最新成果。

流通蓝皮书
中国商业发展报告（2016）

荆林波 / 编著　2016 年 5 月出版　　估价：89.00 元

◆ 本书是中国社会科学院财经院与利丰研究中心合作的成果，从关注中国宏观经济出发，突出了中国流通业的宏观背景，详细分析了批发业、零售业、物流业、餐饮产业与电子商务等产业发展状况。

国别与地区类

国别与地区类皮书关注全球重点国家与地区，提供全面、独特的解读与研究

美国蓝皮书

美国研究报告（2016）

黄　平　郑秉文 / 主编　2016 年 7 月出版　估价：89.00 元

◆ 本书是由中国社会科学院美国所主持完成的研究成果，它回顾了美国 2015 年的经济、政治形势与外交战略，对 2016 年以来美国内政外交发生的重大事件以及重要政策进行了较为全面的回顾和梳理。

拉美黄皮书

拉丁美洲和加勒比发展报告（2015~2016）

吴白乙 / 主编　2016 年 5 月出版　估价：89.00 元

◆ 本书对 2015 年拉丁美洲和加勒比地区诸国的政治、经济、社会、外交等方面的发展情况做了系统介绍，对该地区相关国家的热点及焦点问题进行了总结和分析，并在此基础上对该地区各国 2016 年的发展前景做出预测。

日本经济蓝皮书

日本经济与中日经贸关系研究报告（2016）

王洛林　张季风 / 编著　2016 年 5 月出版　估价：79.00 元

◆ 本书系统、详细地介绍了 2015 年日本经济以及中日经贸关系发展情况，在进行了大量数据分析的基础上，对 2016 年日本经济以及中日经贸关系的大致发展趋势进行了分析与预测。

国别与地区类　　皮书系列 重点推荐

俄罗斯黄皮书

俄罗斯发展报告（2016）

李永全 / 编著　2016 年 7 月出版　估价 :79.00 元

◆　本书系统介绍了 2015 年俄罗斯经济政治情况，并对 2015 年该地区发生的焦点、热点问题进行了分析与回顾；在此基础上，对该地区 2016 年的发展前景进行了预测。

国际形势黄皮书

全球政治与安全报告（2016）

李慎明　张宇燕 / 主编　2015 年 12 月出版　定价 :69.00 元

◆　本书旨在对本年度全球政治及安全形势的总体情况、热点问题及变化趋势进行回顾与分析，并提出一定的预测及对策建议。作者通过事实梳理、数据分析、政策分析等途径,阐释了本年度国际关系及全球安全形势的基本特点，并在此基础上提出了具有启示意义的前瞻性结论。

德国蓝皮书

德国发展报告（2016）

郑春荣　伍慧萍 / 主编　2016 年 6 月出版　估价 :69.00 元

◆　本报告由同济大学德国研究所组织编撰，由该领域的专家学者对德国的政治、经济、社会文化、外交等方面的形势发展情况，进行全面的阐述与分析。

中欧关系蓝皮书

中欧关系研究报告（2016）

周弘 / 编著　2016 年 12 月出版　估价 :98.00 元

◆　本书由欧洲所暨欧洲学会推出，旨在分析、评估和预测年度中欧关系发展态势。本报告的作者均为欧洲方面的专家，他们对欧洲与中国在各个领域的发展情况进行了深入地分析和研究，对读者了解和把握中欧关系是非常有益的参考。

皮书系列 重点推荐　地方发展类

地方发展类

地方发展类皮书关注中国各省份、经济区域，提供科学、多元的预判与资政信息

北京蓝皮书

北京公共服务发展报告（2015~2016）

施昌奎/主编　2016年1月出版　估价：69.00元

◆ 本书是由北京市政府职能部门的领导、首都著名高校的教授、知名研究机构的专家共同完成的关于北京市公共服务发展与创新的研究成果。

河南蓝皮书

河南经济发展报告（2016）

河南省社会科学院/编著　2016年12月出版　估价：79.00元

◆ 本书以国内外经济发展环境和走向为背景，主要分析当前河南经济形势，预测未来发展趋势，全面反映河南经济发展的最新动态、热点和问题，为地方经济发展和领导决策提供参考。

京津冀蓝皮书

京津冀发展报告（2016）

文　魁　祝尔娟/编著　2016年4月出版　估价：89.00元

◆ 京津冀协同发展作为重大的国家战略，已进入顶层设计、制度创新和全面推进的新阶段。本书以问题为导向，围绕京津冀发展中的重要领域和重大问题，研究如何推进京津冀协同发展。

文化传媒类

皮书系列
重点推荐

文化传媒类

文化传媒类皮书透视文化领域、文化产业，
探索文化大繁荣、大发展的路径

新媒体蓝皮书

中国新媒体发展报告 No.7（2016）

唐绪军／主编　　2016年6月出版　　估价：79.00元

◆ 本书是由中国社会科学院新闻与传播研究所组织编写的关于新媒体发展的最新年度报告，旨在全面分析中国新媒体的发展现状，解读新媒体的发展趋势，探析新媒体的深刻影响。

移动互联网蓝皮书

中国移动互联网发展报告（2016）

官建文／编著　　2016年6月出版　　估价：79.00元

◆ 本书着眼于对中国移动互联网2015年度的发展情况做深入解析，对未来发展趋势进行预测，力求从不同视角、不同层面全面剖析中国移动互联网发展的现状、年度突破以及热点趋势等。

文化蓝皮书

中国文化产业发展报告（2016）

张晓明　王家新　章建刚／主编　　2016年4月出版　　估价：79.00元

◆ 本书由中国社会科学院文化研究中心编写。从2012年开始，中国社会科学院文化研究中心设立了国内首个文化产业的研究类专项资金——"文化产业重大课题研究计划"，开始在全国范围内组织多学科专家学者对我国文化产业发展重大战略问题进行联合攻关研究。本书集中反映了该计划的研究成果。

经济类

G20国家创新竞争力黄皮书
二十国集团(G20)国家创新竞争力发展报告(2016)
著(编)者：李建平 李闽榕 赵新力
2016年11月出版 / 估价:138.00元

产业蓝皮书
中国产业竞争力报告(2016)NO.6
著(编)者：张其仔 2016年12月出版 / 估价:98.00元

城市创新蓝皮书
中国城市创新报告(2016)
著(编)者：周天勇 旷建伟 2016年8月出版 / 估价:69.00元

城市蓝皮书
中国城市发展报告 NO.9
著(编)者：潘家华 魏后凯 2016年9月出版 / 估价:69.00元

城市群蓝皮书
中国城市群发展指数报告(2016)
著(编)者：刘士林 刘新静 2016年10月出版 / 估价:69.00元

城乡一体化蓝皮书
中国城乡一体化发展报告(2015~2016)
著(编)者：汝信 付崇兰 2016年7月出版 / 估价:85.00元

城镇化蓝皮书
中国新型城镇化健康发展报告(2016)
著(编)者：张占斌 2016年5月出版 / 估价:79.00元

创新蓝皮书
创新型国家建设报告(2015~2016)
著(编)者：詹正茂 2016年11月出版 / 估价:69.00元

低碳发展蓝皮书
中国低碳发展报告(2016)
著(编)者：齐晔 2016年3月出版 / 估价:89.00元

低碳经济蓝皮书
中国低碳经济发展报告(2016)
著(编)者：薛进军 赵忠秀 2016年6月出版 / 估价:85.00元

东北蓝皮书
中国东北地区发展报告(2016)
著(编)者：马克 黄文艺 2016年8月出版 / 估价:79.00元

工业化蓝皮书
中国工业化进程报告(2016)
著(编)者：黄群慧 吕铁 李晓华 等
2016年11月出版 / 估价:89.00元

管理蓝皮书
中国管理发展报告(2016)
著(编)者：张晓东 2016年9月出版 / 估价:98.00元

国际城市蓝皮书
国际城市发展报告(2016)
著(编)者：屠启宇 2016年1月出版 / 估价:79.00元

国家创新蓝皮书
中国创新发展报告(2016)
著(编)者：陈劲 2016年9月出版 / 估价:69.00元

金融蓝皮书
中国金融发展报告(2016)
著(编)者：李扬 王国刚 2015年12月出版 / 定价:79.00元

京津冀产业蓝皮书
京津冀产业协同发展报告(2016)
著(编)者：中智科博(北京)产业经济发展研究院
2016年6月出版 / 估价:69.00元

京津冀蓝皮书
京津冀发展报告(2016)
著(编)者：文魁 祝尔娟 2016年4月出版 / 估价:89.00元

经济蓝皮书
2016年中国经济形势分析与预测
著(编)者：李扬 2015年12月出版 / 定价:79.00元

经济蓝皮书·春季号
2016年中国经济前景分析
著(编)者：李扬 2016年5月出版 / 估价:79.00元

经济蓝皮书·夏季号
中国经济增长报告(2015~2016)
著(编)者：李扬 2016年8月出版 / 估价:99.00元

经济信息绿皮书
中国与世界经济发展报告(2016)
著(编)者：杜平 2015年12月出版 / 定价:89.00元

就业蓝皮书
2016年中国本科生就业报告
著(编)者：麦可思研究院 2016年6月出版 / 估价:98.00元

就业蓝皮书
2016年中国高职高专生就业报告
著(编)者：麦可思研究院 2016年6月出版 / 估价:98.00元

临空经济蓝皮书
中国临空经济发展报告(2016)
著(编)者：连玉明 2016年11月出版 / 估价:79.00元

民营经济蓝皮书
中国民营经济发展报告 NO.12(2015~2016)
著(编)者：王钦敏 2016年1月出版 / 估价:75.00元

农村绿皮书
中国农村经济形势分析与预测(2015~2016)
著(编)者：中国社会科学院农村发展研究所
国家统计局农村社会经济调查司
2016年4月出版 / 估价:69.00元

农业应对气候变化蓝皮书
气候变化对中国农业影响评估报告 No.2
著(编)者：矫梅燕 2016年8月出版 / 估价:98.00元

经济类·社会政法类 | 皮书系列 2016全品种

企业公民蓝皮书
中国企业公民报告 NO.4
著(编)者:邹东涛 2016年1月出版 / 估价:79.00元

气候变化绿皮书
应对气候变化报告（2016）
著(编)者:王伟光 郑国光 2016年11月出版 / 估价:98.00元

区域蓝皮书
中国区域经济发展报告（2015~2016）
著(编)者:梁昊光 2016年5月出版 / 估价:79.00元

全球环境竞争力绿皮书
全球环境竞争力报告（2016）
著(编)者:李建平 李闽榕 王金南
2016年12月出版 / 估价:198.00元

人口与劳动绿皮书
中国人口与劳动问题报告 NO.17
著(编)者:蔡昉 张车伟 2016年11月出版 / 估价:69.00元

商务中心区蓝皮书
中国商务中心区发展报告 NO.2（2016）
著(编)者:魏后凯 李国红 2016年1月出版 / 估价:89.00元

世界经济黄皮书
2016年世界经济形势分析与预测
著(编)者:王洛林 张宇燕 2015年12月出版 / 定价:79.00元

世界旅游城市绿皮书
世界旅游城市发展报告（2016）
著(编)者:鲁勇 周正宇 宋宇 2016年6月出版 / 估价:88.00元

西北蓝皮书
中国西北发展报告（2016）
著(编)者:孙发平 苏海红 鲁顺元
2015年12月出版 / 估价:79.00元

西部蓝皮书
中国西部发展报告（2016）
著(编)者:姚慧琴 徐璋勇 2016年7月出版 / 估价:89.00元

县域发展蓝皮书
中国县域经济增长能力评估报告（2016）
著(编)者:王力 2016年10月出版 / 估价:69.00元

新型城镇化蓝皮书
新型城镇化发展报告（2016）
著(编)者:李伟 宋敏 沈体雁 2016年11月出版 / 估价:98.00元

新兴经济体蓝皮书
金砖国家发展报告（2016）
著(编)者:林跃勤 周文 2016年7月出版 / 估价:79.00元

长三角蓝皮书
2016年全面深化改革中的长三角
著(编)者:张伟斌 2016年10月出版 / 估价:69.00元

中部竞争力蓝皮书
中国中部经济社会竞争力报告（2016）
著(编)者:教育部人文社会科学重点研究基地
南昌大学中国中部经济社会发展研究中心
2016年10月出版 / 估价:79.00元

中部蓝皮书
中国中部地区发展报告（2016）
著(编)者:宋亚平 2016年12月出版 / 估价:78.00元

中国省域竞争力蓝皮书
中国省域经济综合竞争力发展报告（2015~2016）
著(编)者:李建平 李闽榕 高燕京
2016年2月出版 / 估价:198.00元

中三角蓝皮书
长江中游城市群发展报告（2016）
著(编)者:秦尊文 2016年10月出版 / 估价:69.00元

中小城市绿皮书
中国中小城市发展报告（2016）
著(编)者:中国城市经济学会中小城市经济发展委员会
中国城镇化促进会中小城市发展委员会
《中国中小城市发展报告》编纂委员会
中小城市发展战略研究院
2016年10月出版 / 估价:98.00元

中原蓝皮书
中原经济区发展报告（2016）
著(编)者:李英杰 2016年6月出版 / 估价:88.00元

自贸区蓝皮书
中国自贸区发展报告（2016）
著(编)者:王力 王吉培 2016年10月出版 / 估价:69.00元

社会政法类

北京蓝皮书
中国社区发展报告（2016）
著(编)者:于燕燕 2017年2月出版 / 估价:79.00元

殡葬绿皮书
中国殡葬事业发展报告（2016）
著(编)者:李伯森 2016年4月出版 / 估价:158.00元

城市管理蓝皮书
中国城市管理报告（2016）
著(编)者:谭维克 刘林 2017年2月出版 / 估价:118.00元

城市生活质量蓝皮书
中国城市生活质量报告（2016）
著(编)者:张连城 张平 杨春学 郎丽华
2016年7月出版 / 估价:89.00元

皮书系列 2016全品种 — 社会政法类

城市政府能力蓝皮书
中国城市政府公共服务能力评估报告（2016）
著(编)者：何艳玲　2016年7月出版 / 估价：69.00元

创新蓝皮书
中国创业环境发展报告（2016）
著(编)者：姚凯　曹祎遐　2016年1月出版 / 估价：69.00元

慈善蓝皮书
中国慈善发展报告（2016）
著(编)者：杨团　2016年6月出版 / 估价：79.00元

地方法治蓝皮书
中国地方法治发展报告 NO.2（2016）
著(编)者：李林　田禾　2016年1月出版 / 估价：98.00元

法治蓝皮书
中国法治发展报告 NO.14（2016）
著(编)者：李林　田禾　2016年3月出版 / 估价：105.00元

反腐倡廉蓝皮书
中国反腐倡廉建设报告 NO.6
著(编)者：李秋芳　张英伟　2017年1月出版 / 估价：79.00元

非传统安全蓝皮书
中国非传统安全研究报告（2015~2016）
著(编)者：余潇枫　魏志江　2016年5月出版 / 估价：79.00元

妇女发展蓝皮书
中国妇女发展报告 NO.6
著(编)者：王金玲　2016年9月出版 / 估价：148.00元

妇女教育蓝皮书
中国妇女教育发展报告 NO.3
著(编)者：张李玺　2016年10月出版 / 估价：78.00元

妇女绿皮书
中国性别平等与妇女发展报告（2016）
著(编)者：谭琳　2016年12月出版 / 估价：99.00元

公共服务蓝皮书
中国城市基本公共服务力评价（2016）
著(编)者：钟君　吴正杲　2016年12月出版 / 估价：79.00元

公共管理蓝皮书
中国公共管理发展报告（2016）
著(编)者：贡森　李国强　杨维富
2016年4月出版 / 估价：69.00元

公共外交蓝皮书
中国公共外交发展报告（2016）
著(编)者：赵启正　雷蔚真　2016年4月出版 / 估价：89.00元

公民科学素质蓝皮书
中国公民科学素质报告（2016）
著(编)者：李群　许佳军　2016年3月出版 / 估价：79.00元

公益蓝皮书
中国公益发展报告（2016）
著(编)者：朱健刚　2016年5月出版 / 估价：78.00元

国际人才蓝皮书
海外华侨华人专业人士报告（2016）
著(编)者：王辉耀　苗绿　2016年8月出版 / 估价：69.00元

国际人才蓝皮书
中国国际移民报告（2016）
著(编)者：王辉耀　2016年2月出版 / 估价：79.00元

国际人才蓝皮书
中国海归发展报告（2016）NO.3
著(编)者：王辉耀　苗绿　2016年10月出版 / 估价：69.00元

国际人才蓝皮书
中国留学发展报告（2016）NO.5
著(编)者：王辉耀　苗绿　2016年10月出版 / 估价：79.00元

国家公园蓝皮书
中国国家公园体制建设报告（2016）
著(编)者：苏杨　张玉钧　石金莲　刘锋 等
2016年10月出版 / 估价：69.00元

海洋社会蓝皮书
中国海洋社会发展报告（2016）
著(编)者：崔凤　宋宁而　2016年7月出版 / 估价：89.00元

行政改革蓝皮书
中国行政体制改革报告（2016）NO.5
著(编)者：魏礼群　2016年4月出版 / 估价：98.00元

华侨华人蓝皮书
华侨华人研究报告（2016）
著(编)者：贾益民　2016年12月出版 / 估价：98.00元

环境竞争力绿皮书
中国省域环境竞争力发展报告（2016）
著(编)者：李建平　李闽榕　王金南
2016年11月出版 / 估价：198.00元

环境绿皮书
中国环境发展报告（2016）
著(编)者：刘鉴强　2016年5月出版 / 估价：79.00元

基金会蓝皮书
中国基金会发展报告（2016）
著(编)者：刘忠祥　2016年4月出版 / 估价：69.00元

基金会绿皮书
中国基金会发展独立研究报告（2016）
著(编)者：基金会中心网　中央民族大学基金会研究中心
2016年6月出版 / 估价：88.00元

基金会透明度蓝皮书
中国基金会透明度发展研究报告（2016）
著(编)者：基金会中心网　清华大学廉政与治理研究中心
2016年9月出版 / 估价：85.00元

教师蓝皮书
中国中小学教师发展报告（2016）
著(编)者：曾晓东　鱼霞　2016年6月出版 / 估价：69.00元

社会政法类 — 皮书系列 2016全品种

教育蓝皮书
中国教育发展报告（2016）
著(编)者:杨东平　2016年5月出版 / 估价:79.00元

科普蓝皮书
中国科普基础设施发展报告（2016）
著(编)者:任福君　2016年6月出版 / 估价:69.00元

科学教育蓝皮书
中国科学教育发展报告（2016）
著(编)者:罗晖　王康友　2016年10月出版 / 估价:79.00元

劳动保障蓝皮书
中国劳动保障发展报告（2016）
著(编)者:刘燕斌　2016年8月出版 / 估价:158.00元

连片特困区蓝皮书
中国连片特困区发展报告（2016）
著(编)者:游俊　冷志明　丁建军
2016年3月出版 / 估价:98.00元

民间组织蓝皮书
中国民间组织报告（2016）
著(编)者:黄晓勇　2016年12月出版 / 估价:79.00元

民调蓝皮书
中国民生调查报告（2016）
著(编)者:谢耘耕　2016年5月出版 / 估价:128.00元

民族发展蓝皮书
中国民族发展报告（2016）
著(编)者:郝时远　王延中　王希恩
2016年4月出版 / 估价:98.00元

女性生活蓝皮书
中国女性生活状况报告 NO.10（2016）
著(编)者:韩湘景　2016年4月出版 / 估价:79.00元

汽车社会蓝皮书
中国汽车社会发展报告（2016）
著(编)者:王俊秀　2016年1月出版 / 估价:69.00元

青年蓝皮书
中国青年发展报告（2016）NO.4
著(编)者:廉思　等　2016年4月出版 / 估价:69.00元

青少年蓝皮书
中国未成年人互联网运用报告（2016）
著(编)者:李文革　沈杰　季为民
2016年11月出版 / 估价:89.00元

青少年体育蓝皮书
中国青少年体育发展报告（2016）
著(编)者:郭建军　杨桦　2016年9月出版 / 估价:69.00元

区域人才蓝皮书
中国区域人才竞争力报告 NO.2
著(编)者:桂昭明　王辉耀
2016年6月出版 / 估价:69.00元

群众体育蓝皮书
中国群众体育发展报告（2016）
著(编)者:刘国永　杨桦　2016年10月出版 / 估价:69.00元

人才蓝皮书
中国人才发展报告（2016）
著(编)者:潘晨光　2016年9月出版 / 估价:85.00元

人权蓝皮书
中国人权事业发展报告 NO.6（2016）
著(编)者:李君如　2016年9月出版 / 估价:128.00元

社会保障绿皮书
中国社会保障发展报告（2016）NO.8
著(编)者:王延中　2016年4月出版 / 估价:99.00元

社会工作蓝皮书
中国社会工作发展报告（2016）
著(编)者:民政部社会工作研究中心
2016年8月出版 / 估价:79.00元

社会管理蓝皮书
中国社会管理创新报告 NO.4
著(编)者:连玉明　2016年11月出版 / 估价:89.00元

社会蓝皮书
2016年中国社会形势分析与预测
著(编)者:李培林　陈光金　张翼
2015年12月出版 / 定价:79.00元

社会体制蓝皮书
中国社会体制改革报告（2016）NO.4
著(编)者:龚维斌　2016年4月出版 / 估价:79.00元

社会心态蓝皮书
中国社会心态研究报告（2016）
著(编)者:王俊秀　杨宜音　2016年10月出版 / 估价:69.00元

社会组织蓝皮书
中国社会组织评估发展报告（2016）
著(编)者:徐家良　廖鸿　2016年12月出版 / 估价:69.00元

生态城市绿皮书
中国生态城市建设发展报告（2016）
著(编)者:刘举科　孙伟平　胡文臻
2016年9月出版 / 估价:148.00元

生态文明绿皮书
中国省域生态文明建设评价报告（ECI 2016）
著(编)者:严耕　2016年12月出版 / 估价:85.00元

世界社会主义黄皮书
世界社会主义跟踪研究报告（2015～2016）
著(编)者:李慎明　2016年4月出版 / 估价:258.00元

水与发展蓝皮书
中国水风险评估报告（2016）
著(编)者:王浩　2016年9月出版 / 估价:69.00元

皮书系列 2016全品种

社会政法类·行业报告类

体育蓝皮书
长三角地区体育产业发展报告（2016）
著(编)者:张林　2016年4月出版 / 估价:79.00元

体育蓝皮书
中国公共体育服务发展报告（2016）
著(编)者:戴健　2016年12月出版 / 估价:79.00元

土地整治蓝皮书
中国土地整治发展研究报告 NO.3
著(编)者:国土资源部土地整治中心
2016年5月出版 / 估价:89.00元

土地政策蓝皮书
中国土地政策发展报告（2016）
著(编)者:高延利 李宪文 唐健
2016年12月出版 / 估价:69.00元

危机管理蓝皮书
中国危机管理报告（2016）
著(编)者:文学国 范正青　2016年8月出版 / 估价:89.00元

形象危机应对蓝皮书
形象危机应对研究报告（2016）
著(编)者:唐钧　2016年6月出版 / 估价:149.00元

医改蓝皮书
中国医药卫生体制改革报告（2016）
著(编)者:文学国 房志武　2016年11月出版 / 估价:98.00元

医疗卫生绿皮书
中国医疗卫生发展报告 NO.7（2016）
著(编)者:申宝忠 韩玉珍　2016年4月出版 / 估价:75.00元

政治参与蓝皮书
中国政治参与报告（2016）
著(编)者:房宁　2016年7月出版 / 估价:108.00元

政治发展蓝皮书
中国政治发展报告（2016）
著(编)者:房宁 杨海蛟　2016年5月出版 / 估价:88.00元

智慧社区蓝皮书
中国智慧社区发展报告（2016）
著(编)者:罗昌智 张辉德　2016年7月出版 / 估价:69.00元

中国农村妇女发展蓝皮书
农村流动女性城市生活发展报告（2016）
著(编)者:谢丽华　2016年12月出版 / 估价:79.00元

宗教蓝皮书
中国宗教报告（2016）
著(编)者:邱永辉　2016年5月出版 / 估价:79.00元

行业报告类

保健蓝皮书
中国保健服务产业发展报告 NO.2
著(编)者:中国保健协会 中共中央党校
2016年7月出版 / 估价:198.00元

保健蓝皮书
中国保健食品产业发展报告 NO.2
著(编)者:中国保健协会
　　　　中国社会科学院食品药品产业发展与监管研究中心
2016年7月出版 / 估价:198.00元

保健蓝皮书
中国保健用品产业发展报告 NO.2
著(编)者:中国保健协会
　　　　国务院国有资产监督管理委员会研究中心
2016年2月出版 / 估价:198.00元

保险蓝皮书
中国保险业创新发展报告（2016）
著(编)者:项俊波　2016年12月出版 / 估价:69.00元

保险蓝皮书
中国保险业竞争力报告（2016）
著(编)者:项俊波　2015年12月出版 / 估价:99.00元

采供血蓝皮书
中国采供血管理报告（2016）
著(编)者:朱永明 耿鸿武　2016年8月出版 / 估价:69.00元

彩票蓝皮书
中国彩票发展报告（2016）
著(编)者:益彩基金　2016年4月出版 / 估价:98.00元

餐饮产业蓝皮书
中国餐饮产业发展报告（2016）
著(编)者:邢颖　2016年4月出版 / 估价:69.00元

测绘地理信息蓝皮书
测绘地理信息转型升级研究报告（2016）
著(编)者:库热西·买合苏提　2016年12月出版 / 估价:98.00元

茶业蓝皮书
中国茶产业发展报告（2016）
著(编)者:杨江帆 李闽榕　2016年10月出版 / 估价:78.00元

产权市场蓝皮书
中国产权市场发展报告（2015～2016）
著(编)者:曹和平　2016年5月出版 / 估价:89.00元

产业安全蓝皮书
中国出版传媒产业安全报告（2016）
著(编)者:北京印刷学院文化产业安全研究院
2016年4月出版 / 估价:69.00元

产业安全蓝皮书
中国文化产业安全报告（2016）
著(编)者:北京印刷学院文化产业安全研究院
2016年4月出版 / 估价:89.00元

权威 前沿 原创

皮书系列 2016全品种
行业报告类

产业安全蓝皮书
中国新媒体产业安全报告（2016）
著（编）者：北京印刷学院文化产业安全研究院
2016年5月出版 / 估价：69.00元

大数据蓝皮书
网络空间和大数据发展报告（2016）
著（编）者：杜平　2016年2月出版 / 估价：69.00元

电子商务蓝皮书
中国电子商务服务业发展报告 NO.3
著（编）者：荆林波　梁春晓　2016年5月出版 / 估价：69.00元

电子政务蓝皮书
中国电子政务发展报告（2016）
著（编）者：洪毅　杜平　2016年11月出版 / 估价：79.00元

杜仲产业绿皮书
中国杜仲橡胶资源与产业发展报告（2016）
著（编）者：杜红岩　胡文臻　俞锐
2016年1月出版 / 估价：85.00元

房地产蓝皮书
中国房地产发展报告 NO.13（2016）
著（编）者：魏后凯　李景国　2016年5月出版 / 估价：79.00元

服务外包蓝皮书
中国服务外包产业发展报告（2016）
著（编）者：王晓红　刘德军
2016年6月出版 / 估价：89.00元

服务外包蓝皮书
中国服务外包竞争力报告（2016）
著（编）者：王力　刘春生　黄育华
2016年11月出版 / 估价：85.00元

工业和信息化蓝皮书
世界网络安全发展报告（2016）
著（编）者：洪京一　2016年4月出版 / 估价：69.00元

工业和信息化蓝皮书
世界信息化发展报告（2016）
著（编）者：洪京一　2016年4月出版 / 估价：69.00元

工业和信息化蓝皮书
世界信息技术产业发展报告（2016）
著（编）者：洪京一　2016年4月出版 / 估价：79.00元

工业和信息化蓝皮书
世界制造业发展报告（2016）
著（编）者：洪京一　2016年4月出版 / 估价：69.00元

工业和信息化蓝皮书
移动互联网产业发展报告（2016）
著（编）者：洪京一　2016年4月出版 / 估价：79.00元

工业设计蓝皮书
中国工业设计发展报告（2016）
著（编）者：王晓红　于炜　张立群
2016年9月出版 / 估价：138.00元

互联网金融蓝皮书
中国互联网金融发展报告（2016）
著（编）者：李东荣　2016年8月出版 / 估价：79.00元

会展蓝皮书
中外会展业动态评估年度报告（2016）
著（编）者：张敏　2016年1月出版 / 估价：78.00元

节能汽车蓝皮书
中国节能汽车产业发展报告（2016）
著（编）者：中国汽车工程研究院股份有限公司
2016年12月出版 / 估价：69.00元

金融监管蓝皮书
中国金融监管报告（2016）
著（编）者：胡滨　2016年4月出版 / 估价：89.00元

金融蓝皮书
中国金融中心发展报告（2016）
著（编）者：王力　黄育华　2017年11月出版 / 估价：75.00元

金融蓝皮书
中国商业银行竞争力报告（2016）
著（编）者：王松奇　2016年5月出版 / 估价：69.00元

经济林产业绿皮书
中国经济林产业发展报告（2016）
著（编）者：李芳东　胡文臻　乌云塔娜　杜红岩
2016年12月出版 / 估价：69.00元

客车蓝皮书
中国客车产业发展报告（2016）
著（编）者：姚蔚　2016年2月出版 / 估价：85.00元

老龄蓝皮书
中国老龄产业发展报告（2016）
著（编）者：吴玉韶　党俊武　2016年9月出版 / 估价：79.00元

流通蓝皮书
中国商业发展报告（2016）
著（编）者：荆林波　2016年5月出版 / 估价：89.00元

旅游安全蓝皮书
中国旅游安全报告（2016）
著（编）者：郑向敏　谢朝武　2016年5月出版 / 估价：128.00元

旅游绿皮书
2015～2016年中国旅游发展分析与预测
著（编）者：宋瑞　2016年1月出版 / 估价：98.00元

煤炭蓝皮书
中国煤炭工业发展报告（2016）
著（编）者：岳福斌　2016年12月出版 / 估价：79.00元

民营企业社会责任蓝皮书
中国民营企业社会责任年度报告（2016）
著（编）者：中华全国工商业联合会
2016年7月出版 / 估价：69.00元

皮书系列 2016全品种 — 行业报告类

民营医院蓝皮书
中国民营医院发展报告(2016)
著(编)者:庄一强　2016年10月出版 / 估价:75.00元

能源蓝皮书
中国能源发展报告(2016)
著(编)者:崔民选 王军生 陈义和
2016年8月出版 / 估价:79.00元

农产品流通蓝皮书
中国农产品流通产业发展报告(2016)
著(编)者:贾敬敦 张东科 张玉玺 张鹏毅 周伟
2016年1月出版 / 估价:89.00元

期货蓝皮书
中国期货市场发展报告(2016)
著(编)者:李群 王在荣　2016年11月出版 / 估价:69.00元

企业公益蓝皮书
中国企业公益研究报告(2016)
著(编)者:钟宏武 汪杰 顾一 黄晓娟 等
2016年12月出版 / 估价:69.00元

企业公众透明度蓝皮书
中国企业公众透明度报告(2016)NO.2
著(编)者:黄速建 王晓光 肖红军
2016年1月出版 / 估价:98.00元

企业国际化蓝皮书
中国企业国际化报告(2016)
著(编)者:王辉耀　2016年11月出版 / 估价:98.00元

企业蓝皮书
中国企业绿色发展报告NO.2(2016)
著(编)者:李红玉 朱光辉　2016年8月出版 / 估价:79.00元

企业社会责任蓝皮书
中国企业社会责任研究报告(2016)
著(编)者:黄群慧 钟宏武 张蒽 等
2016年11月出版 / 估价:79.00元

企业社会责任能力蓝皮书
中国上市公司社会责任能力成熟度报告(2016)
著(编)者:肖红军 王晓光 李伟阳
2016年11月出版 / 估价:69.00元

汽车安全蓝皮书
中国汽车安全发展报告(2016)
著(编)者:中国汽车技术研究中心
2016年7月出版 / 估价:89.00元

汽车电子商务蓝皮书
中国汽车电子商务发展报告(2016)
著(编)者:中华全国工商业联合会汽车经销商商会
　　　　　北京易观智库网络科技有限公司
2016年5月出版 / 估价:128.00元

汽车工业蓝皮书
中国汽车工业发展年度报告(2016)
著(编)者:中国汽车工业协会 中国汽车技术研究中心
　　　　　丰田汽车(中国)投资有限公司
2016年4月出版 / 估价:128.00元

汽车蓝皮书
中国汽车产业发展报告(2016)
著(编)者:国务院发展研究中心产业经济研究部
　　　　　中国汽车工程学会 大众汽车集团(中国)
2016年8月出版 / 估价:158.00元

清洁能源蓝皮书
国际清洁能源发展报告(2016)
著(编)者:苏树辉 袁国林 李玉斋
2016年11月出版 / 估价:99.00元

人力资源蓝皮书
中国人力资源发展报告(2016)
著(编)者:余兴安　2016年12月出版 / 估价:79.00元

融资租赁蓝皮书
中国融资租赁业发展报告(2015~2016)
著(编)者:李光荣 王力　2016年1月出版 / 估价:89.00元

软件和信息服务业蓝皮书
中国软件和信息服务业发展报告(2016)
著(编)者:洪京一　2016年12月出版 / 估价:198.00元

商会蓝皮书
中国商会发展报告NO.5(2016)
著(编)者:王钦敏　2016年7月出版 / 估价:89.00元

上市公司蓝皮书
中国上市公司社会责任信息披露报告(2016)
著(编)者:张旺 张杨　2016年11月出版 / 估价:69.00元

上市公司蓝皮书
中国上市公司质量评价报告(2015~2016)
著(编)者:张跃文 王力　2016年11月出版 / 估价:118.00元

设计产业蓝皮书
中国设计产业发展报告(2016)
著(编)者:陈冬亮 梁昊光　2016年3月出版 / 估价:89.00元

食品药品蓝皮书
食品药品安全与监管政策研究报告(2016)
著(编)者:唐民皓　2016年7月出版 / 估价:69.00元

世界能源蓝皮书
世界能源发展报告(2016)
著(编)者:黄晓勇　2016年6月出版 / 估价:99.00元

水利风景区蓝皮书
中国水利风景区发展报告(2016)
著(编)者:兰思仁　2016年8月出版 / 估价:69.00元

私募市场蓝皮书
中国私募股权市场发展报告(2016)
著(编)者:曹和平　2016年12月出版 / 估价:79.00元

碳市场蓝皮书
中国碳市场报告(2016)
著(编)者:宁金彪　2016年11月出版 / 估价:69.00元

行业报告类 / 皮书系列 2016全品种

体育蓝皮书
中国体育产业发展报告（2016）
著(编)者:阮伟 钟秉枢 2016年7月出版 / 估价:69.00元

投资蓝皮书
中国投资发展报告（2016）
著(编)者:谢平 2016年4月出版 / 估价:128.00元

土地市场蓝皮书
中国农村土地市场发展报告（2016）
著(编)者:李光荣 高传捷 2016年1月出版 / 估价:69.00元

网络空间安全蓝皮书
中国网络空间安全发展报告（2016）
著(编)者:惠志斌 唐涛 2016年4月出版 / 估价:79.00元

物联网蓝皮书
中国物联网发展报告（2016）
著(编)者:黄桂田 龚六堂 张全升
2016年1月出版 / 估价:69.00元

西部工业蓝皮书
中国西部工业发展报告（2016）
著(编)者:方行明 甘犁 刘方健 姜凌 等
2016年9月出版 / 估价:79.00元

西部金融蓝皮书
中国西部金融发展报告（2016）
著(编)者:李忠民 2016年8月出版 / 估价:75.00元

协会商会蓝皮书
中国行业协会商会发展报告（2016）
著(编)者:景朝阳 李勇 2016年4月出版 / 估价:99.00元

新能源汽车蓝皮书
中国新能源汽车产业发展报告（2016）
著(编)者:中国汽车技术研究中心
  日产（中国）投资有限公司 东风汽车有限公司
2016年8月出版 / 估价:89.00元

新三板蓝皮书
中国新三板市场发展报告（2016）
著(编)者:王力 2016年6月出版 / 估价:69.00元

信托市场蓝皮书
中国信托业市场报告（2015～2016）
著(编)者:用益信托工作室
2016年2月出版 / 估价:198.00元

信息安全蓝皮书
中国信息安全发展报告（2016）
著(编)者:张晓东 2016年2月出版 / 估价:69.00元

信息化蓝皮书
中国信息化形势分析与预测（2016）
著(编)者:周宏仁 2016年8月出版 / 估价:98.00元

信用蓝皮书
中国信用发展报告（2016）
著(编)者:章政 田侃 2016年4月出版 / 估价:99.00元

休闲绿皮书
2016年中国休闲发展报告
著(编)者:宋瑞
2016年10月出版 / 估价:79.00元

药品流通蓝皮书
中国药品流通行业发展报告（2016）
著(编)者:佘鲁林 温再兴
2016年8月出版 / 估价:158.00元

医药蓝皮书
中国中医药产业园战略发展报告（2016）
著(编)者:裴长洪 房书亭 吴滁心
2016年3月出版 / 估价:89.00元

邮轮绿皮书
中国邮轮产业发展报告（2016）
著(编)者:汪泓 2016年10月出版 / 估价:79.00元

智能养老蓝皮书
中国智能养老产业发展报告（2016）
著(编)者:朱勇 2016年10月出版 / 估价:89.00元

中国SUV蓝皮书
中国SUV产业发展报告（2016）
著(编)者:靳军 2016年12月出版 / 估价:69.00元

中国金融行业蓝皮书
中国债券市场发展报告（2016）
著(编)者:谢多 2016年7月出版 / 估价:69.00元

中国上市公司蓝皮书
中国上市公司发展报告（2016）
著(编)者:中国社会科学院上市公司研究中心
2016年9月出版 / 估价:98.00元

中国游戏蓝皮书
中国游戏产业发展报告（2016）
著(编)者:孙立军 刘跃军 牛兴侦
2016年4月出版 / 估价:69.00元

中国总部经济蓝皮书
中国总部经济发展报告（2015～2016）
著(编)者:赵弘 2016年9月出版 / 估价:79.00元

资本市场蓝皮书
中国场外交易市场发展报告（2016）
著(编)者:高峦 2016年8月出版 / 估价:79.00元

资产管理蓝皮书
中国资产管理行业发展报告（2016）
著(编)者:智信资产管理研究院
2016年6月出版 / 估价:89.00元

皮书系列 2016全品种 文化传媒类

文化传媒类

传媒竞争力蓝皮书
中国传媒国际竞争力研究报告（2016）
著(编)者:李本乾 刘强
2016年11月出版 / 估价:148.00元

传媒蓝皮书
中国传媒产业发展报告（2016）
著(编)者:崔保国 2016年5月出版 / 估价:98.00元

传媒投资蓝皮书
中国传媒投资发展报告（2016）
著(编)者:张向东 谭云明
2016年6月出版 / 估价:128.00元

动漫蓝皮书
中国动漫产业发展报告（2016）
著(编)者:卢斌 郑玉明 牛兴侦
2016年7月出版 / 估价:79.00元

非物质文化遗产蓝皮书
中国非物质文化遗产发展报告（2016）
著(编)者:陈平 2016年5月出版 / 估价:98.00元

广电蓝皮书
中国广播电影电视发展报告（2016）
著(编)者:国家新闻出版广电总局发展研究中心
2016年7月出版 / 估价:98.00元

广告主蓝皮书
中国广告主营销传播趋势报告 NO.9
著(编)者:黄升民 杜国清 邵华冬 等
2016年10月出版 / 估价:148.00元

国际传播蓝皮书
中国国际传播发展报告（2016）
著(编)者:胡正荣 李继东 姬德强
2016年11月出版 / 估价:89.00元

纪录片蓝皮书
中国纪录片发展报告（2016）
著(编)者:何苏六 2016年10月出版 / 估价:79.00元

科学传播蓝皮书
中国科学传播报告（2016）
著(编)者:詹正茂 2016年7月出版 / 估价:69.00元

两岸创意经济蓝皮书
两岸创意经济研究报告（2016）
著(编)者:罗昌智 董泽平 2016年12月出版 / 估价:98.00元

两岸文化蓝皮书
两岸文化产业合作发展报告（2016）
著(编)者:胡惠林 李保宗 2016年7月出版 / 估价:79.00元

媒介与女性蓝皮书
中国媒介与女性发展报告（2015~2016）
著(编)者:刘利群 2016年8月出版 / 估价:118.00元

媒体融合蓝皮书
中国媒体融合发展报告（2016）
著(编)者:梅宁华 宋建武 2016年7月出版 / 估价:79.00元

全球传媒蓝皮书
全球传媒发展报告（2016）
著(编)者:胡正荣 李继东 唐晓芬
2016年12月出版 / 估价:79.00元

少数民族非遗蓝皮书
中国少数民族非物质文化遗产发展报告（2016）
著(编)者:肖远平（彝）柴立（满）
2016年6月出版 / 估价:128.00元

视听新媒体蓝皮书
中国视听新媒体发展报告（2016）
著(编)者:国家新闻出版广电总局发展研究中心
2016年7月出版 / 估价:98.00元

文化创新蓝皮书
中国文化创新报告（2016）NO.7
著(编)者:于平 傅才武 2016年7月出版 / 估价:98.00元

文化建设蓝皮书
中国文化发展报告（2016）
著(编)者:江畅 孙伟平 戴茂堂
2016年4月出版 / 估价:108.00元

文化科技蓝皮书
文化科技创新发展报告（2016）
著(编)者:于平 李凤亮 2016年10月出版 / 估价:89.00元

文化蓝皮书
中国公共文化服务发展报告（2016）
著(编)者:刘新成 张永新 张旭 2016年10月出版 / 估价:98.00元

文化蓝皮书
中国公共文化投入增长测评报告（2016）
著(编)者:王亚南 2016年12月出版 / 估价:79.00元

文化蓝皮书
中国少数民族文化发展报告（2016）
著(编)者:武翠英 张晓明 任乌晶
2016年9月出版 / 估价:69.00元

文化蓝皮书
中国文化产业发展报告（2016）
著(编)者:张晓明 王家新 章建刚
2016年4月出版 / 估价:79.00元

文化蓝皮书
中国文化产业供需协调检测报告（2016）
著(编)者:王亚南 2016年2月出版 / 估价:79.00元

文化蓝皮书
中国文化消费需求景气评价报告（2016）
著(编)者:王亚南 2016年2月出版 / 估价:79.00元

文化传媒类・地方发展类 皮书系列 2016全品种

文化品牌蓝皮书
中国文化品牌发展报告（2016）
著(编)者：欧阳友权　2016年4月出版 / 估价：89.00元

文化遗产蓝皮书
中国文化遗产事业发展报告（2016）
著(编)者：刘世锦　2016年3月出版 / 估价：89.00元

文学蓝皮书
中国文情报告（2015~2016）
著(编)者：白烨　2016年5月出版 / 估价：69.00元

新媒体蓝皮书
中国新媒体发展报告NO.7（2016）
著(编)者：唐绪军　2016年7月出版 / 估价：79.00元

新媒体社会责任蓝皮书
中国新媒体社会责任研究报告（2016）
著(编)者：钟瑛　2016年10月出版 / 估价：79.00元

移动互联网蓝皮书
中国移动互联网发展报告（2016）
著(编)者：官建文　2016年6月出版 / 估价：79.00元

舆情蓝皮书
中国社会舆情与危机管理报告（2016）
著(编)者：谢耘耕　2016年8月出版 / 估价：98.00元

地方发展类

安徽经济蓝皮书
芜湖创新型城市发展报告（2016）
著(编)者：张志宏　2016年4月出版 / 估价：69.00元

安徽蓝皮书
安徽社会发展报告（2016）
著(编)者：程桦　2016年4月出版 / 估价：89.00元

安徽社会建设蓝皮书
安徽社会建设分析报告（2015~2016）
著(编)者：黄家海　王开玉　蔡宪
2016年4月出版 / 估价：89.00元

澳门蓝皮书
澳门经济社会发展报告（2015~2016）
著(编)者：吴志良　郝雨凡　2016年5月出版 / 估价：79.00元

北京蓝皮书
北京公共服务发展报告（2015~2016）
著(编)者：施昌奎　2016年1月出版 / 估价：69.00元

北京蓝皮书
北京经济发展报告（2015~2016）
著(编)者：杨松　2016年6月出版 / 估价：79.00元

北京蓝皮书
北京社会发展报告（2015~2016）
著(编)者：李伟东　2016年7月出版 / 估价：79.00元

北京蓝皮书
北京社会治理发展报告（2015~2016）
著(编)者：殷星辰　2016年6月出版 / 估价：79.00元

北京蓝皮书
北京文化发展报告（2015~2016）
著(编)者：李建盛　2016年5月出版 / 估价：79.00元

北京旅游绿皮书
北京旅游发展报告（2016）
著(编)者：北京旅游学会　2016年7月出版 / 估价：88.00元

北京人才蓝皮书
北京人才发展报告（2016）
著(编)者：于淼　2016年12月出版 / 估价：128.00元

北京社会心态蓝皮书
北京社会心态分析报告（2015~2016）
著(编)者：北京社会心理研究所
2016年8月出版 / 估价：79.00元

北京社会组织管理蓝皮书
北京社会组织发展与管理（2015~2016）
著(编)者：黄江松　2016年4月出版 / 估价：78.00元

北京体育蓝皮书
北京体育产业发展报告（2016）
著(编)者：钟秉枢　陈杰　杨铁黎
2016年10月出版 / 估价：79.00元

北京养老产业蓝皮书
北京养老产业发展报告（2016）
著(编)者：周明明　冯喜良　2016年4月出版 / 估价：69.00元

滨海金融蓝皮书
滨海新区金融发展报告（2016）
著(编)者：王爱俭　张锐钢　2016年9月出版 / 估价：79.00元

城乡一体化蓝皮书
中国城乡一体化发展报告・北京卷（2015~2016）
著(编)者：张宝秀　黄序　2016年5月出版 / 估价：79.00元

创意城市蓝皮书
北京文化创意产业发展报告（2016）
著(编)者：张京成　王国华　2016年12月出版 / 估价：69.00元

创意城市蓝皮书
青岛文化创意产业发展报告（2016）
著(编)者：马达　张丹妮　2016年6月出版 / 估价：79.00元

地方发展类

创意城市蓝皮书
台北文化创意产业发展报告（2016）
著(编)者：陈耀竹 邱琪瑄　2016年11月出版 / 估价：89.00元

创意城市蓝皮书
无锡文化创意产业发展报告（2016）
著(编)者：谭军 张鸣年　2016年10月出版 / 估价：79.00元

创意城市蓝皮书
武汉文化创意产业发展报告（2016）
著(编)者：黄永林 陈汉桥　2016年12月出版 / 估价：89.00元

创意城市蓝皮书
重庆创意产业发展报告（2016）
著(编)者：程宇宁　2016年4月出版 / 估价：89.00元

地方法治蓝皮书
南宁法治发展报告（2016）
著(编)者：杨维超　2016年12月出版 / 估价：69.00元

福建妇女发展蓝皮书
福建省妇女发展报告（2016）
著(编)者：刘群英　2016年11月出版 / 估价：88.00元

甘肃蓝皮书
甘肃经济发展分析与预测（2016）
著(编)者：朱智文 罗哲　2016年1月出版 / 估价：79.00元

甘肃蓝皮书
甘肃社会发展分析与预测（2016）
著(编)者：安文华 包晓霞　2016年1月出版 / 估价：79.00元

甘肃蓝皮书
甘肃文化发展分析与预测（2016）
著(编)者：安文华 周小华　2016年1月出版 / 估价：79.00元

甘肃蓝皮书
甘肃县域社会发展评价报告（2016）
著(编)者：刘进军 柳民 王建兵
2016年1月出版 / 估价：79.00元

甘肃蓝皮书
甘肃舆情分析与预测（2016）
著(编)者：陈双梅 郝树声　2016年1月出版 / 估价：79.00元

甘肃蓝皮书
甘肃商务发展报告（2016）
著(编)者：杨志武 王福生 王晓芳
2016年1月出版 / 估价：69.00元

广东蓝皮书
广东全面深化改革发展报告（2016）
著(编)者：周林生 涂成林　2016年11月出版 / 估价：69.00元

广东蓝皮书
广东社会工作发展报告（2016）
著(编)者：罗观翠　2016年6月出版 / 估价：89.00元

广东蓝皮书
广东省电子商务发展报告（2016）
著(编)者：程晓 邓顺国　2016年7月出版 / 估价：79.00元

广东社会建设蓝皮书
广东省社会建设发展报告（2016）
著(编)者：广东省社会工作委员会
2016年12月出版 / 估价：99.00元

广东外经贸蓝皮书
广东对外经济贸易发展研究报告（2015~2016）
著(编)者：陈万灵　2016年5月出版 / 估价：89.00元

广西北部湾经济区蓝皮书
广西北部湾经济区开放开发报告（2016）
著(编)者：广西北部湾经济区规划建设管理委员会办公室
广西社会科学院 广西北部湾发展研究院
2016年10月出版 / 估价：79.00元

广州蓝皮书
2016年中国广州经济形势分析与预测
著(编)者：庾建设 沈奎 谢博能　2016年6月出版 / 估价：79.00元

广州蓝皮书
2016年中国广州社会形势分析与预测
著(编)者：张强 陈怡霓 杨秦　2016年6月出版 / 估价：79.00元

广州蓝皮书
广州城市国际化发展报告（2016）
著(编)者：朱名宏　2016年11月出版 / 估价：69.00元

广州蓝皮书
广州创新型城市发展报告（2016）
著(编)者：尹涛　2016年10月出版 / 估价：69.00元

广州蓝皮书
广州经济发展报告（2016）
著(编)者：朱名宏　2016年7月出版 / 估价：69.00元

广州蓝皮书
广州农村发展报告（2016）
著(编)者：朱名宏　2016年8月出版 / 估价：69.00元

广州蓝皮书
广州汽车产业发展报告（2016）
著(编)者：杨再高 冯兴亚　2016年9月出版 / 估价：69.00元

广州蓝皮书
广州青年发展报告（2015~2016）
著(编)者：魏国华 张强　2016年7月出版 / 估价：69.00元

广州蓝皮书
广州商贸业发展报告（2016）
著(编)者：李江涛 肖振宇 荀振英
2016年7月出版 / 估价：69.00元

广州蓝皮书
广州社会保障发展报告（2016）
著(编)者：蔡国萱　2016年10月出版 / 估价：65.00元

广州蓝皮书
广州文化创意产业发展报告（2016）
著(编)者：甘新　2016年8月出版 / 估价：79.00元

广州蓝皮书
中国广州城市建设与管理发展报告（2016）
著(编)者：董皞 陈小钢 李江涛　2016年7月出版 / 估价：69.00元

地方发展类 皮书系列 2016全品种

广州蓝皮书
中国广州科技和信息化发展报告（2016）
著(编)者：邹采荣 马正勇 冯元 2016年8月出版 / 估价：79.00元

广州蓝皮书
中国广州文化发展报告（2016）
著(编)者：徐俊忠 陆志强 顾涧清 2016年7月出版 / 估价：69.00元

贵阳蓝皮书
贵阳城市创新发展报告·白云篇（2016）
著(编)者：连玉明 2016年10月出版 / 估价：89.00元

贵阳蓝皮书
贵阳城市创新发展报告·观山湖篇（2016）
著(编)者：连玉明 2016年10月出版 / 估价：89.00元

贵阳蓝皮书
贵阳城市创新发展报告·花溪篇（2016）
著(编)者：连玉明 2016年10月出版 / 估价：89.00元

贵阳蓝皮书
贵阳城市创新发展报告·开阳篇（2016）
著(编)者：连玉明 2016年10月出版 / 估价：89.00元

贵阳蓝皮书
贵阳城市创新发展报告·南明篇（2016）
著(编)者：连玉明 2016年10月出版 / 估价：89.00元

贵阳蓝皮书
贵阳城市创新发展报告·清镇篇（2016）
著(编)者：连玉明 2016年10月出版 / 估价：89.00元

贵阳蓝皮书
贵阳城市创新发展报告·乌当篇（2016）
著(编)者：连玉明 2016年10月出版 / 估价：89.00元

贵阳蓝皮书
贵阳城市创新发展报告·息烽篇（2016）
著(编)者：连玉明 2016年10月出版 / 估价：89.00元

贵阳蓝皮书
贵阳城市创新发展报告·修文篇（2016）
著(编)者：连玉明 2016年10月出版 / 估价：89.00元

贵阳蓝皮书
贵阳城市创新发展报告·云岩篇（2016）
著(编)者：连玉明 2016年10月出版 / 估价：89.00元

贵州房地产蓝皮书
贵州房地产发展报告NO.3（2016）
著(编)者：武廷方 2016年6月出版 / 估价：89.00元

贵州蓝皮书
册亨经济社会发展报告(2016)
著(编)者：黄德林 2016年1月出版 / 估价：69.00元

贵州蓝皮书
贵安新区发展报告（2016）
著(编)者：马长青 吴大华 2016年4月出版 / 估价：69.00元

贵州蓝皮书
贵州法治发展报告（2016）
著(编)者：吴大华 2016年5月出版 / 估价：79.00元

贵州蓝皮书
贵州民航业发展报告（2016）
著(编)者：申振东 吴大华 2016年10月出版 / 估价：69.00元

贵州蓝皮书
贵州人才发展报告（2016）
著(编)者：于杰 吴大华 2016年9月出版 / 估价：69.00元

贵州蓝皮书
贵州社会发展报告（2016）
著(编)者：王兴骥 2016年5月出版 / 估价：79.00元

海淀蓝皮书
海淀区文化和科技融合发展报告（2016）
著(编)者：陈名杰 孟景伟 2016年5月出版 / 估价：75.00元

海峡西岸蓝皮书
海峡西岸经济区发展报告（2016）
著(编)者：福建省人民政府发展研究中心
福建省人民政府发展研究中心咨询服务中心
2016年9月出版 / 估价：65.00元

杭州都市圈蓝皮书
杭州都市圈发展报告（2016）
著(编)者：董祖德 沈翔 2016年5月出版 / 估价：89.00元

杭州蓝皮书
杭州妇女发展报告（2016）
著(编)者：魏颖 2016年4月出版 / 估价：79.00元

河北经济蓝皮书
河北省经济发展报告（2016）
著(编)者：马树强 金浩 刘兵 张贵
2016年3月出版 / 估价：89.00元

河北蓝皮书
河北经济社会发展报告（2016）
著(编)者：周文夫 2016年1月出版 / 估价：79.00元

河北食品药品安全蓝皮书
河北食品药品安全研究报告（2016）
著(编)者：丁锦霞 2016年6月出版 / 估价：79.00元

河南经济蓝皮书
2016年河南经济形势分析与预测
著(编)者：胡五岳 2016年2月出版 / 估价：69.00元

河南蓝皮书
2016年河南社会形势分析与预测
著(编)者：刘道兴 牛苏林 2016年4月出版 / 估价：69.00元

河南蓝皮书
河南城市发展报告（2016）
著(编)者：谷建全 王建国 2016年3月出版 / 估价：79.00元

河南蓝皮书
河南法治发展报告（2016）
著(编)者：丁同民 闫德民 2016年6月出版 / 估价：79.00元

河南蓝皮书
河南工业发展报告（2016）
著(编)者：龚绍东 赵西三 2016年1月出版 / 估价：79.00元

皮书系列 2016全品种 — 地方发展类

河南蓝皮书
河南金融发展报告（2016）
著(编)者：河南省社会科学院
2016年6月出版 / 估价：69.00元

河南蓝皮书
河南经济发展报告（2016）
著(编)者：河南省社会科学院
2016年12月出版 / 估价：79.00元

河南蓝皮书
河南农业农村发展报告（2016）
著(编)者：吴海峰　2016年4月出版 / 估价：69.00元

河南蓝皮书
河南文化发展报告（2016）
著(编)者：卫绍生　2016年3月出版 / 估价：79.00元

河南商务蓝皮书
河南商务发展报告（2016）
著(编)者：焦锦淼 穆荣兰　2016年4月出版 / 估价：88.00元

黑龙江产业蓝皮书
黑龙江产业发展报告（2016）
著(编)者：于渤　2016年10月出版 / 估价：79.00元

黑龙江蓝皮书
黑龙江经济发展报告（2016）
著(编)者：曲伟　2016年1月出版 / 估价：79.00元

黑龙江蓝皮书
黑龙江社会发展报告（2016）
著(编)者：张新颖　2016年1月出版 / 估价：79.00元

湖南城市蓝皮书
区域城市群整合（主题待定）
著(编)者：童中贤 韩未名　2016年12月出版 / 估价：79.00元

湖南蓝皮书
2016年湖南产业发展报告
著(编)者：梁志峰　2016年5月出版 / 估价：98.00元

湖南蓝皮书
2016年湖南电子政务发展报告
著(编)者：梁志峰　2016年5月出版 / 估价：98.00元

湖南蓝皮书
2016年湖南经济展望
著(编)者：梁志峰　2016年5月出版 / 估价：128.00元

湖南蓝皮书
2016年湖南两型社会与生态文明发展报告
著(编)者：梁志峰　2016年5月出版 / 估价：98.00元

湖南蓝皮书
2016年湖南社会发展报告
著(编)者：梁志峰　2016年5月出版 / 估价：88.00元

湖南蓝皮书
2016年湖南县域经济社会发展报告
著(编)者：梁志峰　2016年5月出版 / 估价：98.00元

湖南蓝皮书
湖南城乡一体化发展报告（2016）
著(编)者：陈文胜 刘祚祥 邝奕轩 等
2016年7月出版 / 估价：89.00元

湖南县域绿皮书
湖南县域发展报告 NO.3
著(编)者：袁准 周小毛　2016年9月出版 / 估价：69.00元

沪港蓝皮书
沪港发展报告（2015～2016）
著(编)者：尤安山　2016年4月出版 / 估价：89.00元

吉林蓝皮书
2016年吉林经济社会形势分析与预测
著(编)者：马克　2016年2月出版 / 估价：89.00元

济源蓝皮书
济源经济社会发展报告（2016）
著(编)者：喻新安　2016年4月出版 / 估价：69.00元

健康城市蓝皮书
北京健康城市建设研究报告（2016）
著(编)者：王鸿春　2016年4月出版 / 估价：79.00元

江苏法治蓝皮书
江苏法治发展报告 NO.5（2016）
著(编)者：李力 龚廷泰　2016年9月出版 / 估价：98.00元

江西蓝皮书
江西经济社会发展报告（2016）
著(编)者：张勇 姜玮 梁勇　2016年10月出版 / 估价：79.00元

江西文化产业蓝皮书
江西文化产业发展报告（2016）
著(编)者：张圣才 汪春翔　2016年10月出版 / 估价：128.00元

经济特区蓝皮书
中国经济特区发展报告（2016）
著(编)者：陶一桃　2016年12月出版 / 估价：89.00元

辽宁蓝皮书
2016年辽宁经济社会形势分析与预测
著(编)者：曹晓峰 张晶 梁启东
2016年12月出版 / 估价：79.00元

拉萨蓝皮书
拉萨法治发展报告（2016）
著(编)者：车明怀　2016年7月出版 / 估价：79.00元

洛阳蓝皮书
洛阳文化发展报告（2016）
著(编)者：刘福兴 陈启明　2016年7月出版 / 估价：79.00元

南京蓝皮书
南京文化发展报告（2016）
著(编)者：徐宁　2016年12月出版 / 估价：79.00元

内蒙古蓝皮书
内蒙古反腐倡廉建设报告 NO.2
著(编)者：张志华 无极　2016年12月出版 / 估价：69.00元

浦东新区蓝皮书
上海浦东经济发展报告（2016）
著(编)者:沈开艳 陆沪根　2016年1月出版 / 估价:69.00元

青海蓝皮书
2016年青海经济社会形势分析与预测
著(编)者:赵宗福　2015年12月出版 / 估价:69.00元

人口与健康蓝皮书
深圳人口与健康发展报告（2016）
著(编)者:陆杰华 罗乐宣 苏杨
2016年11月出版 / 估价:89.00元

山东蓝皮书
山东经济形势分析与预测（2016）
著(编)者:李广杰　2016年11月出版 / 估价:89.00元

山东蓝皮书
山东社会形势分析与预测（2016）
著(编)者:涂可国　2016年6月出版 / 估价:89.00元

山东蓝皮书
山东文化发展报告（2016）
著(编)者:张华 唐洲雁　2016年6月出版 / 估价:98.00元

山西蓝皮书
山西资源型经济转型发展报告（2016）
著(编)者:李志强　2016年5月出版 / 估价:89.00元

陕西蓝皮书
陕西经济发展报告（2016）
著(编)者:任宗哲 白宽犁 裴成荣
2016年1月出版 / 估价:69.00元

陕西蓝皮书
陕西社会发展报告（2016）
著(编)者:任宗哲 白宽犁 牛昉
2016年1月出版 / 估价:69.00元

陕西蓝皮书
陕西文化发展报告（2016）
著(编)者:任宗哲 白宽犁 王长寿
2016年1月出版 / 估价:65.00元

陕西蓝皮书
丝绸之路经济带发展报告（2016）
著(编)者:任宗哲 石英 白宽犁
2016年8月出版 / 估价:79.00元

上海蓝皮书
上海传媒发展报告（2016）
著(编)者:强荧 焦雨虹　2016年1月出版 / 估价:69.00元

上海蓝皮书
上海法治发展报告（2016）
著(编)者:叶青　2016年5月出版 / 估价:69.00元

上海蓝皮书
上海经济发展报告（2016）
著(编)者:沈开艳　2016年1月出版 / 估价:69.00元

上海蓝皮书
上海社会发展报告（2016）
著(编)者:杨雄 周海旺　2016年1月出版 / 估价:69.00元

上海蓝皮书
上海文化发展报告（2016）
著(编)者:荣跃明　2016年1月出版 / 估价:74.00元

上海蓝皮书
上海文学发展报告（2016）
著(编)者:陈圣来　2016年1月出版 / 估价:69.00元

上海蓝皮书
上海资源环境发展报告（2016）
著(编)者:周冯琦 汤庆合 任文伟
2016年1月出版 / 估价:69.00元

上饶蓝皮书
上饶发展报告（2015～2016）
著(编)者:朱寅健　2016年3月出版 / 估价:128.00元

社会建设蓝皮书
2016年北京社会建设分析报告
著(编)者:宋贵伦 冯虹　2016年7月出版 / 估价:79.00元

深圳蓝皮书
深圳法治发展报告（2016）
著(编)者:张骁儒　2016年5月出版 / 估价:69.00元

深圳蓝皮书
深圳经济发展报告（2016）
著(编)者:张骁儒　2016年6月出版 / 估价:89.00元

深圳蓝皮书
深圳劳动关系发展报告（2016）
著(编)者:汤庭芬　2016年6月出版 / 估价:79.00元

深圳蓝皮书
深圳社会建设与发展报告（2016）
著(编)者:张骁儒 陈东平　2016年6月出版 / 估价:79.00元

深圳蓝皮书
深圳文化发展报告(2016)
著(编)者:张骁儒　2016年1月出版 / 估价:69.00元

四川法治蓝皮书
四川依法治省年度报告 NO.2（2016）
著(编)者:李林 杨天宗 田禾
2016年3月出版 / 估价:108.00元

四川蓝皮书
2016年四川经济形势分析与预测
著(编)者:杨钢　2016年1月出版 / 估价:89.00元

四川蓝皮书
四川城镇化发展报告（2016）
著(编)者:侯水平 范秋美　2016年4月出版 / 估价:79.00元

四川蓝皮书
四川法治发展报告（2016）
著(编)者:郑泰安　2016年1月出版 / 估价:69.00元

四川蓝皮书
四川企业社会责任研究报告（2015～2016）
著(编)者:侯水平 盛毅　2016年4月出版 / 估价:79.00元

四川蓝皮书
四川社会发展报告（2016）
著(编)者:郭晓鸣　2016年4月出版 / 估价:79.00元

四川蓝皮书
四川生态建设报告（2016）
著(编)者:李晟之　2016年4月出版 / 估价:79.00元

四川蓝皮书
四川文化产业发展报告（2016）
著(编)者:侯水平　2016年4月出版 / 估价:79.00元

体育蓝皮书
上海体育产业发展报告（2015～2016）
著(编)者:张林 黄海燕　2016年10月出版 / 估价:79.00元

体育蓝皮书
长三角地区体育产业发展报告（2015～2016）
著(编)者:张林　2016年4月出版 / 估价:79.00元

天津金融蓝皮书
天津金融发展报告（2016）
著(编)者:王爱俭 孔德昌　2016年9月出版 / 估价:89.00元

图们江区域合作蓝皮书
图们江区域合作发展报告（2016）
著(编)者:李铁　2016年4月出版 / 估价:98.00元

温州蓝皮书
2016年温州经济社会形势分析与预测
著(编)者:潘忠强 王春光 金浩　2016年4月出版 / 估价:69.00元

扬州蓝皮书
扬州经济社会发展报告（2016）
著(编)者:丁纯　2016年12月出版 / 估价:89.00元

长株潭城市群蓝皮书
长株潭城市群发展报告（2016）
著(编)者:张萍　2016年10月出版 / 估价:69.00元

郑州蓝皮书
2016年郑州文化发展报告
著(编)者:王哲　2016年9月出版 / 估价:65.00元

中医文化蓝皮书
北京中医药文化传播发展报告（2016）
著(编)者:毛嘉陵　2016年5月出版 / 估价:79.00元

珠三角流通蓝皮书
珠三角商圈发展研究报告（2016）
著(编)者:王先庆 林至颖　2016年7月出版 / 估价:98.00元

遵义蓝皮书
遵义发展报告（2016）
著(编)者:曾征 龚永育　2016年12月出版 / 估价:69.00元

国别与地区类

阿拉伯黄皮书
阿拉伯发展报告（2015～2016）
著(编)者:罗林　2016年11月出版 / 估价:79.00元

北部湾蓝皮书
泛北部湾合作发展报告（2016）
著(编)者:吕余生　2016年10月出版 / 估价:69.00元

大湄公河次区域蓝皮书
大湄公河次区域合作发展报告（2016）
著(编)者:刘稚　2016年9月出版 / 估价:79.00元

大洋洲蓝皮书
大洋洲发展报告（2015～2016）
著(编)者:喻常森　2016年10月出版 / 估价:89.00元

德国蓝皮书
德国发展报告（2016）
著(编)者:郑春荣 伍慧萍
2016年5月出版 / 估价:69.00元

东北亚黄皮书
东北亚地区政治与安全（2016）
著(编)者:黄凤志 刘清才 张慧智 等
2016年5月出版 / 估价:69.00元

东盟黄皮书
东盟发展报告（2016）
著(编)者:杨晓强 庄国土　2016年12月出版 / 估价:75.00元

东南亚蓝皮书
东南亚地区发展报告（2015～2016）
著(编)者:厦门大学东南亚研究中心　王勤
2016年4月出版 / 估价:79.00元

俄罗斯黄皮书
俄罗斯发展报告（2016）
著(编)者:李永全　2016年7月出版 / 估价:79.00元

非洲黄皮书
非洲发展报告 NO.18（2015～2016）
著(编)者:张宏明　2016年9月出版 / 估价:79.00元

国家国别类 | 皮书系列 重点推荐

国际形势黄皮书
全球政治与安全报告（2016）
著(编)者:李慎明 张宇燕
2015年12月出版 / 定价:69.00元

韩国蓝皮书
韩国发展报告（2016）
著(编)者:牛林杰 刘宝全
2016年12月出版 / 估价:89.00元

加拿大蓝皮书
加拿大发展报告（2016）
著(编)者:仲伟合 2016年4月出版 / 估价:89.00元

拉美黄皮书
拉丁美洲和加勒比发展报告（2015~2016）
著(编)者:吴白乙 2016年5月出版 / 估价:89.00元

美国蓝皮书
美国研究报告（2016）
著(编)者:郑秉文 黄平
2016年6月出版 / 估价:89.00元

缅甸蓝皮书
缅甸国情报告（2016）
著(编)者:李晨阳 2016年8月出版 / 估价:79.00元

欧洲蓝皮书
欧洲发展报告（2015~2016）
著(编)者:周弘 黄平 江时学
2016年7月出版 / 估价:89.00元

日本经济蓝皮书
日本经济与中日经贸关系研究报告（2016）
著(编)者:王洛林 张季风
2016年5月出版 / 估价:79.00元

日本蓝皮书
日本研究报告（2016）
著(编)者:李薇 2016年4月出版 / 估价:69.00元

上海合作组织黄皮书
上海合作组织发展报告（2016）
著(编)者:李进峰 吴宏伟 李伟
2016年7月出版 / 估价:98.00元

世界创新竞争力黄皮书
世界创新竞争力发展报告（2016）
著(编)者:李闽榕 李建平 赵新力
2016年1月出版 / 估价:148.00元

土耳其蓝皮书
土耳其发展报告（2016）
著(编)者:郭长刚 刘义 2016年7月出版 / 估价:69.00元

亚太蓝皮书
亚太地区发展报告（2016）
著(编)者:李向阳 2016年1月出版 / 估价:69.00元

印度蓝皮书
印度国情报告（2016）
著(编)者:吕昭义 2016年5月出版 / 估价:89.00元

印度洋地区蓝皮书
印度洋地区发展报告（2016）
著(编)者:汪戎 2016年5月出版 / 估价:89.00元

英国蓝皮书
英国发展报告（2015~2016）
著(编)者:王展鹏 2016年10月出版 / 估价:89.00元

越南蓝皮书
越南国情报告（2016）
著(编)者:广西社会科学院 罗梅 李碧华
2016年8月出版 / 估价:69.00元

越南蓝皮书
越南经济发展报告（2016）
著(编)者:黄志勇 2016年10月出版 / 估价:69.00元

以色列蓝皮书
以色列发展报告（2016）
著(编)者:张倩红 2016年9月出版 / 估价:89.00元

中东黄皮书
中东发展报告 No.18（2015~2016）
著(编)者:杨光 2016年10月出版 / 估价:89.00元

中欧关系蓝皮书
中欧关系研究报告（2016）
著(编)者:周弘 2016年12月出版 / 估价:98.00元

中亚黄皮书
中亚国家发展报告（2016）
著(编)者:孙力 吴宏伟 2016年8月出版 / 估价:89.00元

社会科学文献出版社　皮书系列

❖ 皮书起源 ❖

"皮书"起源于十七、十八世纪的英国，主要指官方或社会组织正式发表的重要文件或报告，多以"白皮书"命名。在中国，"皮书"这一概念被社会广泛接受，并被成功运作、发展成为一种全新的出版形态，则源于中国社会科学院社会科学文献出版社。

❖ 皮书定义 ❖

皮书是对中国与世界发展状况和热点问题进行年度监测，以专业的角度、专家的视野和实证研究方法，针对某一领域或区域现状与发展态势展开分析和预测，具备原创性、实证性、专业性、连续性、前沿性、时效性等特点的公开出版物，由一系列权威研究报告组成。

❖ 皮书作者 ❖

皮书系列的作者以中国社会科学院、著名高校、地方社会科学院的研究人员为主，多为国内一流研究机构的权威专家学者，他们的看法和观点代表了学界对中国与世界的现实和未来最高水平的解读与分析。

❖ 皮书荣誉 ❖

皮书系列已成为社会科学文献出版社的著名图书品牌和中国社会科学院的知名学术品牌。2011年，皮书系列正式列入"十二五"国家重点出版规划项目；2012~2015年，重点皮书列入中国社会科学院承担的国家哲学社会科学创新工程项目；2016年，46种院外皮书使用"中国社会科学院创新工程学术出版项目"标识。

中国皮书网
www.pishu.cn

发布皮书研创资讯，传播皮书精彩内容
引领皮书出版潮流，打造皮书服务平台

栏目设置：

- □ 资讯：皮书动态、皮书观点、皮书数据、皮书报道、皮书发布、电子期刊
- □ 标准：皮书评价、皮书研究、皮书规范
- □ 服务：最新皮书、皮书书目、重点推荐、在线购书
- □ 链接：皮书数据库、皮书博客、皮书微博、在线书城
- □ 搜索：资讯、图书、研究动态、皮书专家、研创团队

中国皮书网依托皮书系列"权威、前沿、原创"的优质内容资源，通过文字、图片、音频、视频等多种元素，在皮书研创者、使用者之间搭建了一个成果展示、资源共享的互动平台。

自2005年12月正式上线以来，中国皮书网的IP访问量、PV浏览量与日俱增，受到海内外研究者、公务人员、商务人士以及专业读者的广泛关注。

2008年、2011年，中国皮书网均在全国新闻出版业网站荣誉评选中获得"最具商业价值网站"称号；2012年，获得"出版业网站百强"称号。

2014年，中国皮书网与皮书数据库实现资源共享，端口合一，将提供更丰富的内容，更全面的服务。

权威报告　热点资讯　海量资源

当代中国与世界发展的高端智库平台

皮书数据库 www.pishu.com.cn

　　皮书数据库是专业的人文社会科学综合学术资源总库，以大型连续性图书——皮书系列为基础，整合国内外相关资讯构建而成。包含六大子库，涵盖两百多个主题，囊括了近十几年间中国与世界经济社会发展报告，覆盖经济、社会、政治、文化、教育、国际问题等多个领域。

　　皮书数据库以篇章为基本单位，方便用户对皮书内容的阅读需求。用户可进行全文检索，也可对文献题目、内容提要、作者名称、作者单位、关键字等基本信息进行检索，还可对检索到的篇章再做二次筛选，进行在线阅读或下载阅读。智能多维度导航，可使用户根据自己熟知的分类标准进行分类导航筛选，使查找和检索更高效、便捷。

　　权威的研究报告，独特的调研数据，前沿的热点资讯，皮书数据库已发展成为国内最具影响力的关于中国与世界现实问题研究的成果库和资讯库。

皮书俱乐部会员服务指南

1. 谁能成为皮书俱乐部成员？
   - 皮书作者自动成为俱乐部会员
   - 购买了皮书产品（纸质书/电子书）的个人用户

2. 会员可以享受的增值服务
   - 免费获赠皮书数据库100元充值卡
   - 加入皮书俱乐部，免费获赠该纸质图书的电子书
   - 免费定期获赠皮书电子期刊
   - 优先参与各类皮书学术活动
   - 优先享受皮书产品的最新优惠

3. 如何享受增值服务？

（1）免费获赠100元皮书数据库体验卡

　　第1步 刮开皮书附赠充值的涂层（右下）；
　　第2步 登录皮书数据库网站（www.pishu.com.cn），注册账号；
　　第3步 登录并进入"会员中心"—"在线充值"—"充值卡充值"，充值成功后即可使用。

（2）加入皮书俱乐部，凭数据库体验卡获赠该书的电子书

　　第1步 登录社会科学文献出版社官网（www.ssap.com.cn），注册账号；
　　第2步 登录并进入"会员中心"—"皮书俱乐部"，提交加入皮书俱乐部申请；
　　第3步 审核通过后，再次进入皮书俱乐部，填写页面所需图书、体验卡信息即可自动兑换相应电子书。

4. 声明

　　解释权归社会科学文献出版社所有

皮书俱乐部会员可享受社会科学文献出版社其他相关免费增值服务，有任何疑问，均可与我们联系。
图书销售热线：010-59367070/7428　图书服务QQ：800045692　图书服务邮箱：duzhe@ssap.cn
数据库服务热线：400-008-6695　数据库服务QQ：2475522410　数据库服务邮箱：database@ssap.cn
欢迎登录社会科学文献出版社官网（www.ssap.com.cn）和中国皮书网（www.pishu.cn）了解更多信息

皮书大事记
（2015）

☆ 2015年11月9日，社会科学文献出版社2015年皮书编辑出版工作会议召开，会议就皮书装帧设计、生产营销、皮书评价以及质检工作中的常见问题等进行交流和讨论，为2016年出版社的融合发展指明了方向。

☆ 2015年11月，中国社会科学院2015年度纳入创新工程后期资助名单正式公布，《社会蓝皮书：2015年中国社会形势分析与预测》等41种皮书纳入2015年度"中国社会科学院创新工程学术出版资助项目"。

☆ 2015年8月7~8日，由中国社会科学院主办，社会科学文献出版社和湖北大学共同承办的"第十六次全国皮书年会（2015）：皮书研创与中国话语体系建设"在湖北省恩施市召开。中国社会科学院副院长李培林，国家新闻出版广电总局原副总局长、中国出版协会常务副理事长邬书林，湖北省委宣传部副部长喻立平，中国社会科学院科研局局长马援，国家新闻出版广电总局出版管理司副司长许正明，中共恩施州委书记王海涛，社会科学文献出版社社长谢寿光，湖北大学党委书记刘建凡等相关领导出席开幕式。来自中国社会科学院、地方社会科学院及高校、政府研究机构的领导及近200个皮书课题组的380多人出席了会议，会议规模又创新高。会议宣布了2016年授权使用"中国社会科学院创新工程学术出版项目"标识的院外皮书名单，并颁发了第六届优秀皮书奖。

☆ 2015年4月28日，"第三届皮书学术评审委员会第二次会议暨第六届优秀皮书奖评审会"在京召开。中国社会科学院副院长李培林、蔡昉出席会议并讲话，国家新闻出版广电总局原副局长、中国出版协会常务副理事长邬书林也出席本次会议。会议分别由中国社会科学院科研局局长马援和社会科学文献出版社社长谢寿光主持。经分学科评审和大会汇评，最终匿名投票评选出第六届"优秀皮书奖"和"优秀皮书报告奖"书目。此外，该委员会还根据《中国社会科学院皮书管理办法》，审议并投票评选出2015年纳入中国社会科学院创新工程项目的皮书和2016年使用"中国社会科学院创新工程学术出版项目"标识的院外皮书。

☆ 2015年1月30~31日，由社会科学文献出版社皮书研究院组织的2014年版皮书评价复评会议在京召开。皮书学术评审委员会部分委员、相关学科专家、学术期刊编辑、资深媒体人等近50位评委参加本次会议。中国社会科学院科研局局长马援、社会科学文献出版社社长谢寿光出席开幕式并发表讲话，中国社会科学院科研成果处处长薛增朝出席闭幕式并做发言。

皮书数据库
www.pishu.com.cn

皮书数据库三期

- 皮书数据库（SSDB）是社会科学文献出版社整合现有皮书资源开发的在线数字产品，全面收录"皮书系列"的内容资源，并以此为基础整合大量相关资讯构建而成。

- 皮书数据库现有中国经济发展数据库、中国社会发展数据库、世界经济与国际政治数据库等子库，覆盖经济、社会、文化等多个行业、领域，现有报告30000多篇，总字数超过5亿字，并以每年4000多篇的速度不断更新累积。

- 新版皮书数据库主要围绕存量+增量资源整合、资源编辑标引体系建设、产品架构设置优化、技术平台功能研发等方面开展工作，并将中国皮书网与皮书数据库合二为一联体建设，旨在以"皮书研创出版、信息发布与知识服务平台"为基本功能定位，打造一个全新的皮书品牌综合门户平台，为您提供更优质到位的服务。

更多信息请登录

中国皮书网
http://www.pishu.cn

皮书微博
http://weibo.com/pishu

皮书博客
http://blog.sina.com.cn/pishu

皮书微信
皮书说

请到各地书店皮书专架/专柜购买，也可办理邮购

咨询/邮购电话：010-59367028　59367070　　　邮　　箱：duzhe@ssap.cn
邮购地址：北京市西城区北三环中路甲29号院3号楼华龙大厦13层读者服务中心
邮　　编：100029
银行户名：社会科学文献出版社
开户银行：中国工商银行北京北太平庄支行
账　　号：0200010019200365434
网上书店：010-59367070　　qq：1265056568
网　　址：www.ssap.com.cn　　www.pishu.cn

调多元社会主体通过平等合作型的伙伴关系，依法对社会事务和社会生活进行规范和管理，最终实现公共利益最大化的过程；其具有社会治理主体多元化、社会治理方式多样化和社会治理客体能动性等特征。体育事业作为社会领域中的重要事务，无疑需要推进其治理体系和治理能力的现代化建设。

（一）加快转变社会体育指导员工作模式的迫切性

改革开放以来特别是党的十六大以来，我国的行政体制改革不断深化，取得了显著效果，为经济社会发展注入了新的活力和动力，但也存在一些亟待解决的问题。例如，政府职能转变还不到位，政企、政资、政事、政社关系没有完全理顺，社会管理和公共服务依旧比较薄弱等。

2004年2月，温家宝总理在省部级干部研讨班上首次提出，要"努力建设服务型政府"；2005年3月5日，温家宝总理在《政府工作报告》中再次提出，要"努力建设服务型政府"，标志着我国政府开始由"经济建设型政府"向"公共服务型政府"转型。"公共服务型政府"的基本内涵是：为全社会提供基本而有保障的公共产品和有效的公共服务，不断满足广大社会成员日益增长的公共需求和公共利益诉求，在此基础上形成政府治理的制度安排。[①]

自党的十八大以来，我国加快了推进政府职能转变的步伐。党的十八届三中全会提出："必须切实转变政府职能，深化行政体制

---

① 迟福林：《全面理解"公共服务型政府"的基本涵义》，《人民论坛》2006年第5期，第14~15页。

改革，创新行政管理方式，增强政府公信力和执行力，建设法治政府和服务型政府。"

当前，我国发展进入关键时期，改革进入攻坚阶段。深化行政体制改革的核心和关键仍然是转变政府职能，真正使政府成为人民满意的服务型政府，成为良好发展环境的创造者、优质公共服务的提供者、社会公平正义的维护者。①

以改善民生为出发点和落脚点，进一步强化政府公共服务职能，加快健全基本公共服务体系，建设人民满意的服务型政府是新时期对政府提出的新要求。当前，我国群众体育健身和文化需求日益增长，体育的价值诉求日益多元，这与公共体育服务供给模式单一、公共体育产品针对性不强、多元化的服务体系尚未建立的矛盾日益突出有关。体育事业日益融于国家发展的整体战略与体育改革滞后、现代化治理体系尚未建立的矛盾突出。要解决这些问题，一方面需要加强政府在政策引导、资金支持、环境打造等方面的投入力度；另一方面必须转变政府职能，大力培育、建设体育社会组织，充分调动社会力量，拓宽体育产品和服务的提供渠道，构建多元化的全民健身服务体系，满足人民群众多样化的体育需求。

社会体育指导员是"自下而上"适应全民健身中群众自我管理自我服务需求的产物，具有进行社会化治理的内在动因和社会基础。然而，在我国社会转轨的过程中，由于传统体制的压力和惯性，对社会体育指导员的管理运行仍采用的是高度行政化的模式。

---

① 唐铁汉：《以党的十八大精神为指导　进一步加快政府职能转变步伐》，《行政管理改革》2013年第1期，第15~17页。

全面深化改革的战略部署，要求体育界不失时机地推进社会体育指导员工作的社会化改革，在社会体育指导员工作中，一方面切实转变政府职能，强化政府的宏观管理、环境支持、政策保障和资金投入的定位；另一方面积极培育和建设多元化社会主体，使其承担起指导员招募、培训、任用、管理、组织开展志愿服务、绩效评价等具体工作，逐步形成多元主体共同参与的现代化治理新格局。

（二）政府购买公共服务为社会体育指导员工作可持续发展提供了政策依据

1. 社会体育指导员提供公共服务的领域和内容

政府购买公共服务的提供方式是从"合约失灵""第三方治理""志愿失灵"的理论衍生出来的。[1] 从国外发展经验来看，各种社会组织是政府购买服务的重点选择。在美国，社会组织提供了政府出资所有社会服务的56%、就业和训练服务的48%、保健服务的44%；在德国，志愿社团或福利协会提供了90%的助残服务、70%的家庭服务、60%的养老服务和40%的医院病床服务。英、法、日等国家都有类似做法。[2]

2012年3月，《中央财政支持社会组织参与社会服务项目公告》发布，决定以中央财政专项资金支持社会组织参与社会服务。自此开始，这一新的公共服务供给方式形成了一股席卷全国的热

---

[1] 胡薇：《政府购买社会组织服务的理论逻辑与制度现实》，《经济社会体制比较》2012年第6期，第129~136页。
[2] 刘金良、姚云云：《社会组织的发展路径选择：基于政府购买公共服务的研究》，《辽宁行政学院学报》2011年第5期，第11~13页。

潮。在《财政部民政部工商总局关于印发〈政府购买服务管理办法（暂行）〉的通知》中指出："本办法所称政府购买服务，是指通过发挥市场机制作用，把政府直接提供的一部分公共服务事项以及政府履职所需服务事项，按照一定的方式和程序，交由具备条件的社会力量和事业单位承担，并由政府根据合同约定向其支付费用。""购买主体应当在公平竞争的原则下鼓励行业协会商会参与承接政府购买服务，培育发展社会组织，提升社会组织承担公共服务能力，推动行业协会商会与行政机构脱钩。"

政府向社会组织购买服务是当前中国各地创新社会管理的重要方式之一，从垄断性地提供服务到与社会组织合作提供服务，是政府职能转变的一次全新尝试。[①] 2013年11月21日，民政部印发了《2014年中央财政支持社会组织参与社会服务项目实施方案》的通知，并下发了社会组织参与社会服务项目的资助范围、申报办法、执行办法、项目人员培训示范项目管理办法等一系列制度安排和具体部署；12月11日，财政部发出了《关于做好政府购买公共服务工作有关问题的通知》，对进一步做好政府购买服务工作进行部署，提出"逐步建立健全政府购买服务制度，是推进国家治理体系和治理能力现代化的客观要求，是创新公共服务供给方式、提高公共服务供给水平和效率的迫切需要"，要求"主动提出购买服务的内容和事项，精心研究制定指导性目录，明确购买的服务种类、性质和内容"。

[①] 胡薇：《政府购买社会组织服务的理论逻辑与制度现实》，《经济社会体制比较》2012年第6期，第129~136页。

2015年，中共中央办公厅、国务院办公厅出台了《关于加快构建现代公共文化服务体系的意见》，明确提出："发展壮大社会体育指导员队伍。"政府购买公共服务的政策和指导意见，为购买社会体育指导员服务，促进社会体育指导员工作健康、可持续发展提供了政策依据和制度保障。社会体育指导员队伍及其志愿服务体系是全民健身公共服务体系的重要组成部分。社会体育指导员所提供的公共服务，既包括其所提供的健身指导、活动组织、健身宣传等直接服务，也包括社会体育指导员队伍所依托的社会组织自身的建设和发展，以及这些社会组织所开展的指导员队伍管理、信息服务、组织协调等工作内容。依据相关政策和工作意见，探索拓展指导员队伍的服务渠道、建立指导员工作的新机制都可以成为购买服务的内容。

2. 社会体育指导员日常工作绩效评价和购买机制

政府由直接提供公共服务，逐步转变为向社会组织购买公共服务是我国社会事业发展的必然趋势。在政府购买社会组织公共服务中，需要通过量化政府购买公共服务的绩效指标，构建科学合理的政府向社会购买公共服务绩效评估体系，保障政府购买公共服务的效率和效益。例如，在政府与社会组织签订购买合同中，细化购买服务的数量、质量和费用标准，并确立量化的参照值，使购买服务的绩效评估具有可操作性。

目前，我国社会体育指导员队伍已经发展到170余万人，对群众日常健身活动的指导、组织和开展发挥了重要的作用。但是由于广大社会体育指导员是分散的个体，其志愿服务分布于广场、公园、健身活动站点等，社会体育指导员开展工作所依托的组织建设尚不完备，自我管理和服务的自治体系尚未建立；在社会体育指导员队伍管理中，信息化管理手段在指导员日常志愿服务中的使用还不普及，目前对社会体育指导员日常所开展的志愿服务工作还缺乏客观、有效的绩效评价手段和方法。由于社会体育指导员开展工作所依托的组织建设尚不完备，政府向社会组织购买指导员队伍服务的渠道也并不畅通，因此在政府购买公共服务的相关政策指导下，亟须探索社会体育指导员日常志愿服务的绩效评价体系、监督机制以及购买指导员服务的具体路径和办法。

（三）社会体育指导员社会化组织管理体系建设的必要性

现代社会，公共服务的供给日益由一元走向多元。政府从直接供给者转变为公共服务的安排者，在生产者中引入了非营利组织、私营部门。公共服务模式的转型发展也带来社会事业的治理由政府一元化管理模式走向政府、营利组织、非营利组织共同参与的多元化合作模式。

党的十八届三中全会提出："实现发展成果更多更公平惠及全体人民。"这里的"更多"是指基本公共服务的规模和效率，"更公平"是指基本公共服务的均等化，"惠及"是指基本公共服务的可及性与公众满意度。

在公共服务供给中，与政府相比，社会组织具有多样性、回应性、灵活性等多种优势，能够更好回应社会不同群体的需求，有效提高服务针对性和服务质量。同时，社会组织是政府和公民之间的桥梁和纽带，是公共需求和公众满意度的重要反馈渠道，是多元社会治理的重要"一元"。社会体育指导员的社会化组织管理体系及其自我管理和自我服务的自治机制的建设，可以有效弥补政府供给的不足，加强指导员队伍对群众多元化健身需求的回应，提高指导员志愿服务质量，推动指导员队伍可持续健康发展。

党的十八大首次提出的"加快形成政社分开、权责明确、依法自治的现代社会组织体制"，确立了社会组织在治理体系中的主体地位。在此目标之下，社会改革领域提出"紧紧围绕更好保障和改善民生、促进社会公平正义"，"加快形成科学有效的社会治理体制，确保社会既充满活力又和谐有序"。同时，党的十八大报告在"加强和创新社会管理"部分中提出"改进政府提供公共服务方式，加强基层社会管理和服务体系建设，增强城乡社区服务功能，强化企事业单位、人民团体在社会管理和服务中的职责，引导社会组织健康有序发展，充分发挥群众参与社会管理的基础作用"，更是充分体现了多元社会主体参与治理的思路。[1]

治理的核心在于还政于民和还权于社群。因此，社会事业治理主体应由一元走向多元，权力运行方向应从单一向度的自上而下的指令，转变为上下互动、彼此合作、相互协商的多元关系；治理行为应形成多样化的社会网络组织，从事公共事务的共同管理，同时政府治理策略和工具要向适应治理模式要求的方向改变，[2] 最大限度地增进社会的公共利益是其核心目标。

2011年，国家体育总局颁布《社会体育指导员管理办法》，在总结多年来工作经验的基础上，做出了一些推进社会化管理的规

---

[1] 王名、蓝煜昕：《社会新政：从管理到治理》，《前线》2014年第6期，第52~54页。
[2] 孙伯瑛：《当代地方治理——面向21世纪的挑战》，商务印书馆，2013，第49页。

定。比如，建立全国和地方社会体育指导员协会，由其加强社会体育指导员队伍建设，承担有关社会体育指导员管理工作；各级体育主管部门可以委托群众性体育组织和基层文化体育组织承担社会体育指导员管理的具体工作；具有较好工作条件和能力的全国性和省级行业、单项体育协会，经申请获批，可负责相应等级社会体育指导员培训、审批等工作。

当前，我国社会组织总体上还处于培育和建设阶段，还未形成政府与社会组织广泛合作的伙伴关系，社会体育指导员队伍的社会化组织管理体系也尚不完善，社会化的运行机制还未建立起来。截至2014年底，全国现有87.1%的省级地区（27/31）、59.8%的地市（199/333）和26.8%的县区（766/2854）成立了社会体育指导员协会，但大多数社会体育指导员协会的实体化程度还不高。因此，积极稳妥地按照党的十八大提出的，国家推进社会组织建设和发展的方针政策与具体的推进步骤要求，加快推进各级社会体育指导员协会的实体化建设，按照社会组织自治自律的机制运行，是推进社会体育指导员工作社会化改革的一项重点任务。

近年来，只有中残联体协和金融、煤矿、航天、中科院5个全国性行业体协申请获批，以及中国健身气功协会继续进行有关社会体育指导员的培训审批工作，大部分行业、项目体协尚未在社会体育指导员工作上有所行动。随着各行业系统、人群体育协会和体育项目协会的逐渐实体化以及这些协会进一步承担起全民健身工作任务，充分发挥这些协会在培养、管理各自领域和项目的社会体育指导员方面的优势。特别是要通过项目协会的相关工作，有效提高社会体育指导员专项素质与技能，更好地提升他们的指导服务水平，同时为扩大我国各类体育项目人口，建立体育项目的活动、指导体系奠定基础。

社会体育指导员队伍的志愿服务既是全民健身志愿服务体系的核心内容，也是全民健身公共服务体系的重要组成部分。社会治理的现代化要求在社会体育指导员队伍的建设中，转变当前社会体育指导员管理中以行政手段为主的模式，充分认识指导员队伍的多元化作用，加强对指导员队伍建设规律的探索，通过加强政策和制度建设，积极培养和引导社会组织参与社会体育指导员队伍的建设和管理，引导和保障社会体育指导员队伍以自治为基础的社会化、规范化运行机制的建立。

三　全面推进依法治国，建设社会体育指导员工作法治体系

"'全面依法治国'不仅是'四个全面'重大战略的重要组成部分，而且是协调推进'四个全面'重要制度的基础和法治保障。"习近平总书记用"鸟之两翼、车之双轮"比喻全面依法治国与全面深化改革的关系，在《中共中央关于全面推进依法治国若干重大问题的决定》的说明中提出："全面推进依法治国是关系我们党执政兴国、关系人民幸福安康、关系党和国家长治久安的重大战略问题，是完善和发展中国特色社会主义制度、推进国家治理体系和治理能力现代化的重要方面。我们要实现党的十八大和十八届三中全会作出的一系列战略部署，全面建成小康社会、实现中华民

族伟大复兴的中国梦,全面深化改革、完善和发展中国特色社会主义制度,就必须在全面推进依法治国上作出总体部署、采取切实措施、迈出坚实步伐。"

全面依法治国的内涵丰富,既包括完备的法律规范体系、高效的法治实施体系、严密的法治监督体系、有力的法治保障体系、完善的党内法规体系的"五大法治体系",也包括依法治国、依法执政、依法行政的"三个共同推进",以及法治国家、法治政府、法治社会的"三个一体建设"等。

法律是治国之重器,良法是善治之前提。法治既是治国理政的基本方式,也是调节社会利益关系的重要方式,还是凝聚改革共识、分担改革风险、推动改革深化的最佳途径。当前,我国已经进入深化改革的"深水区"和"瓶颈期",越来越需要从体制机制上寻找问题的根源和解决的办法,越来越需要从制度上进行系统谋划、顶层设计和综合配套。①

(一)全面依法治国对社会体育指导员工作提出新的要求

党的十八大报告在论述加强社会建设时,特别强调围绕构建中国特色社会主义社会管理体系,加快形成党委领导、政府负责、社会协同、公众参与、法治保障的社会管理体制。这一表述,是在原来提出的社会管理格局基础上的进一步提升,也是对加强法治政府建设提出的新要求。继续深化行政体制改革,就要进一步提高社会管理的科学化水平,加强社会管理法律、体制机制、能力、人才队

---

① 李适时:《全面推进依法治国的几点思考》,《中国人大》2013年第12期,第34~38页。

伍和信息化建设。①

在体育领域推进依法治理，努力建设法治体育，也必然要体现和作用于社会体育指导员工作当中。要求管理者要具备相应的法治意识和法治素养，具有运用法治思维和法治方式开展社会体育指导员工作的能力。为此，要依法转变行政职能，不断深化社会体育指导员工作模式的法治化改革；要加强社会体育指导员工作的机制和制度建设，进一步完善社会体育指导员制度的改革设计，健全社会体育指导员工作的配套政策和法规体系，注重对社会体育指导新方式、新经验的探索和总结。加大社会体育指导员法规的实施和执法检查监督力度。②

（二）建设社会体育指导员工作法治体系

为了推进群众体育的社会化发展，原国家体委于1993年制定过部门规章，在全国体育系统展开了社会体育指导员工作。当时正值全民健身和体育法治的重要建设时期，社会体育指导员工作相继在1995年进入《全民健身计划纲要》和《中华人民共和国体育法》的规定中，并上升为一项重要的国家法律制度。进入21世纪，随着经济社会的发展，特别是北京奥运会的成功举办，体育发展愈加受到国家重视。党中央国务院在2002年颁布了《关于进一步加强和改进新时期体育工作的意见》，阐明了体育在经济社会发展中

---

① 唐铁汉：《以党的十八大精神为指导 进一步加快政府职能转变步伐》，《行政管理改革》2013年第1期，第15~17页。
② 于善旭：《运用法治思维和方式推进社会体育指导员工作》，《社会体育指导员》2015年第1期，第40页。

的重要地位和作用，对体育改革发展做出了全面的部署。其中，专门指出要"建立社会体育指导工作队伍和社会化的群众体育网络"，明确社会体育指导员工作是全民健身发展要着重抓好的重要环节。此后，随着全民健身运动的蓬勃开展，社会体育指导员工作逐步跨出体育系统，呈现出相关部门、团体联合推动的新态势。自2006年以来，国家体育总局与国家民委、民政部、教育部、文化部、农业部、中央文明办、中华全国总工会、共青团中央、全国妇联、中国残联等部门、团体，分别联合制定下发了《关于加强少数民族传统体育工作的意见》《关于开展全国职工体育示范单位创建活动的通知》《关于广泛开展全民健身志愿服务活动的通知》《关于切实加强新时期残疾人群众体育工作的意见》《关于进一步加强职工体育工作的意见》《关于发挥乡镇综合文化站的功能进一步加强农村体育工作的意见》以及国务院批转的《中国残疾人事业"十二五"发展纲要》等文件，对在少数民族体育、职工体育、农村体育、全民健身志愿服务等工作中加强社会体育指导员队伍建设、发挥社会体育指导员作用等做出了规定，明确了要求。

北京奥运会之后，我国进入建设体育强国的新时期，全民健身成为体育工作进一步加强的重点。2009年，国务院颁布了《全民健身条例》，为推进和规范全民健身的发展提供了专门化的法律依据。2011年，在进入"十二五"周期之际，国务院又制定了《全民健身计划（2011~2015年）》。在这些国家层面的立法和规划中，通过对历史经验的认真总结，进一步肯定了社会体育指导员工作的重要地位，分别对社会体育指导员工作进行了更加明确的专门规定和具体部署，为保证社会体育指导员工作在国家整体社会发展中的进一步推进与融合奠定了坚实的基础。自 2011 年以来，在基层体育发展中加强对社会体育指导员的配置，成为中央精神文明建设指导委员会制定的《全国文明城市测评体系》和全国爱国卫生运动委员会制定的《国家卫生城市标准（2014 版）》增添的重要内容。2015 年 1 月，中共中央办公厅和国务院办公厅印发的《关于加快构建现代公共文化服务体系的意见》中，也明确提出了"发展壮大社会体育指导员队伍"的要求。

20 多年来，社会体育指导员队伍在各层次法规和政策的保障下，逐步建设、发展和壮大。社会体育指导员制度已经成为我国全民健身的一项重要工作制度，成为全民健身公共服务体系的重要组成部分。在全面依法治国的背景下，社会体育指导员工作面临进一步加强法治体系建设的新要求。实现社会体育指导员工作的依法治理，必须以科学立法为基础，既要有高位阶的法律法规定位，又要有多层次的配套操作规范。目前，在公益社会体育指导员工作方面已出台了《社会体育指导员管理办法》，但还需要健全和完善各种配套规范。深入组织开展社会体育指导员工作还亟须建立高效的指导员法治实施体系，配套完善注册招募、遴选留用、管理评价、激励保障、志愿服务开展、实施评估等多方面配套法规，完善相关法律法规有效实施的措施。同时，建立规范的法治监督体系，增强指导员工作主体的守法意识，保障法律法规的落实。

四 建设体育强国：加强体育人力资源队伍建设

建设体育强国是改革开放以来党的历任领导集体一直关注的重

大体育发展战略。早在1984年，以邓小平为核心的领导集体在《中共中央关于进一步发展体育运动的通知》中就提出："中央相信，在体育战线全体同志和全党、全国各族人民共同努力下，中华民族一定能够跻身于世界体育强国之林。"[①]

2008年，胡锦涛同志在北京奥运会、残奥会总结表彰大会上的讲话中指出："进一步推动我国由体育大国向体育强国迈进"，并强调："我们要坚持以增强人民体质、提高全民族身体素质和生活质量为目标，高度重视并充分发挥体育在促进人的全面发展、促进经济社会发展中的重要作用，实现竞技体育和群众体育协调发展"。

由体育大国向体育强国迈进是党中央根据我国的发展阶段和基本国情对新时期体育事业发展提出的新目标和新定位，是新时期我国体育工作改革和发展的目标与任务。建设体育强国一方面要求进一步发挥体育在经济、政治、社会、文化以及生态文明建设中的独特作用；另一方面强调体育事业全面协调、可持续发展，即群众体育、学校体育与竞技体育，体育事业与体育产业，东西部地区以及城乡体育的协调发展。

（一）社会体育指导员担负着推进全民健身生活化、科学化、社会化的任务

在体育强国的建设中，群众体育是较为薄弱的环节。全面建成

[①] 《体育大国向体育强国迈进的理论与实践研究》课题组：《体育强国战略研究》，人民体育出版社，2010，第5页。

以人为本，融入国民积极、健康生活方式的群众体育工作体系，建立覆盖城乡的全民健身服务体系，不断提高政府保障公民基本体育需求的水平，群众体育的政府投入、群众体育的组织化水平、经常参加体育活动的人口比例、人均占有体育场地面积、社会指导员（志愿者队伍）的数量和质量等指标达到或超过中等发达国家水平，体育活动成为国民首选的健身休闲方式，是体育强国建设对群众体育的要求。①

社会体育指导员是我国群众体育的重要人力资源，是我国体育强国建设目标的重要组成部分。随着经济社会发展，人民群众对体育的需求更加旺盛，健身方式、活动内容、健身目标日益生活化、科学化、多元化。社会体育指导员担负着推进全民健身生活化、科学化、社会化的任务。在新时期，创新和改革群众体育管理体制和运行机制，加强指导员队伍和志愿服务体系的建设是实现我国由体育大国向体育强国迈进的组成部分和重要环节。

（二）对提高指导员素质，完善社会体育指导员培训工作提出新要求

建设体育强国，进一步发挥体育的多元社会功能和综合社会价值，加快建设更加完善的全民健身公共服务体系，对社会体育指导员队伍质量和作用的发挥提出了更高水平的要求，对加强社会体育指导员培训工作，提高社会体育指导员队伍素质提出了新的要求。

---

① 《体育大国向体育强国迈进的理论与实践研究》课题组：《体育强国战略研究》，人民体育出版社，2010，第8页。

目前，我国社会体育指导员工作主要依靠行政手段推动，指导员来源渠道狭窄，培训主体单一，培训内容和形式的针对性与实效性还亟须加强。社会体育指导员的培训工作应紧密结合社会需求，进一步拓展培训主体，充分调动和发挥各级各类专项社会组织特别是单项体育协会的作用，建立起包括等级培训和技能再培训、日常培训和交流研讨、岗前培训和岗位后提升培训、线上培训和线下培训在内的多种方式相结合的以政府为主导，各类社会组织广泛参与的多元化、社会化、充满活力的社会体育指导员培训工作体系。

B.6
社会体育指导员工作发展对策

"十三五"时期我国经济社会发展的主要目标——"人民生活水平和质量普遍提高"为我国体育事业和社会体育指导员工作的开展指明了方向;"十三五"时期要"进一步转变政府职能,持续推进简政放权、放管结合、优化服务,提高政府效能,激发市场活力和社会创造力"为我国体育事业和社会体育指导员工作的改革和发展提出了新的要求。

面临新形式和新要求,如何进一步创新我国社会体育指导员队伍建设与发展思路,加快转变社会体育指导员工作模式,努力建成全民健身志愿服务的"长效化"机制,进一步促进群众体育科学化、生活化、社会化、组织化和多元化,满足人民群众日益增长的体育健身需求,促进经济发展和社会和谐是我们迫切需要进一步思考的理论和实践问题。

一 深化社会体育指导员工作理论研究,为推动指导员工作科学发展提供支撑和保障

20余年来,我国已初步建立起社会体育指导员工作体系,但指导员理论和政策研究工作仍日相对薄弱。全面建成小康社会,深化体育管理体制改革,加快全民健身公共服务体系的建设都对社会

体育指导员工作在理论创新、制度创新、措施创新等方面提出了新的要求，急需持续深入开展相关理论和政策研究为指导员工作的科学发展提供支撑和保障。

（一）建立社会体育指导员工作"研究智库"，持续开展相关理论和政策研究工作

自党的十七大以来，国家愈加重视社会科学研究对国家相关政策的支撑作用，不断加强"智库"建设，将其作为提升国家"软实力"的重要组成部分。在国外社会体育工作中，设立"研究智库"的做法较为普遍。如：日本文部省的保健体育审议会模式，保健体育审议会不仅是社会体育的咨询机构，同时也是重要的决策机构。它的决策方式是通过咨询报告书的形式向全国颁布体育政策，对日本文部省社会体育指导员的管理过程进行研究和监督。美国肌力与体能训练协会（NSCA）成立民间教育研究机构。美国在全国身体活动计划（*National Physical Activity Plan*，2010）的总对策中提出，建立一个体育活动政策发展研究中心，涵盖全国体育活动计划中的所有方面。

因此，建立开放流动的现代化研究智库，围绕社会体育指导员及其志愿服务凝聚多方面的理论、实践领域专家，持续开展相关理论和政策研究工作，可以为推动指导员工作的科学发展提供支撑和保障。

（二）围绕社会体育指导员工作，建立起学术交流和研讨机制

围绕社会体育指导员工作，建立起学术交流和学术研讨机制，

有利于持续推进社会体育指导员工作不断地深入开展。社会体育指导员的交流和研讨也是一些国家通常的做法。例如，日本每年定期召开一次全国体育指导员进修交流会；相关部门每年都要实施到海外的进修和交流活动，这对于促进日本指导员工作水平的不断提升起到了重要的保障作用。

我国社会体育指导员的交流、学术研讨可以依托各类组织，既可以由各级政府职能部门组织开展，也可以委托给各级社会体育指导员协会、各类体育社团等组织开展；既可以在一定的区域内，也可以跨区域开展社会体育指导员的定期交流与研讨活动。

二 改革社会体育指导员工作制度设计，完善配套政策措施

志愿服务是现代社会非常普遍的一种社会服务活动形式，已经成为一种世界性的社会发展潮流。国外的志愿服务已走过了100多年的历史，许多国家志愿服务活动配套的政策法规完善，已逐渐步入组织化、规范化和系统化的发展轨道。

对于公益性社会体育指导员工作，目前我国实施的是2011年出台的《社会体育指导员管理办法》。该办法对于公益性社会体育指导员工作进行了系统的规范和前瞻性的引领。自党的十八大以来，我国提出全面依法治国的方略，提出"培育和建设志愿服务组织"等要求。在新形势下，社会体育指导员工作面临转型升级和创新发展的要求，现有的制度也面临进一步完善和健全的需要。

（一）改革现有的社会体育指导员管理办法

2011年出台的《社会体育指导员管理办法》虽然对社会体育指导员的管理已经提出了社会化的发展方向，但由于受政府职能转变、社会组织发展程度等环境因素的影响，目前社会体育指导员工作仍带有比较明显的行政推动的特点，社会体育指导员社会化的管理和运行模式并没有真正建立起来。根据当前社会对社会体育指导员工作和志愿服务组织建设的新要求，亟须进一步加强对社会体育指导员工作制度的顶层设计，完善配套法规和可操作性的实施细则；进一步探索社会体育指导员工作中政府的定位和职责、培育和完善社会体育指导员自治组织的配套政策、社会体育指导员工作社会化运行机制的保障条件，以及落实好社会体育指导员志愿服务"质和量"的评价机制等。

（二）健全和完善社会体育指导员的配套政策措施

全面依法治国，实现社会体育指导员工作的依法治理，除科学立法外，还需要完善相关法律法规有效实施的措施，建立规范的法治监督体系。社会体育指导员工作既要有高位阶的法律法规定位，又要有多层次的配套操作规范。目前，在《全民健身条例》对社会体育指导员工作的总体规定之下，公益社会体育指导员工作方面出台了《社会体育指导员管理办法》，但对其的制度细化还需要展开诸多立法工作，健全和完善各种配套规范措施。[①]

---

① 于善旭：《运用法治思维和方式推进社会体育指导员工作》，《新体育·社会体育指导员》2015年第1期，第40页。

例如，配套完善指导员注册招募、管理指导、志愿服务、效益评估、激励保障和购买服务等多方面的制度规范和可操作性的实施细则。

（三）建设社会体育指导员制度实施的保障环境

社会体育指导员工作持续健康发展急需建立高效的社会体育指导员法治实施体系。建设社会体育指导员制度实施的保障环境，是社会体育指导员相关制度有效贯彻落实的重要影响因素。建立社会体育指导员工作规范的法治监督体系，明晰政府在社会体育指导员工作中的监管责任，建立对各类主体开展社会体育指导员工作的科学的绩效评价机制。加强社会体育指导员工作的信息公开、社会监督和社会体育指导员队伍自身监督机制建设。增强社会体育指导员工作主体的守法意识，构建政府监督、社会监督和自我规范的综合性监督体系，有力保障社会体育指导员工作相关法规制度的贯彻落实。

三 推进社会体育指导员社会化管理模式改革，发挥社会体育指导员协会的作用

全面深化改革要求在社会体育指导员工作中，进一步转变社会体育指导员工作主要依靠政府行政管理手段的模式，强化政府的宏观调控和顶层设计，加快推进"政社分开"和"管办分离"机制的建设，加强各级社会体育指导员协会自身能力和自治机制建设，树立公益形象，广泛吸纳社会资源，推进社会体育指导员协会实体

化运行，形成社会体育指导员队伍自我管理和自我服务的社会化运行模式。

（一）切实转变政府职能，推进社会体育指导员协会的实体化

社会体育指导员协会是承接社会体育指导员具体管理和服务工作的重要主体。目前，我国虽然已经开始探索社会体育指导员工作的管办分离与社会化管理，但受限于社会组织的成熟程度，大多数社会体育指导员协会的"实体化"程度不高，对相关服务和管理工作承接有限。

对此，我国可以吸收借鉴日本体育运动指导员的工作管理模式。日本体育运动指导员管理模式与我国相似，政府和社会组织共同承担体育运动指导员的相关工作。政府部门主要负责有关体育运动指导员政策法规的制定和对社会团体培训与管理过程的监督；体育运动指导员具体的培训内容及培训时数，体育运动指导员资格的认定和授予等事务性工作则完全由日本体育协会下设的体育运动指导员培训部管理。

除此，还需要切实转变政府职能，推进指导员工作管办分离机制的建设。进一步强化政府的宏观管理职能，加强体育行政部门在法律法规制定、购买指导员公共服务、加强监管等方面的职责，逐步将社会体育指导员队伍的管理、培训、资格认定等具体工作委托给社会体育指导员协会等社会组织，支持社会体育指导员队伍依托协会，依法自我管理和自我服务，不断推进社会体育指导员协会的实体化运行。

（二）加强社会体育指导员协会的自身能力建设，提升其承接政府职能和为社会体育指导员队伍服务的能力

目前，我国社会体育指导员工作社会化运行模式尚没有真正建立起来的一个重要原因是由于"政社分开"大多没有完成，各级社会体育指导员协会的独立性不强，自身能力也还有待进一步加强。因此，应积极按照国家关于社会组织建设和发展的相关政策要求，加快"政社分开"的步伐，加强对社会体育指导员协会的培育和建设，加大对社会体育指导员协会管理队伍、工作人员、志愿服务队伍的建设力度。加强协会业务开展、项目运作、战略规划、媒体宣传和公共关系等能力的建设，提升社会体育指导员协会承接社会体育指导员管理职能和为社会体育指导员队伍服务的能力。

（三）加强社会体育指导员协会内部自治机制和外部监督机制的建设，形成社会体育指导员自我管理和自我服务的运行模式

内部自治机制建设是指导员协会等社会组织自身良性可持续发展的重要保障。成熟的社会组织大多具有完善的内部治理结构。以日本体育协会为例，在理事会下设有体育指导员培养专业委员会；理事会直管的事务局下设有体育运动指导员培训部，培训部包括体育运动指导员组织课和管理课。组织课，负责被认定的体育运动指导员的组织、使用、再培训，为体育运动指导员水平的提高提供相关的信息资料，指导体育运动指导员加入有关团体等。管理课，负责公认体育指导员的培训、资格晋升（由低级别晋升到高级别）、

资格处理、受培训者的管理、公认指导员的确认、体育指导员的登记管理等。

目前，我国各级社会体育指导员协会中也设立了理事会或者委员会，但人员构成、作用发挥等方面还亟须加强。因此，加强各级社会体育指导员协会的委员会（理事会）、监事会、会员代表大会等内部机构及自治机制的建设，在完善协会的事务公开、外部监督、综合评估评价机制建设的基础上，逐步形成社会体育指导员队伍自我管理、自我服务可持续发展的运行模式。

四 推进社会体育指导员工作转型升级，与体育社会组织改革融合发展

党的十八大首次提出"加快形成政社分开、权责明确、依法自治的现代社会组织体系"，党的十八届二中全会确定改革社会组织管理制度，党的十八届三中全会通过的全面深化改革的决定，其中至少有13处涉及与"社会组织"作用与发展相关的内容，并与"国家治理体系和治理能力"的"现代化"相呼应，确立了社会组织在治理体系中的主体地位。

继党的十八届二中全会和第十二届全国人民代表大会第一次会议审议通过《国务院机构改革和职能转变方案》（以下简称《方案》）之后，2013年3月29日，国务院办公厅印发了关于实施《方案》任务分工的通知，凸显和实践了向市场放权、向社会放权的宏观思路。根据通知要求，国家发改委、民政部会同国资委等有关部门负责，逐步推进行业协会商会与行政机关脱钩。同时，民政

部确定将完善12个方面的政策法规,包括出台1个意见(《关于加快推进现代社会组织体制建设的意见》),修改3个条例(《社会团体登记管理条例》《基金会管理条例》《民办非企业单位登记管理暂行条例》),研究拟订政府向社会组织购买服务、非营利社会组织的税收问题、社会组织专职人员人才队伍建设问题、社会组织党建问题、社会组织建立企业年金制度、社会组织专职人员管理等规定。

目前,《国务院办公厅关于政府向社会力量购买服务的指导意见》和《财政部民政部关于支持和规范社会组织承接政府购买服务的通知》已经下发。2015年7月8日,中共中央办公厅、国务院办公厅印发《行业协会商会与行政机关脱钩总体方案》,随后民政部成立了脱钩试点工作领导小组。

国家体育总局为落实相关要求,从2013年起,开始在全国性单项体育协会开展综合性改革试点的探索。2014年国家体育总局制定了《以运动项目管理中心和单项体育协会改革为突破口,深化体育管理体制改革的方案》。2015年2月27日中央全面深化改革领导小组第十次会议审议通过了《中国足球改革总体方案》。国家体育总局全面贯彻实施"足球发展改革的总体方案""行业协会商会与行政机关脱钩总体方案",积极推进全国性体育社会组织的建设和发展。在地方层面,近年来广东、江苏等地也积极推动社会组织的改革和发展。广东省出台社会组织"直接登记"等利好政策。我国各类体育社会组织进入全面建设发展,进一步发挥社会作用、承接社会职能和社会责任的新阶段。

社会体育指导员是体育社会组织的骨干力量,是体育社会组织建设和发展中的重要人力资源。如何抓住社会组织加快建设和发展的契机，使社会体育指导员队伍建设与体育社会组织改革发展相融合，积极推进指导员工作的转型升级，是指导员工作需要深入思考的问题。

（一）充分发挥体育项目协会等专业社会组织的作用，大力发展专项或特定人群的社会体育指导员队伍

在体育运动指导员的类别划分方面，国外体育运动指导员基本上采用分类、分级的划分方法，已经基本建立起一个完善的资格分类和认证体系，并由社会组织进行管理和培训。各类体育运动指导员的任务明确，工作具体。国外这种分类化的体育运动指导员制度，能够满足不同群体对体育健身指导的需求。我国公益性社会体育指导员目前只有级别而没有类别和运动项目的划分，不利于社会体育指导员队伍满足多元化社会需求和多元社会功能的实现。

体育项目协会等专业社会组织，拥有大量专业人才、品牌赛事、行业标准等无形资产。"十三五"期间，随着我国政府职能转变，行业协会与政府脱钩改革的不断深入，体育项目协会等行业性、专业性社会组织将会进一步以社会需求为导向，积极探索协会的可持续发展之路，进一步满足百姓的多元化健身需求，广泛开展群众体育活动，扩大项目人口（会员）数量，树立协会公益形象，增强项目运作和战略规划等能力。

在这些社会组织的建设和发展中，需要大量的专业人才和志愿服务队伍，协助其共同开展项目的普及、推广、赛事等各类活动。因此，在体育项目协会的建设和发展中，融合社会体育指导员及其志愿服务体系的建设，充分发挥体育项目协会的专业优势，在指导员招募、培训、任用、作用发挥、信息服务等方面发挥作用，培养专项或服务特定人群，如老年人、青少年儿童等社会体育指导员，既可以促进指导员工作的转型升级，培养高素质的专业指导员和志愿服务队伍，同时可以为体育社会组织培养大量人力资源，有利于项目的普及推广等工作的开展。

（二）加强社会体育指导员基层组织的培育和自治机制的建设

目前，社会体育指导员大多依托松散型的晨晚活动站点，在广场公园等地域开展活动，团队成员不固定，队伍松散，干好干坏一个样，指导员队伍还缺乏自我管理、自我监督、自我服务、自我评价的运行机制。

加强基层群众自治组织和社会组织建设，完善基层群众自治制度，有利于增强公民的自律精神和法治意识，有利于构建和谐的社会环境。近年来，各地陆续出台鼓励体育社会组织承接政府公共服务的政策和措施，一些地方取消了社团登记需要经过业务主管单位审批的规定。随着我国社会组织改革的推进，成立基层社会组织的门槛将会逐步降低。加大指导员基层组织的培养和建设，不断完善其建设和发展的外部环境和政策支持，同时健全外部监督制约等机制，实现指导员队伍自我管理、自我服务，有效发挥指导员队伍的作用，满足百姓多元化健身需求。同时，指导员基层组织也是未来指导员工作多元治理主体之一，对于推进指导员工作的转型升级也具有重要的作用。

五 增加社会体育指导员的新类型，满足全民健身多元化社会需求

（一）探索建立社会体育指导员社区公益岗位

近年来，随着经济、社会和体育事业的发展，在全民健身和社会体育指导工作的发展中，出现了一些新的社会体育指导员工作形态。2008年，长春市在我国首创设立"社区体育管理员"公益岗位；2008年，辽宁阜新也开始创设社区体育健身指导员公益性岗位；广东省在一些农村地区设立了"文体协管员"。

公益性岗位是指以实现公共利益和安置就业困难人员为主要目的，由政府设置的非营利性公共管理和社会公益性服务岗位，包括社区文化、教育体育等岗位工作内容。公益性岗位人员实行公开招聘，聘用单位与受聘人员签订劳动合同，公益性岗位就业人员可获得劳动保障部门按月提供的岗位补贴。

建立社会体育指导员社区公益岗位，有效地保障了指导员社区体育工作的开展，有利于进一步发挥社会体育指导员的作用，更好地满足社区居民的多元化健身需求，也有利于推动社区体育工作的转型升级，发挥体育活动在社区发展及和谐社会建设中的作用。

（二）探索在社区工作者等工作人员中培养社会体育指导员

2009年，淮安市体育局会同市委组织部、市人事局在全国率先推出了大学生村干部社会体育指导员工程。云南、重庆、河南等

地也陆续开展了培训大学生村干部担任社会体育指导员的工作。2011年国务院批转的《中国残疾人事业"十二五"发展纲要》中，提出了"培养残疾人社会体育健身指导员"的任务要求。中残联随之启动了"自强健身工程"，决定在"十二五"期间，在全国培养3万名专门为残疾人提供科学健身指导服务的指导员，并开始连年举办全国和地方的培训工作。2012年，国家体育总局向中残联致函同意其开展为残疾人服务的一级社会体育指导员培训审批。在已培养的残疾人体育健身指导员中，很多是残联系统的工作人员或社区的残疾人专职干事。还有媒体报道，北京市自2012年开始举办培养社区工作者参加的社会体育指导员培训班，对一批社区工作者授予了社会体育指导员技术等级称号。天津一些社区养老服务人员中已经有社会体育指导员的身影。

在社区工作者、养老服务队伍、残疾人专干等专职人员中培养社会体育指导员队伍，将有利于进一步促进在社区工作、养老服务、残疾人康复等工作中增加体育健康促进的因素，同时扩大社会体育指导员队伍的服务人群。

（三）探索建设具有社会工作专业资质的社会体育指导员队伍

体育，特别是群众体育和全民健身，已经成为国家基本公共服务和保障改善民生为重点的社会建设的重要内容。随着社会分工的愈益细化和群众健身需求的增长，提供更好的全民健身社会服务，加强专业化的社会体育指导人才培养和队伍建设，应成为创新社会管理和加强社会服务的一项重要内容与政府职责。

《社会工作专业人才队伍建设中长期规划（2011~2020年）》在社会工作专业人才提供社会服务的领域中，就包括了"群众文化"领域。民政部领导在有关讲话中，也提出了"在做好民政范围专业社会工作岗位开发、平台建设的基础上，积极协助其他相关行业、领域和单位开发设置专业社会工作岗位，充实配备社会工作专业人才"的意见。

各地在全民健身的实践中，已进行了建立体育社会工作者队伍的各种尝试。一些地区在城乡社区的文化中心或社区服务中心配备了承担体育职责的专、兼职工作人员。上海市体育局和民政局在2010年就制订了《关于推进体育系统社会工作者队伍建设的实施意见》，提出"建立一支具有社工职业资质的专职体育社会工作者队伍"，要求在各街道（乡、镇）及社区进行配备。

根据国家建设社会工作人才队伍的政策导向并参照上海等地经验以及上述在公益岗位的人员、大学生村干部、残疾人专干、社区工作者中培养社会体育指导员的做法，可以考虑设立纳入社会工作队伍体系或者比照建立社会工作类型的专业社会体育指导员队伍，形成新的制度类型。广泛发挥社会体育指导员队伍在社区管理、养老服务、青少年健康促进、残障康复服务、社区文化、科普等工作中的作用。

这些社会体育指导员工作，可以是设立在城乡基层社区相关组织中的公益性专业劳动岗位，建立人事劳动关系并享有劳动报酬等待遇保障；也可以是专职的或全职的社会体育指导工作岗位，也可以是包括体育指导职责的综合性、兼职性工作岗位。根据当前政府购买社会服务和促进民办社会工作机构发展的有关政策精神，在培育发展社会体育指导员的社会组织和民办机构中，积极推进社会工作者类型的社会体育指导员队伍与制度的建设发展。①

六　拓展社会体育指导员发展渠道，优化指导员队伍结构

（一）吸纳一切有志于体育志愿服务人群加入指导员队伍

在欧美发达国家，志愿服务有着广泛的群众基础和良好的社会声誉，志愿服务的观念意识在民众中得到普遍认同，参加志愿服务已经成为大多数公民的自觉行为。美国1994年就拥有2000万社区体育志愿者，英国1996年有150万大众体育志愿者，德国体育俱乐部的志愿者高达300万人，澳大利亚有150万人参与大众体育服务，瑞典仅体育组织就有50多万志愿者，日本有28.3%的人参加过体育与文化的志愿服务活动。②

我国社会体育指导员制度实施20余年来，在推动全民健身事业的发展中发挥了重要作用，社会体育指导员队伍成为推动全民健身事业发展的重要力量和宝贵的人才资源。目前，社会体育指导员人数已超过170万人，圆满完成了《全民健身计划》中的既定目标。但是社会体育指导员在招募、遴选、培训、任用等方

---

① 于善旭：《当前社会体育指导员分类培养存在的问题及对策》，《体育工作情况（增刊）》2014年第1期，第13页。
② 周学荣、江波：《国外大众体育志愿服务发展的经验与启示》，《体育与科学》2005年第4期，第59~61页。

面还存在明显的计划经济色彩，群众身边的社会体育指导员数量不足、质量不高、上岗率低是当前需着力解决的问题。进一步促进社会体育指导员工作社会化运行模式的建设，吸纳群众体育骨干和一切愿意从事志愿健身服务的人加入指导员队伍，优化社会体育指导员队伍结构，传播体育的志愿服务精神和科学健康生活方式成为当务之急。

（二）进一步在体育院校师生中发展社会体育指导员

体育院校在校学生掌握高水平健身技能，具备社会体育和体育管理的相关知识，具备成为高素质社会体育指导员的潜在优势。国外有一些国家有将体育专业院校学生自动转为体育指导员的相关制度，典型的例子是日本。

根据我国体育高等专业院校人才培养的实际情况，将专业人才培养与社会体育指导员队伍培养和建设紧密结合起来，是培养高素质志愿服务人才的一个重要途径。除对体育院校相关专业学生授予社会体育指导员资格外，还可以鼓励其他非体育专业的学生，结合自身所学专业的实际情况，积极参加相关培训，获得资格证书，并深入相关的基层健身站（点）开展体育指导。通过这种方式，一方面可以弥补我国指导员质量不高的问题；另一方面参加志愿服务也是培育大学生社会主义核心价值观的一个有效途径，有利于培养高素质的社会建设者。志愿精神既是人类宝贵的思想资源，也是当代全球社会推崇的重要价值理念，是社会主义核心价值体系中时代精神的重要体现，是推进和谐社会建设的重要精神力量。

七 完善社会体育指导员培训工作，增强培训工作的实效性和针对性

20多年来，我国已经出版4套社会体育指导员培训大纲和培训教材，建立国家级社会体育指导员培训基地29个，各地普遍建立起一级、二级和三级社会体育指导员培训基地，建立起相对完善的社会体育指导员培训工作体系。但是也存在社会体育指导员培训内容针对性不强、实效性不佳等问题。尤其一些地方的二级和三级社会体育指导员培训还存在走过场的问题。

全民健身上升为国家战略，实现体育与健康、养老、文化、旅游和教育跨界整合、互相促进成为当前趋势。因此，需要紧密围绕百姓的健身需求，制定指导员培训和工作计划，充分发挥各类社会组织在指导员专业培养和项目发展中的能动作用，完善不同类型、不同项目、不同人群的社会体育指导员的分类发展机制，不断完善培训的内容，突出培训工作的实效性，加强社会体育指导员培训基地在社会体育指导员继续培训和继续教育方面的作用，加大对社会体育指导员继续培训工作力度。

（一）建立体育项目协会等专业社会组织共同参与的培训体系

发挥专业社会组织作用，承担指导员培训、管理等具体职能是国际通行做法。随着我国社会组织的改革和发展，各类体育协会等专业社会组织应逐步成为社会体育指导员培养、管理和作用发挥的

重要载体。充分发挥各类专业社会组织，尤其发挥体育项目协会的专业优势，通过政府购买服务，建立完善绩效评价等机制，充分调动这些社会组织在社会体育指导员工作中的积极性，使其成为社会体育指导员工作中的主体，承担起社会体育指导员培养计划、培训教材、招募、培训、交流研讨、志愿服务、绩效评价等管理和服务职能，并逐步建立起不同类型、不同项目、不同人群的社会体育指导员的分类发展机制，进一步发挥社会体育指导员队伍的多元社会作用。

（二）紧密针对社会需求，加强培训内容建设，提升培训工作的实用性和针对性

培训的内容体系是决定社会体育指导员培育质量的关键要素。国外社会体育指导员采用的是分级分类制，分类较细，因此在培训内容上，根据各级各类社会体育指导员工作对象的不同，有针对性地选择培训内容。在培训课程上，分为社会体育基础课程和指导专业课程两个层次，既能做到重视体育理论的培训，又能兼顾专项运动知识及指导实践的培训，这为培养各级各类高水平、高素质的社会体育指导员创造了条件。在我国，社会体育指导员的培训内容没有社会体育基础课程和指导专业课程之分，只有等级而没有类别的划分，因此培训的内容涉及面广，缺乏深度和针对性，这大大制约了我国社会体育指导员素质的提高。

全面建成小康社会，加快建设全民健身公共服务体系，构建全民健身国家战略格局，都要求进一步加强对社会体育指导员培养，提升他们的素质，进一步发挥社会体育指导员队伍在国民健

康促进、养老服务、社区建设与文化服务等方面的作用。因此,需进一步紧密针对不同社会样体的多元需求,调动各类专业社会组织和专业师资力量,加强培训内容和培训体系建设,有效提升培训工作的针对性和实用性,提升社会体育指导员队伍的素质,满足社会多元健身的需求。

(三)加强继续培训工作,建立继续培训制度

国外对被授予资格的社会体育指导员的培训,主要分职前培训和职后培训,职前培训主要是针对社会体育指导员资格的获得,职后培训是为了社会体育指导员的知识更新,社会体育指导员的技能更新制度也比较健全。在社会体育指导员的资格期限方面,日本社会体育指导员的资格有效期为4年,在资格有效期限的4年内,必须参加相关课程的学习,更新其资格证书(对游泳、滑雪、网球、空手道四项的社会体育指导员采用有特别的要求)。逾期一年未重新登记者,将被取消资格。① 资格认定的有效期制度,有利于社会体育指导员知识的更新,从而适应社会对社会体育指导员的要求,使他们更好地为大众服务。

定期开展社会体育指导员的再培训工作是持续提升社会体育指导员队伍专业素质的重要手段。目前,我国一些地区已经开展了对社会体育指导员的再培训等工作,但总体上看,社会体育指导员获取资格证书后的再培训或职后培训还不普遍,还没有形成制度化,

---

① 姚向颖:《中国、日本、美国社会体育指导员管理体制比较研究》,《福建师大福清分校学报》2007年第5期,第76~80页。

已经开展的再培训的形式和内容还需进一步拓展。因此，需要进一步充分发挥各级社会体育指导员培训基地、专业社会组织等多元主体作用，定期开展各级各类社会体育指导员的再培训等工作，提升社会体育指导员队伍整体素质。

八 加强支持保障体系建设，建立社会体育指导员长效志愿服务机制

（一）加大政府购买公共服务的力度，建立规范和灵活的购买机制

不断加强和完善对社会体育指导员的支持保障体系的建设是社会体育指导员队伍可持续发展和"长效化"志愿服务机制建设的重要支撑。2013年9月26日，国务院办公厅颁发了《关于政府向社会力量购买服务的指导意见》，对进一步转变政府职能、改善公共服务等做出了重大部署，对购买主体、承接主体、购买内容、购买机制、资金管理和绩效管理等提出具体要求；明确了承接政府购买服务的主体，包括依法登记成立的社会组织、企业、机构等社会力量。2014年11月《财政部民政部关于支持和规范社会组织承接政府购买服务的通知》，明确提出充分认识社会组织在政府购买服务中的重要作用，加强社会组织培育发展，加大社会组织承接政府购买服务的支持力度，以及政府购买服务的具体管理和组织实施措施。

政府加大购买公共服务力度，尤其是加大支持社会组织承接公

共服务力度的相关政策，为政府购买社会体育指导员的志愿服务提供了依据，为促进社会体育指导员工作可持续发展提供了政策保障。"十三五"期间，按照国家相关政策要求，采用多种灵活方式和切实有效的实施措施，进一步加大政府购买指导员服务的力度，尤其社会组织承接相关服务的购买力度，建立政府购买社会体育指导员服务的名录，扩大承接社会体育指导员相关工作的社会组织的范畴，明确和规范购买服务的程序和实施措施，并建立信息公开、综合监督和绩效评估等机制。

（二）搭建社会体育指导员工作的信息服务和管理平台

2015年9月，由中央文明办、民政部和共青团中央组织有关单位制定的《志愿服务信息系统基本规范》（以下简称《基本规范》），作为行业标准发布。《基本规范》是我国志愿服务信息化建设领域第一个全国性行业标准。在研究分析多个志愿服务信息系统、梳理总结志愿服务发展需要基础上，《基本规范》将志愿服务过程中涉及的志愿者、志愿团体、志愿服务项目、培训、表彰奖励、志愿服务时间、评价投诉、志愿服务证书等要素在信息系统中进行了整合，首次对志愿服务信息系统的数据采集、功能作用、共享与交换、信息安全等做出了统一规范和要求，是建设、完善志愿服务信息系统的基础标准和重要参考。《基本规范》的实施将有效实现全国志愿服务的信息共享交换和资源整合利用，进一步提升志愿者队伍建设科学化、信息化水平，推动志愿服务规范化、制度化发展。

为进一步做好《基本规范》的推广应用工作，中央文明办、民政部、共青团中央随后下发了推广应用《〈志愿服务信息系统基本规范〉的通知》（以下简称《通知》）。《通知》提出：志愿服务信息系统是发展壮大志愿者队伍、合理配置志愿服务资源、提升志愿服务效能的重要载体，是利用现代信息技术推动志愿服务事业发展的有效手段；明确要求各地区、各部门、各志愿服务组织应从推进志愿服务制度化、建立中国特色志愿服务体系的高度，充分认识推广应用《基本规范》的重要性、必要性，按照《基本规范》的要求开发完善、选择应用相关志愿服务信息系统，尽快实现全国志愿服务信息系统的互通互联、信息共享。

志愿服务的信息化、规范化管理是世界各国较为通行的做法。目前我国社会体育指导员工作以及社会体育指导员志愿服务工作的信息化和规范化管理还亟须提升。利用现代互联网和新媒体技术架起志愿组织、志愿服务人员、志愿服务对象之间的信息沟通平台，实现社会体育指导员工作的信息化、系统化、规范化管理是社会体育指导员工作转型升级发展的保障。承担社会体育指导员工作的各类社会组织对志愿者的招募、培训、录用、注册、监督以及服务质量的评估、信息归档等各方面工作，都可以依托信息平台，以开放的、现代化方式开展。因此，在已有的社会体育指导员信息管理系统的开发利用的基础上，依据国家出台的《基本规范》和社会体育指导工作的要求，建设社会体育指导员信息服务和管理平台，进一步加强社会体育指导员工作的信息化、规范化是"十三五"期间的一个重要任务。

（三）完善社会体育指导员工作评价和激励机制

对社会体育指导员工作和社会体育指导员的志愿服务进行客观

有效地评价是建立有效激励机制和促进社会体育指导员队伍健康可持续发展的保障。

随着我国各类体育社会组织的培育、建设和发展，逐步依托各级社会体育指导员协会、各类体育项目协会、基层活动站（点）等承担社会体育指导员工作的社会组织，建立起社会体育指导员队伍自我管理和自我评价的自治体系和机制，以有效弥补政府对社会体育指导员工作管理粗放，对社会体育指导员志愿服务有效评价不足的问题。

进一步完善社会体育指导员志愿服务的认定和激励制度。逐步建立和实施对社会体育指导员志愿服务经历的认定制度。社会体育指导员志愿服务经历的认定制度不仅是志愿服务参与者的奖励、补贴等的依据，也可以进一步与志愿服务者的升学、就业、社会信誉等方面相挂钩，如将大学生社会体育指导员的志愿服务经历认定为有效的工作经历，并鼓励地方政府和企事业单位在聘用员工方面给予有志愿服务经历者以优先的资格。认定和激励制度对于鼓励社会各界广泛参与志愿服务，弘扬志愿服务精神和社会主义的核心价值具有积极的意义。

（四）建立社会力量支持社会体育指导员组织和服务工作的机制

各级各类社会体育指导员组织以及社会体育指导员的志愿服务具有显著的社会公益性。国外鼓励各类社会机构、个人支持公益组织及其志愿服务是比较普遍的做法。比较大的企业通常是通过创办各种基金会的形式支持志愿服务，一些中小企业、个人则主要是通过捐赠实物或现金等形式为志愿服务提供支持。这些支持和捐赠将依法享受减免税等优惠政策，这就大大激励了社会对志愿组织的捐赠行为，也为志愿活动的广泛开展提供了一定的资金支持。

因此，一方面要进一步提高我国各级各类社会体育指导员组织的战略规划、项目运作、公益营销等能力，打造自身公益形象，积极争取社会资源的投入。另一方面要加快制定鼓励社会各界采取捐赠、合作等多种方式支持社会体育指导员组织以及社会体育指导员志愿服务的优惠政策。

（五）进一步加强社会体育指导员志愿服务的宣传工作

目前，我国志愿服务还未普及，民众还未形成志愿服务的自觉意识。人们对社会体育指导员工作及社会体育指导员的志愿服务还缺少了解和认同。人们对志愿精神的理解和认同，关系整个社会的志愿服务文化氛围，直接影响志愿服务能否健康可持续发展。进一步加强社会体育指导员及全民健身志愿服务宣传工作，建立全民健身志愿服务的宣传体系，弘扬志愿服务精神，对于社会体育指导员志愿服务的广泛开展非常重要。

加强对社会体育指导员及其组织的宣传工作，一方面进一步发挥政府的主导作用，拓宽社会体育指导员工作的宣传渠道，广泛通过报刊、广播、电视、互联网等社会媒体资源，以及专门设计的宣传标语、标志、口号、文化衫、展示板等多种方式，加强对社会体育指导员和全民健身志愿服务的宣传，也可以精心设计志愿服务项目以及利用重大时间节点组织社会体育指导员深入企业、机关、事业单位、学校、社区开展服务，宣传全民健身志愿服务精神。另一方面组织社会体育指导员积极拓展服务对象，积极服务于青少年儿童、企事业职工等群体，培养和传播志愿精神，提高社会各界对社会体育指导员志愿服务活动的理解和认识。另外，积极树立社会体育指导员典型，加大对志愿服务中的典型事件和典型人物宣传和示范，提高社会体育指导员志愿服务的社会影响力和感召力，让"奉献他人、收获快乐"的志愿服务理念深入人心，在全社会倡导"奉献、服务、健康、快乐"的体育志愿精神。

（六）建立社会体育指导员保险制度，完善相关保障机制

目前，许多国家建立了社会体育指导员保险制度，如日本的综合保险制度以已注册的社会体育指导员为对象，目的是使社会体育指导员在指导活动中因受伤或被指导的对象受伤，自身面对负有主要的法律责任而被要求巨额经济赔偿时，能够迅速地得到经济上的补偿。

随着社会体育指导员及其志愿服务的进一步广泛开展，建立、完善和推广社会体育指导员志愿服务的保险制度成为必然趋势。社会体育指导员保险制度可以有效地减少社会体育指导员志愿服务工作的后顾之忧。近年来，我国少数地区进行了相关探索和尝试。但目前各省份所施行的保险制度均为单方面的针对社会体育指导员自身在参加志愿服务时遭受意外伤害时进行的保障，可以借鉴日本的综合保险制度经验，增加对社会体育指导员因所指导的对象受伤而自己负有主要的法律责任而被要求巨额经济赔偿时的保险保障，扩大现有保险的覆盖范围，全方位地保障社会体育指导员的指导活动。

B.7
附录 相关规章和规范性文件

社会体育指导员技术等级制度

（国家体委第 19 号令，1993 年）

第一条 社会体育指导员是发展我国体育事业，增进公民身心健康，提高生活质量，建设社会主义精神文明的一支重要力量。为鼓励社会体育指导员积极从事社会体育工作，加强社会体育指导员队伍的建设与管理，制定本制度。

第二条 社会体育指导员系指在竞技体育、学校体育、部队体育以外的群众性体育活动中从事技能传授、锻炼指导和组织管理工作的人员。凡符合条件，履行社会体育指导员职责者，均可根据本制度的规定，申请并获得社会体育指导员技术等级称号。

第三条 社会体育指导员技术等级称号分为：三级社会体育指导员、二级社会体育指导员、一级社会体育指导员、国家级社会体育指导员。

第四条 社会体育指导员必须拥护中国共产党的领导，热爱社会主义祖国；遵守法律与社会公德，热心社会体育事业，积极从事社会体育工作。

第五条 申请授予技术等级称号或晋升上一等级称号者均应参

加相应级别的业务培训，考核合格并具备下列条件：

三级社会体育指导员必须具备：

（一）了解体育锻炼和比赛的一般知识，初步掌握某项体育活动的技能传授方法，能够承担基本的锻炼指导工作；

（二）了解社会体育工作的一般知识，初步掌握社会体育组织管理的方法，能够根据计划组织实施基层组织的社会体育活动。

二级社会体育指导员必须具备：

（一）从事三级社会体育指导员工作二年以上；

（二）基本掌握体育锻炼和比赛的理论与方法，能够承担某项体育活动的技能传授和锻炼指导工作并取得比较明显的成效；

（三）基本掌握社会体育组织管理的理论与方法，熟悉社会体育工作的特点，能够承担基层组织社会体育活动的计划、实施和总结工作并取得比较明显的成绩；

（四）具有指导三级社会体育指导员的能力。

一级社会体育指导员必须具备：

（一）从事二级社会体育指导员工作三年以上；

（二）掌握体育锻炼和比赛的理论与方法，能够承担某项体育活动较高水平的技能传授和锻炼指导工作并取得比较突出的成效；

（三）掌握社会体育组织管理的理论与方法，具有一定的实践经验和较强的组织能力，能够指导基层社会体育组织的工作并取得比较突出的成绩；

（四）具有指导二级社会体育指导员的能力，能够进行社会体育的科学研究。

国家级社会体育指导员必须具备：

（一）从事一级社会体育指导员工作五年以上；

（二）较系统地掌握体育锻炼和比赛的理论与方法，在某项体育活动的技能传授和锻炼指导中取得显著成效，或在发展民族、民间传统体育活动中具有特殊技能和突出成就；

（三）较系统地掌握社会体育组织管理的理论与方法，具有丰富的实践经验，能够承担国家或省、自治区、直辖市和全国行业、系统的社会体育活动的组织工作，或在全国性社会体育工作评比中获得先进个人称号；

（四）具有指导一级社会体育指导员的能力，在社会体育的科学研究中取得一定的成果。

第六条　评审各级社会体育指导员必须具备的条件，可根据申请者的具体情况，分别在技能传授、锻炼指导或组织管理方面的掌握上有所侧重。

第七条　取得高等体育专业学历的人员或具有专业技术职务的体育教师、非在职教练员从事社会体育的指导工作，申请技术等级称号可不受从事社会体育指导员工作年限规定的限制。

第八条　申请授予各级社会体育指导员技术等级称号，应向当地体育行政部门或其委托的组织提交下列材料：

（一）本人的申请书；

（二）相应级别的社会体育指导员业务培训合格证书；

（三）所在单位或体育组织的推荐书。

申请晋级者还需提交原等级证书。

第九条　受理申请的体育行政部门或其委托的组织在审查申请人提交的材料完全具备后；应提交有批准权限的体育行政部门或其

委托的组织的评审委员会进行评审。有批准权限的体育行政部门应根据评审结论作出批准或不予批准的答复。

申请人接到批准的答复后，应凭批件及时到当地的体育行政部门办理登记手续。

第十条 各级社会体育指导员的批准授予权限为：三级社会体育指导员由县、区体育行政部门批准授予；二级社会体育指导员由地、市体育行政部门批准授予；一级社会体育指导员由省、自治区、直辖市体育行政部门批准授予；国家级社会体育指导员由国家体委批准授予。

第十一条 被授予社会体育指导员技术等级称号者，由批准授予的体育行政部门发给证书、证章。证书、证章由国家体委统一制作。

第十二条 对社会体育指导员按批准权限实行分级管理。各级体育行政部门及其委托的组织，应确定主管机构，设立评审委员会，分级负责社会体育指导员的培训、考核、评审以及其他管理工作。

第十三条 各级社会体育指导员应依照下列规定从事社会体育工作：

（一）义务从事社会体育的指导工作。

（二）可以开展体育技能传授、锻炼指导、组织管理以及体育表演、体育咨询等的有偿服务，并可按照相应的技术等级称号收取不同的报酬。

（三）在取得当地体育行政部门颁发的许可证，并经当地工商行政管理部门注册后，可以开展经营性体育活动。

（四）可以应聘到机关、企事业单位和社会团体担任社会体育指导工作。

第十四条 各级社会体育指导员跨地区迁移时，应按管理权限办理迁出、迁入手续。在迁入的地区和工作单位，应承认其社会体育指导员技术等级称号，并支持其按照第十三条的规定从事社会体育工作。

第十五条 对工作努力、成绩突出的社会体育指导员，体育行政部门应予以表彰、奖励或破格晋级。对从事社会体育指导工作二十年（女子十五年），为社会体育事业做出突出贡献的，经省、自治区、直辖市体育行政部门推荐，国家体委批准，授予荣誉社会体育指导员称号，并颁发荣誉奖章。荣誉奖章由国家体委制作。

第十六条 凡连续两年不从事社会体育工作的社会体育指导员，不得申请授予高一等级社会体育指导员技术等级称号。

社会体育指导员违反第四条、第十三条（一）、（二）、（三）项的规定，给社会体育工作造成不良影响的，由所在单位、有关的体育组织或体育行政部门对其予以批评教育，责令改过；情节严重、影响恶劣的，或触犯刑法及有其他严重违法行为的，其所在单位或体育组织应报请有相应管理权限的体育行政部门撤销其称号，并收回证书、证章、荣誉奖章。

第十七条 各省、自治区、直辖市体育行政部门应根据本制度的规定，结合本地区的实际情况，制定具体的实施办法，经报同级人民政府批准后组织实施。

第十八条 本制度由国家体委和群众体育司负责解释。

第十九条 本制度自一九九四年六月十日起施行。

（《社会体育指导员管理办法》于2011年11月9日起施行，该制度同时废止）

关于进行国家级社会体育指导员培训工作有关事宜的通知

(体群字〔1996〕144号)

各省、自治区、直辖市体委,北京、上海、武汉、西安、成都、沈阳、天津、广州体育学院:

为了认真实施《社会体育指导员技术等级制度》(以下简称《制度》),加强国家级社会体育指导员培训工作的管理,使此项工作逐步科学化、制度化、规范化,现就进行国家级社会体育指导员培训工作的有关事宜通知如下:

一、为了充分发挥体育院校在教学、科研等方面的优势,本着就近培训、节约开支的原则,将全国各省(区、市)国家级社会体育指导员的培训工作委托部分体育院校承担,并颁发铜匾,挂牌培训。具体分布如下:

(一)北京体育大学:北京、山西、内蒙古;

(二)上海体育学院:上海、江苏、浙江、安徽;

(三)武汉体育学院:江西、河南、湖北、湖南;

(四)西安体育学院:陕西、甘肃、青海、宁夏、新疆;

(五)成都体育学院:四川、贵州、云南、西藏;

(六)沈阳体育学院:辽宁、吉林、黑龙江;

(七)天津体育学院:天津、河北、山东;

(八)广州体育学院:福建、广东、海南、广西。

二、我委群体司将根据实施《制度》和推动全民健身计划的工作需要，于培训的前一年年底前，下发培训任务以及名额分配。

三、各省（区、市）体委应本着保证质量、从严把关的原则，按照《制度》和有关文件的要求，将本省（区、市）符合标准的申请培训人员名单，于2月底前报我委群体司。

各培训单位根据我委下发的培训任务和名额分配，按照《社会体育指导员培训大纲》的要求，制定当年的培训计划及收费标准，报我委科教司审批。得到正式批准后，方可开始培训。

四、各培训单位根据本单位及参加培训地区的实际情况，于当年10月底前完成培训工作，并于11月30日前将培训情况和总结报我委科教司。具体培训时间、地点及有关安排，在培训日前40天由培训单位直接通知各省（区、市）体委，并报我委群体司备案。

五、各省（区、市）体委在接到有关通知后，应尽快通知本地参加培训人员，并开具介绍信。参加培训人员应凭各省（区、市）体委介绍信到本地区所属的培训单位报到。

六、各省（区、市）体委应于培训当年11月30日前，将申请国家级社会体育指导员称号人员的有关材料，按照有关规定，报我委群体司，以待评审。

国家体委办公厅

一九九六年八月二十六日

关于加强社会体育指导员管理工作的通知

(体群字〔2000〕089号)

各省、自治区、直辖市、计划单列市、新疆生产建设兵团体委（体育局）：

根据目前实施《社会体育指导员技术等级制度》（以下简称《制度》）中出现的一些新问题，为维护《制度》的严肃性，现就加强社会体育指导员工作管理的有关问题通知如下：

一、各级体育行政部门的分管领导及具体负责人员，要在贯彻实施《体育法》的基础上，进一步认真学习《制度》和原国家体委下发的〔关于下发《实施〈社会体育指导员技术等级制度〉的意见》的通知〕（以下简称《通知》）的各项条款（〔94〕体群字151号），并在工作中严格执行。

二、在进行社会体育指导员业务培训工作中，各级体育行政部门要严格按照《通知》第二条的规定执行。特别是确定培训单位，均须经同级体育行政部门决定或批准，并报上一级体育行政部门备案；对未按规定程序经体育行政部门决定或批准，擅自进行培训的，其培训考核结果不予承认。

三、在进行社会体育指导员评审、批准和日常管理工作中，各级体育行政部门要遵照《制度》第十条、第十二条和《通知》第三条、第四条、第五条的规定。对相应等级的社会体育指导员严格按规定进行评审和批准，并按批准授予权限实行分级管理；同时，

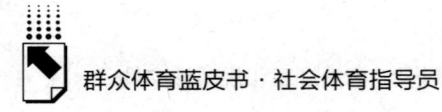

将各年度内各级社会体育指导员授予情况和简要工作情况填入《社会体育指导员授予情况统计表》（见《通知》附表六）上报我总局群体司。

国家体育总局办公厅

二〇〇〇年七月十二日

关于进一步做好《社会体育指导员技术等级制度》实施工作的通知

（体群字〔2002〕14号）

各省、自治区、直辖市、新疆生产建设兵团体育局，各行业体协，各有关直属单位：

原国家体委于1994年颁布的《社会体育指导员技术等级制度》（以下简称《制度》），是在改革开放新时期和社会主义市场经济条件下，为适应全民健身事业的发展而进行的一项重要的基础建设。《中华人民共和国体育法》和《全民健身计划纲要》对实施《制度》已给予明确的确认，在《全民健身计划纲要》第一期工程中，实施《制度》始终作为一项重点工作。近8年来，通过《制度》的有效实施，我国的社会体育指导员队伍逐渐壮大，广大社会体育指导员的素质日益提高，对促进我国全民健身事业的发展起到了十分重要的作用。为适应体育产业化和体育市场发展的需要，并对在经营性体育健身场所专门从事体育指导工作人员进行专门的职业培训和管理，劳动和社会保障部颁布了《社会体育指导员国家职业标准》（以下简称《标准》），于2001年8月7日起在全国施行，《标准》是对《制度》中从事经营性指导活动的社会体育指导员职责标准的具体规范，是对《制度》的进一步发展和完善。

新世纪我国全民健身工作的开展，对社会体育指导员队伍的建设提出了新的要求。如何在现有工作的基础上，主动应对形势的发展变化？进一步做好《制度》的实施工作，逐步满足全民健身活动实践对各类社会体育指导员的需要，是各级体育行政部门当务之急的一项任务。根据目前实施社会体育指导员工作中出现的新情况、新问题，现就进一步做好《制度》工作的有关问题，通知如下：

一、要积极开展对各级社会体育指导员的培训和审批。在《制度》的现有框架内，已从义务指导、有偿服务、经营活动、应聘指导等方面，规定了社会体育指导员从事指导工作的多种方式。但在我国现有的社会体育指导员队伍中，从事业余、志愿义务指导工作的占绝大多数。在今后一段时间内，这种结构状况还难以改变。培养、使用和管理好业余义务从事指导工作的社会体育指导员，仍然是当前社会体育指导员工作的重点。因此，要在不断总结经验的基础上，继续按照现有的工作模式，根据《制度》的规定，开展对各级社会体育指导员的培训和审批工作。

二、要结合形势和工作发展的要求，适当补充和调整培训内容，改进培训方法，有效提高培训质量。要运用多种形式，加强对社会体育指导员的组织和管理，切实发挥他们的积极作用。

三、逐步加强对从事技能传授和健身指导工作的社会体育指导员的培训。随着社会体育指导工作的发展，越来越要求对从事技能传授和健身指导工作的社会体育指导员进行必要的项目分类和提高专项运动能力，需要逐步明确和细化社会体育指导员在各社会体育运动项目方面的专项技能标准。各运动项目中心要认真履行管理各项运动普及与提高工作的职责，根据社会体育指导工作的需要，逐步开展各运动项目社会体育指导员技能标准以及培训、考核、管理等实施过程的研究工作，积极参与我国社会体育指导员队伍的建设。

四、各省（区、市）体育行政部门要确定专人负责社会体育指导员工作，并在一个时期内相对固定。要加强对实施《制度》情况的沟通，严格按照实施《制度》工作中的有关文件要求，及时、准确地将有关材料和年度统计表按要求上报。

五、我总局将选择适当时机，对《制度》进行修改和完善。

请各省（区、市）体育行政部门，注意搜集和调研与《制度》有关的各种信息，认真研究分析《制度》存在的各种问题，为下一步修改《制度》做好准备。

二〇〇二年二月十九日

关于下发《关于进一步加强社会体育指导员工作的意见》的通知

(体群字〔2005〕94号)

各省、自治区、直辖市、新疆生产建设兵团、计划单列市体育局，各行业体协，各有关运动项目管理中心，北京体育大学，人力资源开发中心：

根据《〈全民健身计划纲要〉第二期工程（2001～2010年）规划》中关于社会体育指导员工作的要求，为切实加强社会体育指导员队伍的建设，明确《社会体育指导员国家职业标准》和《社会体育指导员技术等级制度》二者之间的关系，使实施工作顺利进行，完成预期的工作目标，现将《关于进一步加强社会体育指导员工作的意见》发给你们，请结合本地区、本行业、本单位的工作实际，切实抓好实施工作。

国家体育总局
二〇〇五年七月十一日

关于进一步加强社会体育指导员工作的意见

原国家体委于1993年12月制定下发的《社会体育指导员技术等级制度》（以下简称《制度》）颁布实施十多年来，我国已建立起一支日益壮大的社会体育指导员队伍和从中央到地方分级管理的体系。国家体育总局与劳动和社会保障部组织制定并于 2001 年 8 月颁布的《社会体育指导员国家职业标准》（以下简称《标准》），其实施试点工作也已展开。为进一步明确现有两种类型社会体育指导员之间的关系，切实加强社会体育指导员队伍建设，更好地发挥他们在全面建设小康社会、构建全民健身体系中的积极作用，特提出以下意见。

一　充分认识加强社会体育指导员工作的重要性

（一）近年来，党中央在提出"构建群众性的多元化体育服务体系"的基础上，明确将"形成比较完善的全民健身体系"纳入全面建设小康社会的奋斗目标，从国家政治、经济、文化发展的高度，赋予"全民健身体系"以十分重要的战略地位。加强社会体育指导员队伍的建设，是构建全民健身体系要着重抓好的一项基础性工作和重要内容。

（二）社会体育指导员队伍建设是群众体育组织建设的重要内容。社会体育指导员是群众体育重要人才资源，在落实《全民健身计划纲要》，增强全民的体育意识、开展丰富多彩的体育活动、指导群众科学健身、引导社会体育消费等方面，发挥着不可替代的重要作用。发展全民健身事业，必须造就一支数量充足和良好素质的社会体育指导员队伍。

（三）我国开展社会体育指导员工作的时间还不长，社会体育指导员的数量及其工作现状还不能很好地适应全民健身发展的需要。社会体育指导员在城乡之间、各地区之间和不同级别、类型之间的发展还很不平衡，社会体育指导员的培养质量还不够高，一些获得称号的社会体育指导员实际发挥作用不足，社会体育指导员管理机制还不够顺畅，亟待社会体育指导员工作的进一步加强。

（四）在非营利性社会体育指导活动中从事指导工作的公益社会体育指导员和在营利性体育场所的劳动岗位从事指导工作的职业社会体育指导员，都是我国社会体育指导员队伍不可缺少的重要组成部分，两种类型的社会体育指导员将并存发展，相互促进，并按照各自的工作方式共同为全民健身事业做出贡献。

（五）各级体育行政部门和有关组织，要树立科学的发展观和正确的人才观，不断提高对开展社会体育指导员工作重要性的认识，营造有利于社会体育指导员工作的良好环境，使社会体育指导员队伍建设和工作状况更好地适应全民健身发展的需要。

二　进一步理顺社会体育指导员的管理体制和工作关系

（六）《制度》主要是对公益社会体育指导员工作进行规范；《标准》主要是对职业社会体育指导员进行规范。各级体育行政部门对社会体育指导员工作要进行统一管理与协调，并按照公益与职业社会体育指导工作的规律、特点和需要，分类制定工作规划，分别进行政策法规的引导与规范，采取不同的培训考核与任用管理方式，富有特色地建设和发展两类社会体育指导工作模式和队伍体系。

（七）国家体育总局群体司全面负责对全国两种类型社会体育指导员工作的行政调控和行业指导，制定发展规划和政策法规，协调各种工作和管理关系，对工作过程与结果实施监督检查，并对实施《制度》的公益社会体育指导员工作进行综合管理。国家体育总局社会体育指导中心设立专门部门负责公益社会体育指导员的培训和各项日常管理工作。

（八）国家体育总局人事司根据劳动和社会保障部《体育行业特有工种职业技能鉴定实施办法（试行）》的规定，综合管理和指导社会体育指导员等体育行业特有工种职业技能鉴定工作。国家体育总局职业技能鉴定指导中心负责职业社会体育指导员职业技能鉴定的日常管理工作。国家体育总局职业技能鉴定指导中心的办事机构设在国家体育总局人力资源开发中心。

（九）省、自治区、直辖市体育行政部门负责管理本辖区的两种类型社会体育指导员工作，自行确定内部管理的职能分工。各地报国家体育总局职业技能鉴定指导中心、经国家体育总局人事司审核后，报经劳动和社会保障部批准设立的体育行业特有工种职业技能鉴定站，具体承担职业社会体育指导员的职业鉴定工作。

（十）积极探索社会体育指导员管理的社会化模式。建立全国和地方性的社会体育指导员协会，发挥其社团自治与自律管理的职能，将体育行政部门中可以由社会体育指导员协会管理的事项，逐步向协会转移。全国性单项运动协会应参与对社会体育指导员专项运动技能工作的管理，协助相关职能部门制定社会体育指导员等级称号的专项技能考核，有条件的可以承担专项业务培训任务。各行业体育协会经向国家体育总局申请批准后，可负责本行业内公益社会体育指导员的管理工作。

（十一）发挥体育院校和其他学校在培训与培养社会体育指导员中的作用。按照分级管理的原则，公益社会体育指导员的培训，除已明确国家级社会体育指导员由批准的高等体育院校培训外，一级社会体育指导员的培训工作，也应委托高等体育院校和有条件的其他高等院校进行；其他等级的社会体育指导员培训工作，也可由体育院校和其他学校等专门教育培训机构承担。职业社会体育指导员的培训由经过专门资质认证的培训基地承担。有条件的体育院校和其他学校应在体育专业中开设社会体育指导的相关课程，在晨晚练站点和其他健身场所安排一定的社会体育指导实践，为体育专业学生获取社会体育指导员资格创设有利条件。

（十二）对各类社会体育指导员称号实行统一规范。一些体育项目通过有关文件确认实行的社会体育指导人员制度，应当归并到现行的公益社会体育指导员和职业社会体育指导员制度体系之中，规范名称，统一管理。今后任何组织未经国家体育总局批准，不得自行设立其他类型的社会体育指导员称号。

三　逐步形成保证和激励社会体育指导员发挥作用长效机制

（十三）坚持社会体育指导员工作与社会体育组织网络建设的互动发展，各类社会体育指导员均应信托于一定的体育组织和场所开展工作。大力推进各种基层体育社团、社区体育俱乐部、乡镇文体站、社会体育指导中心和社会体育活动站点等体育组织和健身活动设施的建设，积极开发适应不同层次体育健身休闲需求、引导多样化体育消费的经营性场所，为社会体育指导员提供更多的工作载体和活动空间。全民健身中心、青少年体育俱乐部和社区体育健身俱乐部的工作，要与社会体育指导员队伍建设紧密结合起来。

（十四）进一步强化社会体育指导员在群众体育组织建设和群

众体育工作评价中的地位，将社会体育指导员队伍建设和作用发挥的状况作为一项实体性任务，提出量化指标，纳入群众体育工作评估与评优体系。要区别社会体育发展的不同情况制订各级各类体育健身组织和场所拥有社会体育指导员数量的指导性标准和强制性标准，加强引导和规范管理。要加快开展职业社会体育指导员的技能鉴定工作，逐步实行持证上岗，加强体育健身市场的执法监督检查。

（十五）加强社会体育指导员的组织管理工作，切实改变一些地区对社会体育指导员只重视审批不重视管理、使用的状况，要通过社会体育指导员协会、单项运动协会等组织形式和各种活动方式，建立社会体育指导员协会、单项运动协会等组织形式和各种活动方式，建立社会体育指导员社会化的组织网络和沟通渠道。通过网络等现代传媒技术开展对已获取资格的社会体育指导员的教育培训活动，帮助他们不断提高素质与业务水平。开辟有组织地发挥社会体育指导员作用的工作渠道，有条件的地区可试行派遣社会体育指导员协助社区或单位开展体育工作的做法。积极探索社会体育指导员注册制度，加强社会体育指导员工作的信息化管理。

（十六）不断完善激励机制，充分调动社会体育指导员的积极性和创造性。要尊重社会体育指导员的劳动和奉献，关心他们的思想、工作和生活，建立全国和地方的社会体育指导员工作表彰奖励制度，对立和宣传优秀社会体育指导员形象。各级体育行政部门应切实解决社会体育指导员工作中存在的各种现实问题，积极为社会体育指导员的工作创造条件，资助公益社会体育指导员参加培训考核。有条件的地方和单位，对公益社会体育指导员的有关工作可给予适当补贴。

四 努力保持社会体育指导员工作的动态平衡与协调发展

（十七）在当前社会体育指导员人均比例较低的情况下，要在保证培养质量的基础上，加快社会体育指导员的培养步伐，扩大社会体育指导员队伍的整体规模。各级体育行政部门要制定和落实社会体育指导员的发展计划，充分利用各种教育资源，采取多种培养途径和方式，积极稳妥地做好社会体育指导员的培养工作，实现《〈全民健身计划纲要〉第二期工程第一阶段实施计划》中提出的关于2010年全国社会体育指导员达到65万人的发展目标。

（十八）努力提高社会体育指导员的整体素质和水平。加强培训工作管理和监督，严格执行两类社会体育指导员培训大纲和评定标准，提高社会体育指导员的培养质量。制定相关政策，为退役运动员和待岗教练员向职业社会体育指导员岗位就业创造条件。注意吸引在岗和退休的体育教师、教练员和其他体育工作者加入公益社会体育指导员队伍，扩充在体育专业学生中培养公益社会体育指导员的数量，逐步改善社会体育指导员队伍的素质结构。鼓励职业社会体育指导员在业余时间从事公益性社会体育指导活动。

（十九）统筹兼顾，全面、协调地做好社会体育指导员工作。积极推进职业社会体育指导员的技能鉴定工作，尽快建立一支规范的社会体育指导员大军；在公益社会体育指导员培养中当前应更加重视技能指导型社会体育指导员的发展；加快农村社会体育指导员队伍的发展，侧重对晨晚练站点及基层群众体育组织中社会体育骨干的培养,体育行政部门公务员不直接从事社会体育指导服务的,不宜再评定社会体育指导员技术等级称号。

五 不断完善社会体育指导员工作的各种保障

(二十)各级体育行政部门要将社会体育指导员工作摆上重要议事日程,切实加强对该项工作的组织领导。坚持邓小平理论和"三个代表"重要思想的指导,高度重视社会体育指导员的队伍建设,有效发挥其在社会体育中的积极作用,为全民健身事业的可持续发展提供强有力的组织基础和人才保障。推进社会体育指导员培训、审批和管理的改革探索,建立适应新形势下体育事业发展需要的社会体育指导员工作体制与机制。

(二十一)进一步规范社会体育指导员的工作行为,加快完善社会体育指导员的法规制度建设。根据实施《标准》的情况,做好对现行《制度》进行修订的准备工作,构建将公益社会体育指导员和职业社会体育指导员工作统一规范的制度框架,依法施行两类社会体育指导员的具体标准,并配套和完善相关的各种管理规范。

(二十二)加大对社会体育指导员工作的投入,提供必要的经费保证。各级体育行政部门在体育事业经费予以必要列支的同时,应按照国家体育总局、财政部、中国人民银行联合制定的《体育彩票公益金管理暂行办法》的规定,在本级体育彩票公益金中安排一定比例的资金配额,用于公益社会体育指导员培训和社会体育指导员工作管理,并保证专款专用。各级体育行政部门和其他有关组织,应积极为社会体育指导员工作多渠道筹措资金,鼓励社会资助和捐赠。

（二十三）扩大各种媒体对社会体育指导员工作的宣传，积极倡导社会体育指导员的奉献服务精神，普及科学健身指导知识，正确引导体育消费行为，形成有利于社会体育指导员队伍发展和发挥作用的舆论导向。加强对社会体育指导员工作情况的沟通与交通，开展社会体育指导员工作理论与实际问题的科学研究，为不断加强社会体育指导员工作提供有力的支持、服务和保障。鼓励各地区、各行业和各运动项目管理机构根据本意见的要求，对进一步加强社会体育指导员工作进行积极的探索与创新。

关于在全国推广使用《社会体育指导员管理系统》有关工作的通知

(体群字〔2007〕148号)

各省、自治区、直辖市、新疆生产建设兵团体育局，有关运动项目管理中心：

自1993年12月《社会体育指导员技术等级制度》颁布实施以来，我国社会体育指导员队伍日益壮大并逐步建立起一套从中央到地方分级管理的体系。社会体育指导员在落实《全民健身计划纲要》、增强全民的体育意识、开展丰富多彩的体育活动、指导群众科学健身、引导社会体育消费等方面，发挥着不可替代的重要作用。

随着社会体育指导员队伍的不断扩大和信息化、网络化对政府管理工作提出新的要求，目前我国社会体育指导员管理工作已不适应形势发展的需求。重培训、审批，轻服务、监管的传统粗放式管理模式，对社会体育指导员个人信息变化及其指导群众体育活动等情况不能做到及时、准确和全面掌握，在一定程度上制约了管理工作的发展、影响了政府部门的行政决策、不利于政府提供有效的服务，调动和发挥广大社会体育指导员的积极性。因此，为逐步实现社会体育指导员队伍科学化、规范化管理，总局群体司组织研发了《社会体育指导员管理系统》（以下简称《系统》），根据实际需求，具有智能卡注册和监督管理的内容，强化了社会体育指导员数据的查询、统计、注册等功能，并实现了全国联网运行。经专家论证认为：该系统设计科学合理、功能性强、使用便捷、具有推广的价值。为在实践中进一步检验该《系统》的科学性和可操作性，总局群体司已于2006年分别在天津、上海、江苏三省（市）进行了试点，在试点基础上，对《系统》进行了完善，于2007年4月在天津召开了"《系统》试点工作总结会议"。根据会议确定的"全面推广、分步到位、分类指导、有序推进"的推广使用工作原则，经研究决定，自2008年开始，在全国推广使用《社会体育指导员管理系统》，现将有关事宜通知如下：

一、推广目的：

（一）为政府部门科学决策和制定发展规划提供依据。

通过信息采集和网上登录，可以实现对本地区社会体育指导员队伍进行全面的梳理，较为准确、实际地掌握社会体育指导员队伍的结构和现状，为政府制定和实施规划提供科学依据。

（二）逐步实现社会体育指导员队伍管理规范化、科学化。

使用该《系统》能够确保社会体育指导员信息安全、可靠，方便行政管理部门通过网络进行日常管理、审批、信息统计、分析和存档，不会因为工作人员变动而影响工作，从而提高工作效率。

（三）提高公共服务能力，为社会体育指导员提供信息交流的平台。

使用该《系统》可以及时掌握社会体育指导员工作情况，了解他们的工作需求和实际困难，有针对性地为社会体育指导员提供信息服务和信息交流，实现社会体育指导员队伍在线网络化管理。同时，扩展他们参与全民健身活动的空间，有利于进一步扩大对社会体育指导员的宣传。

二、组织实施：

（一）国家体育总局群体司负责组织、协调全国的推广使用工作。

（二）各省、自治区、直辖市、新疆生产建设兵团体育局根据本地区实际情况负责落实具体推广工作。

（三）国家体育总局科研所和北京天之择公司负责提供该《系统》的软硬件设备，并提供安装、调试、培训等相关的技术支持。

联系人：陈晓云、骆雷

电　话：（010）87182598

手　机：13466665101（陈晓云）、13426004706（骆雷）

传　真：（010）87182600 或 67133913

E-mail：info@tianzhize.com

（四）2007年下半年进行申报的各等级公益社会体育指导员，都要统一使用该《系统》进行登记、注册和管理；同时提供纸制登记表（另文通知）。

（五）为保证《系统》中公益社会体育指导员所有信息的完整性、真实性和延续性，请各省（区、市）体育局主管部门制定计划，及时组织有关人员，按要求对2007年以前已审批的各等级公益社会体育指导员的个人信息和数据，尽快进行搜集、录入，具体工作方案和计划报群体司备案。

（六）职业社会体育指导员的注册、证书查询可通过体育行业职业资格工作网（www.sportosta.gov.cn）进行。使用《系统》对职业社会体育指导员进行登记、注册和管理的具体办法另行通知。

三、工作经费：

（一）推广使用《系统》所需经费，由各省（区、市）体育局从体育彩票公益金中支付，并在网络维护、注册登记等方面所需的费用予以保证。

（二）各级体育行政部门及其委托组织不得以其他方式变相收费，增加各级社会体育指导员的经济负担。

四、工作要求：

（一）各级体育行政部门要统一思想，提高认识，高度重视此项工作，积极为开展推广工作营造良好的工作环境。要认识到，充分利用现代信息和技术手段不断提高管理水平势在必行，通过《系统》对社会体育指导员队伍进行管理，也是加强群众体育骨干队伍建设的一项基础性工作。各级体育行政部门要以此为契机，对各等级社会体育指导员队伍现状进行全面的梳理，不断提高管理水平。

（二）加强领导，提供保障。各单位要明确专人负责此项工作，并在一个时期内相对稳定。要加强信息交流和沟通，不断总结推广使用经验，及时提出改进的措施和建议。

（三）财务和审计部门要切实加强对经费使用的管理，要按照国家对体育彩票公益金的有关法律法规，管好、用好推广工作经费，不得挪作他用。

五、未尽事宜，另行通知。

国家体育总局办公厅
二〇〇七年十月十八日

关于印发《全国优秀社会体育指导员评选表彰办法》的通知

(体群字〔2010〕144号)

各省、自治区、直辖市、新疆生产建设兵团体育局：

为深入贯彻落实《全民健身条例》，大力发展公共体育事业，通过建立表彰机制，充分激发社会体育指导员的工作热情，进一步加强社会体育指导员队伍建设，不断提高对全民健身活动的科学指导水平，现将《全国优秀社会体育指导员评选表彰办法》印发给你们，请遵照执行。（已于2014年9月1日起废止）

国家体育总局
二〇一〇年七月十二日

全国优秀社会体育指导员评选表彰办法

第一条 为了表彰在发展全民健身事业中做出突出贡献的社会体育指导员，加强社会体育指导员队伍建设，不断提高社会体育指导员业务能力和工作水平，为人民群众健身提供更好的科学指导和服务，根据《体育法》和《全民健身条例》等法律法规，制定本办法。

第二条 本办法所称社会体育指导员，是指在体育健身活动中不以收取报酬为目的，向公众传授技能、组织健身活动、宣传科学健身知识等志愿服务，获得社会体育指导员技术等级证书，并在体育主管部门登记注册的社会体育指导人员。

第三条 国家体育总局对全国优秀社会体育指导员进行表彰。

第四条 全国优秀社会指导员评选表彰活动原则上每两年进行一次。

评选表彰活动的具体时间和名额分配由国家体育总局确定。

第五条 国家体育总局群众体育司归口管理全国优秀社会体育指导员评选表彰活动，群众体育司委托的组织负责具体实施。

第六条 省级体育主管部门和行业体协根据评选条件和分配名额，负责本地区或本行业全国优秀社会体育指导员的初审、推荐工作。

第七条 全国优秀社会体育指导员评选表彰活动，主要面向基层为群众健身进行组织、指导服务的社会体育指导员。

第八条 全国优秀社会体育指导员评选条件：

（一）遵守国家法律、法规；

（二）忠于职守，甘于奉献，讲文明，守道德；

（三）连续从事社会体育指导工作三年以上，每年组织辅导群众健身不少于150天（次）；

（四）在社区、村镇、机关、学校、企业等全民健身活动站（点）为健身群众进行技术指导、活动组织、器材维护、骨干培训或知识传授，工作业绩突出，深受健身群众好评；

（五）钻研业务，不断提高体育健身理论和技能水平；

（六）获得过省级或行业体协优秀社会体育指导员称号。

第九条 符合评选条件的社会体育指导员经所在单位或社区、乡镇推荐，由所在地体育主管部门或行业协会确认，逐级申报至省级体育主管部门或行业体协。申报时报送以下材料：

（一）全国优秀社会体育指导员评选推荐表；

（二）被推荐人事迹材料；

（三）被推荐人社会体育指导员技术等级证书、从事社会体育指导工作时限等证明材料。

第十条 省级体育主管部门或行业体协按照评选条件，对本地区或本行业的被推荐人进行资格审核，采取适当方式向本人所在单位、社区或乡镇征求意见，并将确定人选报国家体育总局。

第十一条 国家体育总局按照评选条件，对被推荐人的资格、事迹材料等进行审核，并将通过的审核人员名单在国家体育总局网站上进行公布，公示期为5个工作日。

第十二条 通过公示的，国家体育总局批准授予"全国优秀社会体育指导员"称号，颁发荣誉证书，并给予表彰奖励。

第十三条 获得"全国优秀体育社会指导员"称号的，在晋升上一等级社会体育指导员时，可以缩短从事本级社会体育指导工作年限1~2年。

第十四条 体育主管部门在评选表彰活动中弄虚作假的，国家体育总局给予批评、警告或取消推荐资格等处罚，撤销受表彰人"全国优秀社会体育指导员"称号，收回证书。

第十五条 地方体育主管部门和行业体协可以参照本办法，制定本地区、本行业的评选表彰办法，开展评选表彰活动。

第十六条 本办法自颁布之日起施行。

关于印发《社会体育指导员发展规划（2011~2015年）》的通知

（体群字〔2011〕53号）

各省、自治区、直辖市、新疆生产建设兵团体育局：

现将《社会体育指导员发展规划（2011~2015年）》印发给你们，请认真学习领会，并切实贯彻落实。

国家体育总局
二〇一一年四月七日

社会体育指导员发展规划（2011~2015年）

《社会体育指导员技术等级制度》实施17年来，在推动全民健身事业的发展中发挥了重要作用，已经成为我国一项重要的体育制度，社会体育指导员已经成为推动全民健身事业发展的重要力量和宝贵的人才资源。"十二五"时期是构建全民健身公共服务体系的重要时期，为深入贯彻落实《全民健身条例》，进一步加强社会体育指导员队伍建设，不断开创社会体育指导员工作新局面，依据《全民健身计划》，制定本规划。

一 指导思想

以邓小平理论和"三个代表"重要思想为指导，深入贯彻落实科学发展观，坚持"面向基层、服务大众、以用为本、创新发展"的工作方针，秉承"奉献、服务、健康、快乐"的宗旨，传承无私奉献、服务社会的理念，健全和完善组织服务体系，激发活力，增强动力，形成具有中国特色的社会体育指导员工作体制和机制，推动社会体育指导员工作的跨越式发展，为建立和完善全民健身公共服务体系，满足人民群众日益增长的体育健身需求不断发挥重要作用。

二　目标任务

（一）扩大社会体育指导员队伍。吸引、组织从事社会体育指导人员加入社会体育指导员队伍，获得社会体育指导员技术等级证书的人员注册数从目前的 65 万人增加到 100 万以上。城市达到每千人至少拥有一名社会体育指导员；农村达到每两千人至少拥有一名社会体育指导员。

（二）优化社会体育指导员结构。国家级、一级社会体育指导员人数比例有较大幅度提高，分别达到 3% 和 10%；经常从事指导工作的比例从 60% 提高到 70%；文化和年龄结构有所改善；地区和城乡差距进一步缩小。

（三）健全社会体育指导员培训体系。建立 31 个国家社会体育指导员培训基地，省、市、县普遍建立培训基地；制定新的培训大纲，编写新的培训教材和辅助教材；健全一般培训与专项技能培训、晋级培训与再培训相结合的培训制度，培训渠道进一步拓宽，培训方式和内容更加丰富，交流展示活动经常开展。

（四）完善社会体育指导员组织体系。形成体育部门为主导、社会体育指导员协会为主体、各种社会体育组织广泛参与，组织落实、结构合理、覆盖城乡、服务到位的组织体系。中国社会体育指导员协会机构和工作机制进一步健全；各省（区、市）普遍成立社会体育指导员协会，70%以上的地市和50%以上的县（区）成立社会体育指导员协会。各行业体协及各单项体育协会积极参与社会体育指导员工作。

（五）健全社会体育指导员管理制度。建立并完善社会体育指导员工作管理的政策、法规、制度体系，进一步健全等级制度、培训制度、注册登记制度、服务考核制度、表彰奖励制度和培训基地评估制度，逐步实现社会体育指导员工作规范化、制度化、科学化。

（六）全面发挥社会体育指导员作用。为社会体育指导员开展体育健身指导服务搭建平台，创造条件，提供保障。组织发动社会体育指导员经常、广泛开展科学、安全、方便、高效的体育健身指导服务，城乡社区各健身站（点）、各类健身场所、各种全民健身活动均有社会体育指导员，每名社会体育指导员每年开展体育健身指导服务时间平均达到80小时以上。社会体育指导员真正成为"全民健身的宣传者、科学健身指导者、群众体育活动组织者、体育场地设施维护者、健康生活方式引领者"。

三 保障措施

（一）创新社会体育指导员工作思路。各级体育部门将社会体育指导员工作作为全民健身工作的重要抓手，积极探索具有中国特色的社会体育指导员工作新思路，推出改革举措，着力解决制约社会体育指导员工作发展的难点、重点问题；在坚持政府主导的前提下，充分发挥各级社会体育指导员协会的作用，实现管办分离，构建体育行政部门与体育社团有效衔接和良性互动的管理、运行和服务机制；加强社会体育指导员理论体系建设，开展调查研究，总结经验，推广典型，制定社会体育指导员工作规划、计划和政策措施；加强分类指导，针对不同地区、不同对象采取不同措施、不同方法开展工作；充分调动工青妇及基层文体组织管理人员的积极性，吸收他们进入社会体育指导员队伍；有条件的地区，争取设立社区社会体育指导员公益岗位；组织、引导广大社会体育指导员深入基层、服务群众，确保社会体育指导员工作的健康持续发展。

（二）建立社会体育指导员工作投入保障机制。各级体育部门要在本级财政预算中列支社会体育指导员工作经费，在用于全民健身的体育彩票公益金中安排一定比例的社会体育指导员工作经费，并随着体育经费的增长逐步加大对社会体育指导员工作经费的投入。国家体育总局每年用于全民健身工作的体育彩票公益金中，安排不低于10%的资金作为社会体育指导员工作经费。在重点保证培训经费下，资助社会体育指导员协会开展活动，支持欠发达地区和民族地区开展社会体育指导员工作，为社会体育指导员开展体育健身指导服务配备必要的装备、音响、灯光等，提供工作、交通补贴。积极、有序开发社会体育指导员的无形资产，在指定产品、活动赞助、形象代言人等方面挖掘潜力，争取企业和社会赞助，实现资金来源多元化、多渠道。鼓励各类社会团体、群众组织、机关企业事业单位为社会体育指导员开展体育健身指导服务提供物质保障。

（三）加强和改进社会体育指导员培训工作。按照"以用为本，学用结合"的原则，完善社会体育指导员培训制度，增强培训工作的科学性、针对性、实效性；加强各级各类培训基地建设，制定培训基地建设标准，做好培训基地设施配备及师资队伍建设，开展培训基地评估检查；按照培训大纲要求，规范各级社会体育指导员培训工作，鼓励地方从本地实际出发增加特色培训内容，科学制定年度培训计划，加强培训质量检查；拓宽培训渠道，鼓励单项体育协会、行业体协等社会组织参与培训工作；探索技能培训的新办法，积极开展网上培训，制作培训精品课程光盘，组织选派专家、优秀社会体育指导员到基层巡回讲课辅导，编写发放《社会体育指导员手册》，通过各种形式的培训，不断提高各级社会体育指导员体育健身指导服务水平。

（四）深入开展社会体育指导员宣传工作。充分利用广播电视、平面媒体、互联网、新媒体等传媒方式，开办社会体育指导员栏目，制作社会体育指导员公益广告、宣传片、宣传画，出版《社会体育指导员》杂志等书籍和音像制品；推进信息化建设，建立中国社会体育指导员协会网站，及时发布工作和活动信息，提高信息服务能力，宣传、树立社会体育指导员良好的公众形象，扩大社会影响，提高社会认知度。

（五）推进社会体育指导员制度建设。制定并施行《社会体育指导员管理办法》，使社会体育指导员工作有章可循。建立社会体育指导员登记注册管理系统和基础数据统计体系，制定社会体育指导员上岗要求、服务标准、道德规范和工作守则，推进社会体育指导员服务和工作规范化建设。

（六）建立社会体育指导员表彰激励机制。落实《全国优秀社会体育指导员评选表彰办法》，国家体育总局每两年进行一次全国优秀社会体育指导员评选，并结合全国体育大会等重大活动进行表彰。中国社会体育指导员协会继续举办"全国最喜爱的社会体育指导员评选活动"和"社会体育指导员之星评选活动"。各级体育部门和社会体育指导员协会要建立相应的表彰制度，对评选出的先进典型给予精神和物质奖励，并广泛进行社会宣传，不断激发社会体育指导员的工作积极性和创造性，使其成为社会志愿服务的楷模。

（七）策划举办社会体育指导员志愿服务品牌活动。借助"全民健身日"、重要节庆和假日、重大赛事，组织体育健身技能和理论学术水平较高的社会体育指导员深入城市社区和农村村镇开展宣讲、辅导和交流活动，吸引更多的群众参加体育健身活动；配合国家支援西藏、新疆建设的有关政策，组织优秀社会体育指导员赴西藏、新疆开展全民健身志愿服务活动。

（八）组织开展社会体育指导员技能展示和交流活动。定期举办社会体育指导员技能展示活动，展示社会体育指导员风采，鼓励创新，提高体育健身指导服务水平；建立社会体育指导员交流渠道，推广各地、各单位的有益做法，学习借鉴其他国家的先进经验；定期组织国家级社会体育指导员观摩全国性群众体育赛事活动，开阔视野。

四　组织实施

本规划在国家体育总局领导下，由群众体育司、社会体育指导中心、中国社会体育指导员协会负责组织实施。县级以上体育部门要根据本规划制定本地区社会体育指导员工作规划，并会同有关方面共同组织实施。

各级体育部门要切实提高认识，认真履行职责，积极探索社会体育指导员工作的新思路、新办法，加强领导，落实保障、奖励、评估检查等措施，确保规划的各项目标任务落到实处。

社会体育指导员管理办法

(国家体育总局第 16 号令,2011 年)

第一章 总则

第一条 为了促进社会体育指导员队伍发展,规范社会体育指导员工作,发挥社会体育指导员在全民健身活动中的作用,根据《中华人民共和国体育法》《全民健身条例》,制定本办法。

第二条 本办法所称社会体育指导员,是指不以收取报酬为目的,向公众提供传授健身技能、组织健身活动、宣传科学健身知识等全民健身志愿服务(以下简称志愿服务),并获得技术等级称号的人员。

第三条 国家对社会体育指导员实行技术等级制度。

社会体育指导员技术等级称号由低到高分为:三级社会体育指导员、二级社会体育指导员、一级社会体育指导员、国家级社会体育指导员。

第四条 各级体育主管部门应当组织和推动社会力量支持社会体育指导员开展志愿服务,依法保护社会体育指导员的合法权益,加强社会体育指导员工作的宣传,扩大社会体育指导员工作的社会影响,对取得显著成绩的社会体育指导员给予表彰、奖励。

第二章　组织管理

第五条　国家体育总局主管全国的社会体育指导员工作。县级以上地方体育主管部门负责本行政区域内社会体育指导员工作。

各级体育主管部门应当将社会体育指导员工作纳入体育工作规划，列入工作考核评价体系，为社会体育指导员开展志愿服务提供保障，依法对社会体育指导员工作进行管理、指导、监督。

社会体育指导员由其开展志愿服务所在地的县级体育主管部门实行属地管理。

第六条　各级体育主管部门可以委托社会体育指导员协会等群众性体育组织和基层文化体育组织（以下简称委托的组织），承担社会体育指导员管理的具体工作。

具有较好社会体育指导员工作条件和能力的全国性和省级行业、单项体育协会，经向国家体育总局和省级体育主管部门申请并获得批准（以下简称经批准的协会），可负责相应等级社会体育指导员培训、审批等工作。

第七条　建立全国性和地方性社会体育指导员协会。

社会体育指导员协会应当依据法律、法规和协会章程，加强社会体育指导员队伍建设，为社会体育指导员提供服务，反映社会体育指导员需求，维护社会体育指导员的权益，承担体育主管部门委托的社会体育指导员管理工作。

社会体育指导员自愿加入开展志愿服务所在地的社会体育指导员协会。

第八条　各级各类体育组织和国家机关、企业事业单位和其他组织应当支持社会体育指导员开展志愿服务，并提供条件和便利。

第三章 培训教育

第九条 社会体育指导员培训教育分为技术等级培训和继续培训。

培训教育费用由各级体育主管部门或经批准的协会承担。

第十条 国家体育总局制定社会体育指导员技术等级培训大纲，组织编写培训教材，确定培训办法。

地方各级体育主管部门和经批准的协会可根据实际需要，组织编写补充培训教材，并报上一级体育主管部门备案。

对社会体育指导员传授的体育项目有技能标准要求的全国性单项体育协会负责编写该体育项目技能培训大纲和技能培训教材，制定该体育项目的技能标准，报国家体育总局批准后执行。

第十一条 社会体育指导员培训教育工作由社会体育指导员培训基地承担。

各级体育主管部门和经批准的协会应当在体育教育机构中批准设立相应等级的社会体育指导员培训基地，并对培训基地开展培训教育工作情况进行指导、监督、评估。

第十二条 地方各级体育主管部门、经批准的协会或委托的组织应当对报名参加社会体育指导员技术等级培训的人员进行审查，对符合条件的人员进行培训，对培训合格人员颁发证书。

各级体育主管部门、经批准的协会和委托的组织应当每年举办一次以上社会体育指导员继续培训，并举办社会体育指导员工作交流和展示活动，提高社会体育指导员的思想素质和业务能力，为参加人员颁发证书或证明。

第四章　申请审批

第十三条　开展志愿服务并符合条件的人员，均可依照本办法的规定，申请授予或晋升相应的社会体育指导员技术等级称号。

第十四条　各级体育主管部门或经批准的协会按照社会体育指导员技术等级标准，批准授予相应等级社会体育指导员称号：

（一）县级体育主管部门批准授予三级社会体育指导员技术等级称号；

（二）地（市）级体育主管部门或经批准的省级协会批准授予二级社会体育指导员技术等级称号；

（三）省级体育主管部门或经批准的全国性协会批准授予一级社会体育指导员技术等级称号；

（四）国家体育总局批准授予国家级社会体育指导员技术等级称号。

第十五条　申请授予或晋升社会体育指导员技术等级称号的人员，应当向开展志愿服务所在地的县级体育主管部门、经批准的省级协会或委托的组织提交下列材料：

（一）申请书；

（二）社会体育指导员技术等级培训合格证书，或高等体育专业学历、体育教师、职业社会体育指导员、教练员、优秀运动员资质证书；

（三）所在单位或体育组织的推荐书；

（四）申请晋升的，需提交原技术等级证书；

（五）单项体育协会对申请人所传授的体育项目有技能标准要求的，需提交该体育项目的技能培训合格证书；

（六）参加继续培训、工作交流和展示活动的证书或证明。

第十六条 受理社会体育指导员技术等级称号申请的县级体育主管部门、经批准的省级协会或委托的组织负责审查申请人提交的材料，并将申请批准授予权限范围外等级称号人员的材料逐级提交。

第十七条 各级体育主管部门和经批准的协会按照批准授予权限，对申请材料进行审核，在收到申请材料三个月内做出批准授予的决定并予以公布。对未予批准的询问和申诉，应当予以答复。

第十八条 被批准授予或晋升技术等级称号的社会体育指导员，由批准的体育主管部门或经批准的协会颁发证书、证章。

社会体育指导员技术等级证书、证章由国家体育总局统一制作。

第五章 注册办理

第十九条 县级体育主管部门或委托的组织是社会体育指导员注册机构，免费办理社会体育指导员的登记注册、工作注册和迁移注册。

社会体育指导员注册通过国家体育总局社会体育指导员信息管理系统进行。

第二十条 注册机构应当为社会体育指导员建立档案，保证档案信息准确、完整和安全。

第二十一条 社会体育指导员应当自被批准授予或晋升技术等

级称号之日起 30 日内，持社会体育指导员技术等级证书，到开展志愿服务所在地的社会体育指导员注册机构办理登记注册。

第二十二条　社会体育指导员在每年第四季度进行年度工作注册。

社会体育指导员开展志愿服务所在的基层文化体育组织、群众性体育组织或国家机关、企业事业单位和其他有关组织开具其志愿服务情况证明。

社会体育指导员在一个年度内超过半年未开展志愿服务或志愿服务少于 30 次，不予年度工作注册。未进行工作注册的，不得申请晋升社会体育指导员技术等级。

第二十三条　社会体育指导员离开原注册地开展志愿服务，应当办理迁出和迁入的迁移注册。

第六章　工作保障

第二十四条　各级体育主管部门应当在本级事业经费预算中列支社会体育指导员工作经费，在体育彩票公益金中安排一定比例的资金作为社会体育指导员工作经费，并随着体育工作经费的增长逐步加大对社会体育指导员工作经费的投入。

各级体育主管部门应当为有关组织开展社会体育指导员工作提供补助经费，并对农村、贫困地区和民族地区予以倾斜。

第二十五条　基层文化体育组织应当提供必要的社会体育指导员工作经费。

鼓励社会对社会体育指导员工作提供经费、捐赠和赞助。

第二十六条　各级体育主管部门应当明确基层文化体育组织、

群众性体育组织和全民健身设施的管理单位配备社会体育指导员的数量和等级要求，组织社会体育指导员依托各级各类体育组织和设施开展志愿服务。

第二十七条　地方各级体育主管部门应当有组织地将社会体育指导员委派到基层组织或单位开展志愿服务，有条件的应当会同有关部门设立社会体育指导员公益岗位。

第二十八条　有条件的地方体育主管部门应当为社会体育指导员开展志愿服务办理保险。

鼓励社会为社会体育指导员开展志愿服务办理保险。

第二十九条　各级体育主管部门和委托的组织应当推进社会体育指导员工作的信息化，提高运用现代信息技术进行管理与服务的水平。

第三十条　有条件的大专院校应当开设有关社会体育指导员的课程，鼓励学生加入社会体育指导员队伍，组织学生开展志愿服务。

第七章　服务规范

第三十一条　社会体育指导员在基层文化体育组织、群众性体育组织或国家机关、企业事业单位和其他有关组织中开展志愿服务。

第三十二条　社会体育指导员应当坚持科学、文明、安全、诚信的原则，因人、因时、因地制宜，经常开展志愿服务，提高健身者的健身技能和身体素质，推动全民健身活动的开展。

第三十三条　社会体育指导员开展志愿服务时应当佩戴证章，着装得体、语言文明、行为规范，爱护健身场地设施并保持环境卫生，自觉树立社会体育指导员的良好形象。

第三十四条　社会体育指导员应当与健身者保持和谐关系，与其他社会体育指导员互相尊重、相互配合。

第三十五条　社会体育指导员在开展志愿服务时应当加强安全管理，防范人身伤害事故的发生。

第八章　奖励处罚

第三十六条　各级体育主管部门应当定期开展评选表彰活动，对在社会体育指导员工作中做出突出贡献的组织和个人予以表彰、奖励。

第三十七条　建立社会体育指导员荣誉奖章制度。国家体育总局对连续开展志愿服务二十年、十五年和十年，为全民健身事业做出突出贡献的社会体育指导员，分别授予社会体育指导员金质奖章、银质奖章和铜质奖章。

第三十八条　地方各级体育主管部门和有关组织、单位违反本办法，未履行社会体育指导员工作职责的，由其上级部门或有关主管部门责令限期改正；拒不改正的，对负有责任的主管人员和其他直接责任人员依法给予处分。

第三十九条　体育主管部门和有关组织、单位的工作人员在社会体育指导员工作中，侵犯社会体育指导员合法权益，造成不良后果的，依法给予处分。

第四十条　违反国家财政、财务制度，截留、克扣、挪用和挤占社会体育指导员工作经费的，由其上级部门或有关主管部门责令改正，并对负有责任的主管人员和其他直接责任人员依法给予处分；构成犯罪的，依法追究刑事责任。

第四十一条　提供虚假材料获得社会体育指导员技术等级称号

的人员，由批准授予的体育主管部门或经批准的协会撤销其社会体育指导员技术等级称号。

第四十二条　社会体育指导员在开展志愿服务时有宣扬封建迷信和其他不文明、不健康的行为，造成不良影响和后果的，由其开展志愿服务所在地的县级体育主管部门或有关组织、单位予以批评教育，责令改正；情节严重、影响恶劣的，撤销其社会体育指导员技术等级称号；构成犯罪的，依法追究刑事责任。

第九章　附则

第四十三条　本办法自2011年11月9日起施行。原国家体委1993年12月4日发布的《社会体育指导员技术等级制度》同时废止。

附件：

社会体育指导员技术等级标准

一　社会体育指导员的基本条件

（一）具有完全民事行为能力的中华人民共和国公民；

（二）具有志愿服务精神和良好道德素养，遵纪守法；

（三）热心全民健身事业，正在开展或准备开展经常性的全民健身志愿服务（以下简称志愿服务）；

（四）接受有关组织和单位的管理，承担指派的工作任务；

（五）参加社会体育指导员相应等级的培训，考核合格；

（六）所传授的体育项目有技能标准要求的，应当参加该体育项目的培训并达到标准。

二 社会体育指导员的等级条件

（一）三级社会体育指导员：

1. 近一年内开展或协同开展30次以上志愿服务；

2. 了解体育健身和竞赛的基本知识，初步掌握一项体育健身技能的传授方法，能够承担一般性体育健身咨询和指导工作；

3. 了解全民健身工作的基本知识，初步掌握全民健身活动的组织管理方法，能够组织基层组织和单位开展全民健身活动。

（二）二级社会体育指导员：

1. 获得三级社会体育指导员称号后累计（以工作注册为准）开展志愿服务两年以上；

2. 基本掌握体育健身和竞赛的理论与方法，能够承担一项体育健身技能的传授和指导工作；

3. 基本掌握全民健身活动组织管理的理论与方法，熟悉全民健身工作的特点，能够承担基层全民健身活动的计划、实施和总结工作；

4. 在社区（行政村）、单位开展志愿服务产生良好效果和影响；

5. 具有指导三级社会体育指导员的能力。

（三）一级社会体育指导员：

1. 获得二级社会体育指导员称号后累计（以工作注册为准）开展志愿服务三年以上；

2. 掌握体育健身和竞赛的理论与方法，能够承担一项较高水平的体育健身技能传授和指导工作；

3. 掌握全民健身活动组织管理的理论与方法，具有较多的实践经验和较强的组织能力，能够指导基层体育组织的工作；

4. 在社区（行政村）、单位开展志愿服务产生突出的效果和影响或在县级以上区域开展的志愿服务产生良好的效果和影响；

5. 具有指导二级和三级社会体育指导员的能力。

（四）国家级社会体育指导员：

1. 获得一级社会体育指导员称号后累计（以工作注册为准）开展志愿服务四年以上；

2. 较系统地掌握体育健身和竞赛的理论与方法，在一项体育健身技能传授和指导中具有较高的水平或对民族、民间传统体育健身项目具有特殊造诣；

3. 较系统地掌握全民健身活动组织管理的理论与方法，具有丰富的实践经验和突出的组织能力，能够承担较大规模全民健身活动的组织工作，能够撰写有关全民健身工作或调研报告；

4. 在县级以上区域开展志愿服务产生突出的效果和影响；在地（市）级以上区域开展的志愿服务产生良好的效果和影响；

5. 具有指导一级、二级和三级社会体育指导员的能力。

三 社会体育指导员的特许条件

（一）社会体育指导员应当具备的等级条件，根据申请者的具体情况，可在体育健身技能传授指导或组织管理方面有所侧重。

（二）近5年取得高等体育专业学历的人员、在职体育教师、职业社会体育指导员、教练员和优秀运动员在申请授予社会体育指

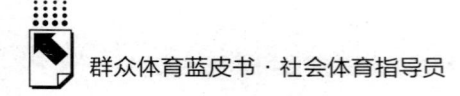

导员技术等级称号时，可以放宽培训考核与连续开展志愿服务年限的要求，直接批准授予二级以上社会体育指导员技术等级称号。

（三）做出突出贡献的社会体育指导员，在申请晋升等级称号时，可以适当放宽连续开展志愿服务年限的要求；贡献特别突出的可以破格或越级晋升。

关于进一步加强社会体育指导员培训工作的通知

(体群字〔2011〕229号)

各省、自治区、直辖市，新疆生产建设兵团体育局，国家社会体育指导员培训基地：

为贯彻落实《全民健身条例》和《全民健身计划（2011~2015年）》，根据《社会体育指导员管理办法》（国家体育总局令第16号，以下简称《办法》）和《社会体育指导员发展规划（2011~2015年）》（体群字〔2011〕53号，以下简称《规划》），按照"以用为本，学用结合"的培训原则，不断健全社会体育指导员培训体系，提升社会体育指导员的数量和素质，充分发挥社会体育指导员在全民健身工作中的作用，现对社会体育指导员培训工作通知如下：

一　切实加强社会体育指导员培训工作的组织领导

各地要高度重视社会体育指导员培训工作，认真学习贯彻《办法》和《规划》中关于培训工作的规定和要求；根据《规划》提出的2015年全国社会体育指导员人数达到100万的目标任务，制定本地区培训工作规划和年度培训工作计划，确定每年培训的人数；明确培训工作负责部门和专门负责人；与国家社会体育指导员培训基地协调配合、明确任务、各司其职，共同组织举办培训班；

根据实际情况和培训工作计划，合理安排培训工作时间，国家级社会体育指导员培训工作要在每年9月底前完成；拓宽培训渠道，鼓励省级行业体协和单项体育协会开展二级社会体育指导员培训工作，并按照《办法》规定进行审批，充分发挥社会体育指导员协会在培训工作中的作用。

二 确保社会体育指导员培训工作经费投入

按照《办法》和《规划》关于各级体育部门每年都要安排一定比例的事业经费和体育彩票公益金作为社会体育指导员工作经费的规定，2012年总局将进一步加大培训工作经费投入，拨付体育彩票公益金培训5000名国家级社会体育指导员；继续资助西部地区各省（区、市）60万元、中部地区各省30万元体育彩票公益金用于开展社会体育指导员工作，此项经费要专款专用，并优先用于培训工作。各地要根据培训工作计划足额划拨培训工作经费，保证参加培训的人员数量和培训质量。

三 不断加强社会体育指导员培训基地建设

按照《办法》"社会体育指导员培训教育工作由社会体育指导员培训基地承担"的规定，2012年总局将继续举办"国家级社会体育指导员师资培训班"，研讨加强国家级社会体育指导员培训工作；向有关省（区、市）体育局拨付10万元体育彩票公益金，用于扶持国家社会体育指导员培训基地培训设施建设；制定评估办法，对国家社会体育指导员培训基地进行检查评估，并逐步建立退出机制。

各地要按照《办法》"应当在体育教育机构中批准设立相应等级的社会体育指导员培训基地"的规定，加大各级社会体育指导员培训基地的建设力度，完善师资队伍和配套设施建设，并制定检查评估和退出机制；规范并保存好培训工作资料，建立培训工作档案，总结培训工作经验，使培训工作向科学化、规范化方向稳步发展。尚未设立国家社会体育指导员培训基地的地区，要尽快创造条件设立基地。有关省（区、市）体育局要与国家社会体育指导员培训基地协商使用总局的扶持经费，改善国家社会体育指导员培训基地的教学条件。

四 进一步提高社会体育指导员培训工作的针对性

各地要严格按照《办法》规定的社会体育指导员的基本条件、等级条件和特许条件，严格审核参加培训人员资格，选择符合条件的人员参加培训，使真正在基层开展全民健身志愿服务的人员参加培训；加强社会体育指导员思想道德教育，强化全民健身志愿服务意识，树立无私奉献的理念；针对参加培训人员的不同情况，因材施教，注重传授地方特色的体育健身项目技能；组织举办继续培训班和社会体育指导员技能交流展示活动，提升社会体育指导员的业务技能水平；将培训与社会体育指导员技术等级审批工作有机结合，在年内完成技术等级的审批，并及时将获得或晋升社会体育指导员技术等级称号的人员信息录入社会体育指导员信息管理系统。

五 提高社会体育指导员培训工作的实效性

各地要严格按照《社会体育指导员技术等级培训大纲（2011

版）》（体群字〔2011〕162 号）的要求，遵循"实用性、灵活性、规范性、自主性"的原则，拟定培训工作方案，按照课时要求合理安排课程；使用从正规渠道购买、由国家体育总局编印的社会体育指导员技术等级培训教材，并根据实际需要，组织编写补充培训教材；采取灵活多样的培训教学方法，探索网上培训等模式，制作培训精品课程光盘，组织选派专家和优秀社会体育指导员到基层巡回讲课辅导，编写发放《社会体育指导员手册》等多种培训形式，使学员最大限度地掌握所需知识和技能；加强培训质量检查，保证培训效果。

请各地于 2012 年 1 月 21 日前将 2012 年社会体育指导员培训计划统计表（附件）报国家体育总局群体司组织建设处，有关数据将作为国家级社会体育指导员培训名额分配的依据。

联系人裴广

电话：（010）87182733

传真：（010）87182074

地址：北京市东城区体育馆路 2 号

电子邮箱：peiguang2008@hotmail.com

附件：2012 年社会体育指导员培训计划统计表.doc

国家体育总局办公厅

二〇一一年十二月二十三日

体育总局办公厅关于开展社会体育指导员工作专项评估检查的通知

（体群字〔2014〕86号）

各省、自治区、直辖市、新疆生产建设兵团体育局：

今年是社会体育指导员工作制度实施20周年。20年来，在有关方面的共同努力下，社会体育指导员工作不断发展，取得了很大成绩，目前已有注册社会体育指导员近150万人，成为全民健身工作的骨干力量和全民健身公共服务体系的重要组成部分，为促进群众体育普遍化、经常化、科学化、生活化发挥了重要作用。但是，随着全民健身工作不断向深度和广度的快速发展，社会体育指导员工作也出现了一些新情况、新问题，特别是群众健身的需求不断提高，对社会体育指导员工作提出了新期待、新要求。

根据《全民健身计划》的要求，今年，体育总局将开展《计划》实施效果评估工作，并印发《关于开展〈全民健身计划（2011~2015年）〉实施效果评估的通知》（体群字〔2014〕64号）。

为配合《计划》实施效果评估和新周期《计划》制定工作，推动社会体育指导员工作职能转变，探索完善社会体育指导员工作机制，确保社会体育指导员工作健康发展，进一步发挥社会体育指导员在全民健身工作中的作用，决定开展社会体育指导员工作专项评估，并选取部分地区进行社会体育指导员工作实地检查，现将有关事宜通知如下：

一　评估检查目的

（一）全面掌握社会体育指导员工作现状，综合评价社会体育指导员工作成效。

（二）总结、发现社会体育指导员工作经验和问题。

（三）采取措施解决社会体育指导员工作中的突出问题，加强对社会体育指导员工作的规范化管理。

（四）谋划下一周期社会体育指导员工作发展方向和思路。

（五）检查《社会体育指导员管理办法》（2011年体育总局第16号令）贯彻落实情况，督促各地进一步重视、加强社会体育指导员工作，改进工作方式。

二　评估检查依据

（一）《全民健身计划》

（二）《社会体育指导员管理办法》（2011年体育总局第16号令）

（三）《社会体育指导员发展规划（2011～2015年）》（体群字〔2011〕53号）

（四）《建立全民健身志愿服务长效化机制工作方案》（体群字〔2010〕201号）

（五）《关于进一步加强社会体育指导员培训工作的通知》（体群字〔2011〕229号）

三　评估内容和方式

（一）评估内容

重点对《计划》实施以来，有关社会体育指导员的各项工作进行评估，包含社会体育指导员组织管理、培训教育、审批注册、服务保障、宣传激励、活动指导等方面。

（二）评估方式

采取各省（区、市）体育部门填报社会体育指导员工作信息数据与自评相结合的方式开展评估。请如实填写《社会体育指导员工作信息数据报表》（附件1），并参照《社会体育指导员工作自评报告提纲》（附件2），对本地区社会体育指导员工作进行自评，撰写自评报告，自评报告中应包含但不仅限于提纲中的内容，要阐明具体做法、工作成效、成功经验，并对本地区社会体育指导员工作遇到的困难和存在的问题进行分析，提出对策建议，于11月30日前将纸质版和电子版报体育总局群体司。

联系人：裴广

电话：（010）87182733

邮箱：peiguang2008@hotmail.com

地址：北京市东城区体育馆路2号

邮编：100763

四　检查内容和方式

体育总局群体司将组成检查组，于8－11月赴内蒙古、吉林、湖南、重庆、青海，采取并不局限于以下方式进行检查：

（一）听取省级体育部门工作汇报，并通过座谈了解情况。

（二）听取国家社会体育指导员培训基地工作汇报，实地检查国家社会体育指导员培训基地。

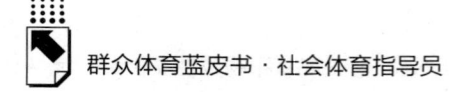

（三）召开社会体育指导员协会及有关体育社会组织、社会体育指导员代表参加的座谈会。

（四）现场观摩全民健身活动站点和健身活动，并与指导员现场交流。

五　评估检查结果应用

（一）起草《社会体育指导员工作评估报告》，作为向国务院呈报的《计划》评估报告的素材。

（二）针对评估检查中发现的成功经验和共性问题，制定印发社会体育指导员工作指导意见。

（三）撰写《社会体育指导员发展报告（1994~2014）》。

（四）向受检查的地区反馈检查结果和意见。

六　工作要求

（一）请各地高度重视本次专项评估检查工作，按照本通知要求，积极配合做好相关工作，并以此为契机，查找本地区社会体育指导员工作不足，加以改进。接受检查的省（区、市）体育部门要积极筹备会议，认真准备汇报材料，落实检查地点，如实回答工作组提出的问题。

（二）各地可参照体育总局的专项评估检查工作，结合本地区《全民健身实施计划》评估工作，开展本地区社会体育指导员工作评估检查，督促贯彻落实社会体育指导员工作的各项政策法规。

（三）检查工作中严格执行中央"八项规定"和党风廉政建设有关规定。

七　本通知电子版可在体育总局政府网站群体司通知公告栏中下载

附件1　社会体育指导员工作信息数据报表
附件2　社会体育指导员工作自评报告提纲

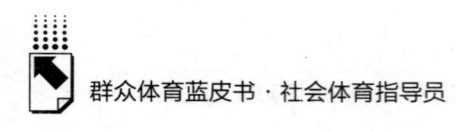

附件1

社会体育指导员工作信息数据报表

填表人：　　　　　　　　　　　联系电话：

序号	内容	信息数据		备注
一	省级有关指导员工作政策法规文件名称、文号	1		附所发文件
		2		
		3		
二	省级用于指导员工作的专项经费(万元)(不含体育总局资助经费)	2011年		
		2012年		
		2013年		
		2014年		
三	省级举办的指导员继续培训班期数、人数	2011年	期　人	附培训通知
		2012年	期　人	
		2013年	期　人	
		2014年	期　人	
四	省级举办的指导员技能展示或交流活动次数、人数	2011年	次　人	附活动通知
		2012年	次　人	
		2013年	次　人	
		2014年	次　人	
五	指导员培训基地数量	一级		
		二级		
		三级		
六	省级指导员协会	成立时间		
		依托单位		
		专职人员数量		
		经济来源		
		主要领导	姓名、工作单位、职务、职称	
七	地市级指导员协会	数量		
		占地市数量比例		
	县级指导员协会	数量		
		占县(市)数量比例		

单位（盖章）

2014年　月　日

附件 2

社会体育指导员工作自评报告提纲

一 组织管理

（一）将指导员工作纳入省级《全民健身实施计划》和工作考核评价体系的情况。

（二）指导员工作管办分离机制的建立与运行情况。

（三）指导员协会的建立、运行与作用发挥的情况。

（四）体育社会组织（项目、人群体育协会）在指导员工作中发挥作用的情况。

（五）建立指导员全民健身志愿服务长效化机制的情况。

二 培训教育

（一）制定指导员培训计划和培训方案的情况。

（二）组织编写指导员培训补充教材的情况。

（三）对参加国家级指导员培训的学员选拔和资格审核情况。

（四）国家指导员培训基地的师资、设施、住宿条件基本情况。

（五）国家级指导员培训的组织、教学、管理、总结、归档、成效等情况。

三　审批注册

（一）指导员证书、徽章的发放情况。

（二）指导员技术等级审批中特许条件的运用情况。

（三）"指导员信息管理系统"的应用情况。

（四）开展指导员工作注册、迁移注册的情况。

（五）指导员上岗服务比例及测算依据。

四　服务保障

（一）指导员工作经费预算的制定、使用及效益（含体育总局资助中西部地区开展指导员工作专项经费的使用情况）。

（二）对指导员依托基层文化体育组织、全民健身活动站点等上岗服务提供的保障措施（如设立指导员公益岗位或建立文体协管员制度等）。

（三）提高指导员上岗服务率的措施。

（四）加强对指导员进行规范管理、提供服务保障的措施（如持证上岗、配发服装器材、发放补贴等）。

（五）对指导员协会采取的扶持、保障措施（如政策、人员、办公场所和经费方面）。

五　宣传激励

（一）开展指导员表彰奖励的情况。

（二）对指导员进行宣传的措施。

（三）《社会体育指导员》杂志配发情况。

六　活动指导

（一）组织发动指导员创编、推广体育健身项目的情况。

（二）组织举办指导员技能交流展示活动的情况。

（三）借助"全民健身日"等时间节点和重大赛事活动，组织指导员到基层开展全民健身志愿服务活动的情况。

法 律 声 明

"皮书系列"(含蓝皮书、绿皮书、黄皮书)之品牌由社会科学文献出版社最早使用并持续至今,现已被中国图书市场所熟知。"皮书系列"的 LOGO( )与"经济蓝皮书""社会蓝皮书"均已在中华人民共和国国家工商行政管理总局商标局登记注册。"皮书系列"图书的注册商标专用权及封面设计、版式设计的著作权均为社会科学文献出版社所有。未经社会科学文献出版社书面授权许可,任何使用与"皮书系列"图书注册商标、封面设计、版式设计相同或者近似的文字、图形或其组合的行为均系侵权行为。

经作者授权,本书的专有出版权及信息网络传播权为社会科学文献出版社享有。未经社会科学文献出版社书面授权许可,任何就本书内容的复制、发行或以数字形式进行网络传播的行为均系侵权行为。

社会科学文献出版社将通过法律途径追究上述侵权行为的法律责任,维护自身合法权益。

欢迎社会各界人士对侵犯社会科学文献出版社上述权利的侵权行为进行举报。电话:010-59367121,电子邮箱:fawubu@ssap.cn。

社会科学文献出版社